国家社会科学基金重大项目
"我国自然资源资本化及对应市场建设研究"
（15ZDB163）等阶段性成果

财智睿读

低碳城市建设投融资体系研究

张海峰　张伟◎等著

中国财经出版传媒集团
经济科学出版社
Economic Science Press

图书在版编目（CIP）数据

低碳城市建设投融资体系研究/张海峰等著．—北京：
经济科学出版社，2020.11
ISBN 978 - 7 - 5218 - 0903 - 9

Ⅰ.①低…　Ⅱ.①张…　Ⅲ.①节能 - 生态城市 - 城市
建设 - 投融资体制 - 研究 - 中国　Ⅳ.①F299.22

中国版本图书馆 CIP 数据核字（2019）第 192218 号

责任编辑：于海汛　陈　晨
责任校对：杨　海
责任印制：李　鹏　范　艳

低碳城市建设投融资体系研究
张海峰　张　伟　等著
经济科学出版社出版、发行　新华书店经销
社址：北京市海淀区阜成路甲 28 号　邮编：100142
总编部电话：010 - 88191217　发行部电话：010 - 88191522
网址：www. esp. com. cn
电子邮箱：esp@ esp. com. cn
天猫网店：经济科学出版社旗舰店
网址：http://jjkxcbs. tmall. com
北京季蜂印刷有限公司印装
710 × 1000　16 开　18.25 印张　310000 字
2020 年 11 月第 1 版　2020 年 11 月第 1 次印刷
ISBN 978 - 7 - 5218 - 0903 - 9　定价：66.00 元
（图书出现印装问题，本社负责调换。电话：010 - 88191510）
（版权所有　侵权必究　打击盗版　举报热线：010 - 88191661
QQ：2242791300　营销中心电话：010 - 88191537
电子邮箱：dbts@ esp. com. cn）

A 摘 要
bstract

　　本书集成经济学、管理学、社会学、法学等多学科知识，综合运用了文献梳理法、归纳演绎法、实证分析法、规范分析法等多种研究方法对低碳城市建设投融资体系开展研究，以低碳城市建设中的资金运动为主线，以低碳城市建设投融资体系的建立与完善为重点，针对存在的问题，深入剖析其根源，并提出具有可操作性的解决对策。本书具有较高的理论价值，也具有较高的实用价值。其理论价值在于，本书为金融学在可持续发展中的应用进行了探索，为环境经济学、能源经济学与金融学的结合进行了尝试，有助于金融学、环境经济学、能源经济学的交叉融合和进一步发展。其实用价值在于，本书提出的运作方案、产品设计及政策建议针对性、实用性很强，对实际工作具有一定的指导作用。一旦采纳应用，将会产生非常可观的经济效益和生态效益。

$\mathbb{C}$目 录
ontents

第一章　低碳城市建设与投融资概述 ……………………………………… 1

　　第一节　低碳城市的内涵 …………………………………………… 1

　　第二节　低碳城市建设的内涵 ……………………………………… 3

　　第三节　投融资概述 ………………………………………………… 7

第二章　中国低碳城市建设与资金缺口分析 ……………………………… 13

　　第一节　中国低碳城市建设的实践分析 ………………………… 13

　　第二节　中国低碳城市建设进程分析 …………………………… 17

　　第三节　中国低碳城市建设资金缺口分析 ……………………… 23

第三章　低碳城市建设投资机制的理论探讨 ……………………………… 29

　　第一节　投融资机制及低碳投融资机制 ………………………… 29

　　第二节　中国投融资机制的演进与缺陷 ………………………… 30

　　第三节　现代投融资机制的内涵与作用 ………………………… 31

　　第四节　低碳投资机制的构成、建立路径与建立原则 ………… 33

　　第五节　碳减排参与型投资机制的建立 ………………………… 36

　　第六节　低碳创新需求型投资机制的建立 ……………………… 42

第四章　低碳城市建设融资机制的理论探讨 ……………………………… 51

　　第一节　低碳城市建设现代融资机制的结构 …………………… 51

　　第二节　低碳城市建设现代融资机制的理论依据 ……………… 53

　　第三节　低碳城市建设现代融资机制的运作机理 ……………… 57

第五章 低碳城市建设投融资的演化博弈机制探讨 ················· 68

　　第一节 低碳城市建设投融资演化博弈的基本假设 ········· 68

　　第二节 低碳城市建设投融资的演化博弈分析 ············· 69

　　第三节 低碳城市建设投融资演化博弈的政府策略
　　　　　 及其模拟仿真 ·································· 71

　　第四节 低碳城市建设投融资演化博弈的企业策略
　　　　　 及其模拟仿真 ·································· 77

　　第五节 低碳城市建设投融资演化博弈的银行策略
　　　　　 及其模拟仿真 ·································· 80

　　第六节 简要的结论 ······························· 84

第六章 低碳经济财政融资方式探讨 ······················· 85

　　第一节 财政介入碳排放的现代经济学原理 ············· 85

　　第二节 低碳财政收入的经常性来源 ··················· 86

　　第三节 低碳财政收入的补充性来源 ··················· 90

　　第四节 低碳型生态转移支付制度 ····················· 93

　　第五节 低碳财政预算制度 ··························· 97

第七章 绿色金融支持低碳经济发展探讨 ··················· 102

　　第一节 低碳经济发展的融资困境 ····················· 102

　　第二节 绿色金融对碳排放权交易的促进作用 ··········· 103

　　第三节 绿色金融对产业结构低碳化的支持作用 ········· 105

　　第四节 中国发展绿色金融的相关政策 ················· 106

　　第五节 中国发展绿色金融的具体实践 ················· 108

　　第六节 中国绿色金融模式对低碳经济融资的启迪 ······· 111

　　第七节 中国发展低碳金融的相关探讨 ················· 114

第八章 低碳经济常规融资方式探讨 ······················· 119

　　第一节 低碳产业及其融资概述 ······················· 119

　　第二节 低碳产业发展的前景、现状及资金约束 ········· 120

　　第三节 对低碳产业常规融资机制作用的理论分析 ······· 122

　　第四节 常规融资机制与低碳新兴产业 ················· 126

第五节 完善低碳产业常规融资机制的对策探讨 …………… 130

第九章 完善贷款担保机制 发展低碳经济探讨 ………………… 136

第一节 促进中小企业贷款担保的合理定位 …………… 136
第二节 促进中小企业贷款担保的财政支持 …………… 137
第三节 促进中小企业贷款担保的经营运作 …………… 140
第四节 促进中小企业贷款担保的风险管理 …………… 143

第十章 节能减排合同服务方式探讨 ………………………… 148

第一节 节能减排合同服务的提出背景、内涵与分类 ………… 148
第二节 节能减排合同服务对于节能减排的促进作用 ………… 149
第三节 节能减排合同服务的融资功能 …………… 151
第四节 节能减排合同服务在中国的发展 …………… 153
第五节 节能减排服务公司面临的信用困境与对策 ………… 155
第六节 节能减排服务公司面临的政策困境与对策 ………… 157
第七节 节能减排服务公司面临的融资困境与对策 ………… 160

第十一章 碳排放权交易市场体系探讨 ………………………… 170

第一节 碳配额交易的融资功能 …………… 170
第二节 实施碳配额交易的必要性和可行性 …………… 171
第三节 中国碳配额交易的进展 …………… 176
第四节 中国城市碳配额交易市场的优先发展 …………… 177

第十二章 碳交易的减排效应及碳市场效率探讨 ……………… 184

第一节 引言及文献综述 …………… 184
第二节 模型设计及数据来源 …………… 186
第三节 实证结果分析 …………… 191
第四节 结论与建议 …………… 201

第十三章 碳排放权储备与借贷机制探讨 ……………………… 205

第一节 引言 …………… 205
第二节 碳排放权配额储备的必要性 …………… 206
第三节 碳排放权配额银行的设立与运作 …………… 208

第四节　碳排放权配额银行的风险分布与控制 ····················· 214

第十四章　金融集聚对能源效率的影响探讨 ························ 219

第一节　引言 ··· 219

第二节　金融集聚对能源效率的作用机理 ······················· 220

第三节　指标选取与数据来源 ··································· 221

第四节　金融集聚度及能源效率的测度及分析 ··················· 223

第五节　金融集聚对能源效率影响的实证分析 ··················· 227

第六节　结论及启示 ··· 230

附录一　低碳城市建设的长效机制初探 ···························· 232

第一节　价值观重塑是低碳城市建设的根本 ····················· 233

第二节　经济结构调整是低碳城市建设的基础 ··················· 234

第三节　技术创新是低碳城市建设的关键 ······················· 236

第四节　投融资机制创新是低碳城市建设的物质支持 ············· 237

第五节　制度创新是低碳城市建设的有力保障 ··················· 239

附录二　论金融机构在低碳经济发展中的社会责任 ················ 242

第一节　金融机构在低碳经济发展中应当承担
　　　　相应的社会责任 ··· 242

第二节　发展低碳金融与进行尽职调查是金融机构在低碳经济
　　　　发展中的主要社会责任 ································· 244

第三节　营造良好的金融生态环境是金融机构在低碳经济
　　　　发展中践行社会责任的保障 ····························· 247

附录三　基于财政分权视角的低碳城市建设研究 ················ 252

第一节　引言 ··· 252

第二节　文献综述 ··· 253

第三节　财政分权与低碳城市建设：理论分析 ··················· 254

第四节　财政分权与低碳城市建设中的问题 ····················· 258

第五节　结论与政策建议 ··· 263

附录四　环境规制、民间投资与区域经济增长 ················· 267

　　第一节　引言 ························· 267

　　第二节　文献综述 ························· 268

　　第三节　理论模型 ························· 270

　　第四节　实证研究 ························· 271

　　第五节　计量结果分析 ························· 273

　　第六节　结论 ························· 277

后记 ························· 281

第一章 低碳城市建设与投融资概述

第一节 低碳城市的内涵

一、低碳城市的概念

目前，国内外关于低碳城市的定义不尽相同。我们认为，要准确界定低碳城市，首先要正确理解"低碳经济"。"低碳经济"一词最早由英国在2003年能源白皮书《我们能源的未来：创建低碳经济》中提出，是指通过更少的资源消耗和环境污染获得更多的经济产出；是能够创造更高的生活标准和更好的生活质量的途径和机会（刘春玲，2011）。2007年，日本政府提出"低碳社会"的目标，并在2008年提出建设低碳社会的三个原则，即减少碳排放、鼓励节俭和与自然和谐相处。

世界自然基金会（WWF）认为，低碳城市是指城市在经济高速发展的前提下，保持能源消耗和二氧化碳排放处于较低的水平（金石，2008）。气候组织（The Climate Group）认为，低碳城市是在城市内推行低碳经济，实现城市的低碳排放，甚至是零碳排放（熊焰，2011）。国内近年来也开展了对低碳城市定义的研究，具体内容见表1-1。由表1-1可以看出，国内外学者对低碳城市的理解主要侧重于经济层面，兼顾社会层面等。

综合国内外各种对低碳城市的定义，可以得出关于低碳城市基本认同的定义：低碳城市是以低碳经济为发展方向、以低碳生活为行为理念、以低碳社会为建设蓝图的城市。低碳城市建设服从于经济发展和环境生态双重要求。尽管学者们对低碳城市内涵的界定各有侧重，但其共性也很突出，即低碳城市的发展不能以经济换取环境，它要在保证经济发展速度以及人们生活质量的前提下实现低碳发展；它的建设最终要依赖于城市治理者和居民理念及生活方式的转变才能实现。

表1-1　　　　　　　　　　　　低碳城市的不同定义

学者	定义
夏堃堡 (2008)	低碳城市，就是在城市实行低碳经济（低碳生产和低碳消费），建立资源节约型、环境友好型社会，建设一个可持续的能源生态体系
辛章平等 (2008)	低碳城市的核心是降低能耗、减少碳排放，低碳城市是低碳经济发展的必然过程
付允等 (2008)	低碳城市就是通过在城市发展低碳经济，进行技术创新，尽可能地减少城市的温室气体排放，摆脱粗放运行模式，形成优化合理的经济体系和健康环保的生活消费方式，最终实现城市的清洁高效和可持续发展
刘志林等 (2009)	低碳城市强调以低碳理念为指导，通过应用低碳技术、低碳产品和低碳能源，由公众广泛参与而减少碳排放的城市发展活动
戴亦欣 (2009)	低碳城市是通过生活理念和方式的转变，在保证生活质量不断提高的同时减少碳排放的城市建设模式，是综合经济发展、社会进步和环境保护三方面来考虑发展的方式和可能性的一种发展模式
何涛舟等 (2010)	低碳城市是在政策和制度作用下，通过全社会（政府、企业、个人和组织机构）的共同努力使得碳汇大于碳源，并且倡导低碳生产和生活的城市
罗宏等 (2010)	低碳城市是在城市及其外沿区域空间内发展低碳经济，低碳生产和低碳消费并重，实现城市物质和能量各个方面的低碳化，在保证满足社会需求的经济发展速度的基础上碳排放量不断降低的可持续型城市形态

二、低碳城市的主要特征

根据低碳城市的定义可知，低碳城市具有经济性、系统性、区域性和动态性等主要特征。

（一）经济性

低碳城市的经济性是指城市经济的高效集约化，以最少的资源和能源投入，取得最多的经济产出。要做到这一点，需要促进低碳技术创新，不断优化产业结构；抓住低碳产品即将成为市场主流的机遇，加大相关研发投入，培育核心竞争力和持续发展能力。

（二）系统性

低碳城市是由经济、社会和环境等子系统组成的，涉及许多方面，它的建设应以低碳为主导思想，在生活层面上倡导使用绿色建筑、绿色出行，鼓励居民的低碳行为；在技术层面上充分利用先进技术大力发展清洁能源，促进经济的低碳发展；在制度层面上，建立相关法律和完善的配套政策等。

（三）区域性

低碳城市是一种城市化的区域复合体，包括城乡之间、城镇之间的协调发展等。由于环境问题具有区域性，城市环境改善只靠自身的努力是不行的。因此城乡统筹、区域协同，也是低碳城市的特征之一。

（四）动态性

对于城市建设来说，不同阶段和时期具有不同目标，低碳建设是一个动态目标。毕竟零碳化目前只是一种理想状态。动态性使得城市的发展状态、消费、能源、交通等模式都处在变化中，以配合目标的调整。

第二节　低碳城市建设的内涵

一、低碳城市建设的目标与方式

低碳城市建设与可持续发展一脉相承。低碳城市建设的目标在于立足中国国情，在保持经济发展的同时，逐步降低城市的碳排放强度和总量，使温室气体排放降低与经济持续发展并行不悖。

低碳城市建设的方式是"自上而下"还是"自下而上"？在低碳城市建设初期，一般是"自上而下"的模式，因为往往需要政府先引导和推广低碳理念，使用低碳技术，公众才会积极购买低碳产品，进行低碳消费，逐渐推动城市消费模式的转变（路超君等，2012）。

低碳城市"自上而下"的建设方式能够带给我们一些启示。首先，低碳城市建设固然需要政府、企业、公众的共同努力，但在低碳城市建设的不同时期，建设的主导力量是不同的。低碳城市建设的初期，是政府主导建设时期，需要政府结合自身现状优先进行低碳制度设计，进行政策供给和推动；而后企业会逐渐主动引进使用低碳技术减少生产中的碳排放量，过渡到低碳生产主导建设时期；最后是公众的低碳理念日益普及，认同度和参与度不断增强，对低碳产品的需求大大增加，使城市建设转变为低碳消费主导时期。其次，在低碳城市建设中，对低碳城市标准和碳排放统计的关注明显不足。没有国家和地方层面的标准，低碳政策的实施执行就缺少清晰的依据；没有碳排放统计数据，就难以对目前城市碳排放现状和政策执行效果进行掌握和有针对性的改进。此外，低碳城市战略规划和低碳宣传教育也是低碳城市建设的重要方面，作用不容忽视。因此，目前的低碳城市建设应当尽快出台标准，编制碳排放清单，将碳排放统计纳入日常统计工作中，并积极进行低碳的战略规划和理念的宣传教育。

二、低碳城市建设的内容体系

低碳城市建设的主要内容体系包括低碳能源、低碳产业、低碳建筑、低碳交通、低碳消费、低碳技术和低碳管理等，形成一个系统的有机整体。

（一）低碳能源

就中国目前的情况来说，以煤炭为主的能源结构在短时间内难以快速转变，天然气、水电、风能、核电等清洁新能源的结构占比提高也需要一个过程。要实现转变目标，就要大力进行新能源与可再生能源的研发，投入资金、设备和人才资源，吸引成熟技术的交流与引进，推动自身技术的发展与应用。要考察自身的可再生能源优势，因地制宜，充分发挥能源潜力，设立优势项目，比如丹麦哥本哈根实施的利用海上风能进行发电的项目，碳减排量每年达到 66 万吨（林姚宇等，2010）。同时还要鼓励城市居民对新能源和可再生能源的使用，对新能源在推广过程中给予价格优惠和补贴，促进设备的改造升级和城市能源的更新。

（二）低碳产业

经济产业结构决定能源的消耗结构，从而影响着温室气体的排放总量和排放强度。一般情况下，第二产业是需要严格控制能耗的高碳产业，产业结构的优化升级能够控制高碳产业发展，降低碳排放强度。同时，还要大力发展农林业和生态服务业。农林业是重要的碳汇产业，能够吸收和储藏大量的二氧化碳。服务业消耗能源少、污染环境小，也是重要的低碳产业。

（三）低碳建筑

建设和使用建筑是碳排放的主要来源，发达国家的建筑能耗比重可达40％。通过在建筑领域推广使用建材，可以避免能耗的大量浪费，减少废弃物的产生和对环境的破坏。一方面要注重对既有建筑的节能改造，另一方面对新建建筑要大力推广绿色节能标准。

（四）低碳交通

城市交通工具产生大量温室气体，因而低碳交通对低碳城市的建设具有非常重要的作用。鼓励发展公共交通，加快快速轨道交通建设，控制私家车数量，提倡自行车出行和步行，可以减少交通的刚性碳排放。

（五）低碳消费

居民生活与温室气体排放密切相关。宣传低碳生活理念，引导居民进行低碳消费，可以减少碳排放。比如推广低碳节能家电产品，采用 LED 照明，及时关闭电源，减少使用塑料袋，拒绝一次性用品，鼓励资源的回收循环利用等。韩国首尔市政府通过减少税费倡导的"无车日"，一年减少二氧化碳排放 243000 吨；丹麦的哥本哈根市通过废弃物回收分类制度鼓励居民的环保生活，每年减少碳排放约 4 万吨（林姚宇等，2010）。

（六）低碳技术

低碳技术是指能够有效控制温室气体排放的新技术，涉及低碳生产、新能源开发、可再生能源利用、二氧化碳捕获与埋存等领域（倪外等，2010）。以二氧化碳的封存回收为例，通过低碳技术对二氧化碳进行收集，既可以储存于地质结构层中减少其排放，又可以在回收利用后通过生物化学、光学等各种途径将其转化为有用物质。目前，二氧化碳在工业中的应用主要在饮料、金属切削与加工、食品保藏等方面（李旸，2010）。

（七）低碳管理

低碳城市的建设需要有序的低碳管理。低碳管理是要在政策制度上突出低碳，重点是引入碳税、气候变化协议、碳信托基金等，建立相关法律法规制度为低碳城市提供保障。以碳税为例，由于税率与能源含碳量和发热量相关，不同能源的税负也不同，高碳能源的税负高，因此碳税能够有效减少碳排放。

三、低碳城市建设的动力与关键环节

（一）低碳城市建设的动力

创新是人类进步的灵魂，是发展源源不竭的动力。低碳城市建设也是如此，低碳城市建设的动力也在于创新。

一方面，城市发展的低碳化需要低碳技术的创新，以开发新能源，提高能源使用效率。通过原始创新和集成创新，整合现有低碳技术，研发新技术，并进行推广应用。同时，通过清洁发展机制（CDM）引进先进国家的技术，并加以消化吸收，给予推广应用。这些技术创新有利于低碳城市建设。

另一方面，低碳城市建设也需要制度创新。低碳城市建设需要在政府层面建立完善的制度体系，包括建设的目标、计划和推进机制，并设立专门的机构负责政策实施。在建设过程中，通过财政、税收、金融、贸易等各层面的制度创新和杠杆作用，引导各类经济主体参与开发低碳技术，使消费者乐于选择低碳产品、进行低碳生活。这些制度创新也有利于低碳城市建设。

（二）低碳城市建设的关键环节

低碳城市建设的关键环节包括低碳规划、低碳生产和低碳生活等方面。

一是低碳规划。低碳规划是低碳城市的重要组成部分。城市管理者通过进行科学合理的城市发展规划，将经济增长、社会进步与环境保护有效结合起来，借助制度完善和政策鼓励，规范居民行为，平衡各方面的利益。低碳城市规划主要包括低碳产业规划、低碳建筑规划、低碳交通规划等。低碳城市规划除考虑单个城市外，还应考虑到城市所在区域及相关的发展战略，将城市规划与经济发展和落实科学发展观结合起来，从地区和国家角度思考，使低碳规划更具有认同感与可行性。

二是低碳生产。低碳生产是指企业借助于绿色能源开发和低碳技术的运用，高效利用投入生产的资源和能源，在开采、产品制造和处置环节上实施循环利用和清洁生产，尽可能地减少消耗和污染物的产生，使生产模式向集约轻型化转变。政府则通过制定有利于低碳生产的经济政策和评价指标体系促进其发展，推广重点行业、产业园区的先进适用技术和典型经验；大力发展可再生能源、推广清洁煤技术，加速能源结构的低碳化。

三是低碳生活。在居民生活方面，应当鼓励低碳技术的推广应用，尽量控制使用能源消耗多的产品，建立理性生态的生活观，消费模式、交通模式、建筑模式都追求低碳可持续，居民在生活中尽可能地减少自己的碳足迹，追求与自然和谐相处，践行健康、环保的生活方式。

第三节 投融资概述

一、投资的内涵

一般来说，投资是指将货币资金投入某一项目以获取利润的活动。投资包括有形投资和无形投资两种。有形投资是指形成固定资产的投资，也称直接投资。无形投资既包括商誉投资、文化投资等形成无形资产的投资，也包括证券投资、期货投资、保险投资等。

也有人将投资分为直接投资和间接投资两种。认为直接投资是指投资者投入货币资金直接形成固定资产以获取利润的投资，间接投资是指投资者投入货币资金购买金融产品间接形成固定资产以获取利润的投资。

与投资相关的概念是投资主体和投资客体。投资主体是指具有一定资金来源、能够从事投资活动，拥有投资决策自主权、享受投资收益并承担投资风险的法人和自然人。投资客体是指投资的对象，包括固定资产、股权、文化、人力资本等。

企业具有投资主体的资格，就是一种投资主体。企业进行低碳产品的扩大再生产，就是一种投资行为（固定资产投资行为）。其投资客体是固定资产，是进行低碳产品生产的物质基础。

需要说明的是，本书研究的重点主要是直接投资（不包括间接投资），并且主要是指固定资产投资。

二、融资的内涵

融资是指融通货币资金的活动。融通货币资金是指将货币资金从供给方转移到需求方，供给方作为货币资金的提供者，不是无偿提供的（否则就是捐赠），而是有代价的，其代价是资金需求方向资金供给方支付利息或让渡控制权（收益权）。支付利息的融资是负债融资，让渡控制权（收益权）的融资是股权融资。

与投资类似，融资也可分为直接融资和间接融资两种。直接融资是资金需求方与资金供给方在一定场所直接进行交易的融资类型，这里的一定场所包括正式资本市场和非正式资本市场两种。该方式对资金需求方具有较高的要求，目的是降低资金供给方的经营风险。常见的直接融资方式包括债券融资、股票融资、非上市股权融资等。间接融资是资金需求方、资金供给方通过中介机构进行间接交易的融资类型。在这里，中介机构发挥了调剂余缺、沟通有无的作用。比如，商业银行以较低的利息从资金供给方吸收存款，然后以较高的利息向资金需求方发放贷款，承担了将资金从资金供给方转移到资金需求方的功能，是一个典型的资金中介机构。常见的间接融资方式包括银行贷款融资、信托融资等。

资金需求方是选择直接融资还是选择间接融资，需要具体问题具体分析。对于开展节能减排的企业来说，由于项目具有高风险性，企业选择间接融资难度较大，以选择直接融资为宜。当然，如果企业不能进行直接融资，在有担保或抵押条件时，也可以选择间接融资。

与融资相关的概念是融资主体和融资客体。融资主体是指能够从事融资活动，拥有融资决策自主权并承担融资风险的法人和自然人。融资客体是指融资的对象，即货币资金。

如图1-1所示，企业为低碳产品扩大再生产进行融资。其向商业银行融资是间接融资，向大众投资者和股东进行债券融资和股权融资是直接融资。企业具备融资主体的条件，是一种融资主体。其融资客体是货币资金，用于购买设备、建造厂房之用。

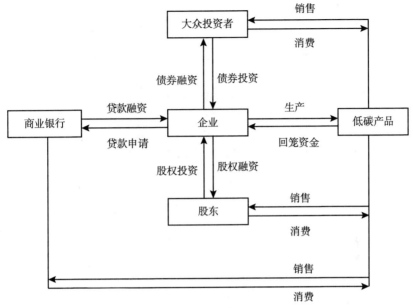

图 1-1 投资与融资的过程

三、投资与融资的关系及低碳投融资

(一) 投资与融资的关系

投资与融资往往是一个问题的两个方面。对于资金需求方来说,是融资;而对于资金供给方来说,则是投资。对于一个项目来说,既有投资,又有融资。投资是项目投资者提供的资本金或股本,融资是项目投资者提供的资本金或股本不足时进行的直接融资和间接融资。如图 1-1 所示,企业在资金不足时,作为资金需求方需要向大众投资者和股东(资金供给方)募集资金,这就是企业的融资。但对于大众投资者和股东来说,又是一种投资。从另一个角度看,融资是项目投资的一部分。企业进行扩大再生产的投资,如果自有资金不足,就需要进行贷款融资、债券融资或股权融资。如图 1-2 所示,项目投资包括投资决策、融资和投资管理等过程。所以,融资是项目投资的重要环节。

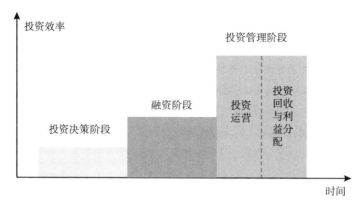

图 1 – 2　项目投资的不同阶段

（二）低碳投融资的内涵

所谓低碳投融资，是指用于低碳经济建设、低碳社会建设、低碳文化建设等的投融资。考虑到经济的基础性作用，我们认为，低碳投融资的重点应是低碳经济建设投融资。本书所说的低碳城市建设投融资，就是低碳投融资的一部分。

（三）低碳投融资的特点

一是公共性。低碳投融资要实现预期目标，必须先形成一定的低碳资产。这种低碳资产属于公共物品，所以低碳投融资具有公共性的特点。

二是高风险性。科学技术是第一生产力，所以低碳建设的关键是推动技术进步。低碳技术作为高新技术，具有很高的开发风险，在利益机制的传导下，其投融资也必然具有很高的风险。

三是高收益性。企业进行低碳投融资能够通过技术、文化的投资形成绿色竞争力，该竞争力有利于将该企业与其他企业区分开来，并形成市场垄断优势，使该企业获得一定的超额利润，从而产生低碳投融资的高收益性。

（四）低碳投融资的原则

一是融资效率的激励相容。首先，举债的决策者应成为举债的受益者和偿还者，形成举债激励与偿还约束的统一。其次，项目应有切实的偿债资金来源。即虽然低碳建设具有一定的公共性，但其融资的偿债来源可以由因环境的改善带来产业发展、土地增值而增加的税收提供，这就使得低碳建设融资具有一定的保障。

二是融资成本负担的代际公平。低碳建设是"行动于当前，造福于后代"的事业，其成果可以长期享用，很容易产生成本负担的代际不公平问题。通过融资方式的创新，这一问题可以得到解决。发行长期债券或资产证券化能够将低碳建设未来的收益提前到当前使用，将来逐步偿还（潘功胜，2013）。所以，低碳建设融资应当在控制风险的前提下，积极进行融资方式的创新。

三是投资风险的有效隔离。如前所述，低碳建设投资具有一定的公共性，这就需要政府承担一定的责任。但低碳建设投资同时又具有很高的风险，不适合政府直接参与投资。合理的方式是由政府出资设立一个股权投资基金，由该基金联合其他投资者（民间投资者、外商投资者）共同设立一家有限责任公司，由该公司从事风险很高的低碳建设投资。股权投资基金作为出资者对该公司承担有限责任，从而能够实现政府与低碳建设投资风险的有效隔离。

本章主要参考文献

［1］戴亦欣.中国低碳城市发展的必要性和治理模式分析［J］.中国人口·资源与环境，2009（3）.

［2］付允，汪云林，李丁.低碳城市的发展路径研究［J］.科学对社会的影响，2008（2）.

［3］何涛舟，施丹锋.低碳城市及其"领航模型"的建构［J］.上海城市管理，2010（1）.

［4］金石.WWF启动中国低碳城市发展项目［J］.环境保护，2008（3）.

［5］李昸.我国低碳经济发展路径选择和政策建议［J］.城市发展研究，2010（2）.

［6］林姚宇，吴佳明.低碳城市的国际实践解析［J］.国际城市规划，2010（1）.

［7］刘春玲.低碳经济的定义、内涵及相关概念辨析［J］.商业时代，2011（21）.

［8］刘志林，戴亦欣，董长贵，齐晔.低碳城市理念与国际经验

[J]. 城市发展研究, 2009 (6).

[9] 路超君, 秦耀辰, 罗宏, 张丽君, 张艳, 鲁丰先. 中国低碳城市发展影响因素分析 [J]. 中国人口·资源与环境, 2012 (6).

[10] 罗宏, 吕连宏, 何美梅. 低碳城市规划建设的难点与关键问题 [J]. 环境科技, 2010 (12).

[11] 倪外, 曾刚. 低碳经济视角下的城市发展新路径研究 [J]. 经济问题探索, 2010 (5).

[12] 潘功胜. 城市基础设施融资机制亟待创新 [N]. 21世纪经济报道, 2013 – 10 – 14.

[13] 夏堃堡. 发展低碳经济, 实现城市可持续发展 [J]. 环境保护, 2008 (3).

[14] 辛章平, 张银太. 低碳经济与低碳城市 [J]. 城市发展研究, 2008 (4).

[15] 熊焰. 低碳转型路线图: 国际经验、中国选择与地方实践 [M]. 北京: 中国经济出版社, 2011.

第二章 中国低碳城市建设
与资金缺口分析

自英国最早提出"低碳"概念并积极倡导低碳经济之后,一些国家将低碳经济理念应用于城市建设,形成了低碳城市的发展思路和战略。伦敦、纽约、东京等国外知名城市率先进行了建设低碳城市的探索。对此,中国城市也不甘落后,纷纷制定规划、出台政策,形成了建设低碳城市的浪潮。

第一节 中国低碳城市建设的实践分析

中国建设低碳城市发端于 2008 年 1 月。当时世界自然基金会(WWF)与建设部合作实施"中国低碳城市发展项目",保定和上海两市入选首批试点城市。此后,国内许多城市加入了建设低碳城市的行列。

一、中国低碳城市建设的概况

中国城市科学研究会的一项统计表明,截至 2011 年 2 月,中国 287个地级以上城市中提出"低碳城市"建设目标的有 133 个,所占比重为 46.3% (文辉等,2012)。据赛迪投资顾问统计,具有一定规模并接近低碳城市标准的城市主要有 19 个,分布于环渤海、珠三角、长三角、西南地区四个经济区,发展特色集中在低碳产业、低碳交通、低碳生活、低碳建筑等方面,如表 2-1 所示(赛迪顾问,2012)。

表 2 - 1   中国低碳城市建设特色

发展特色	城市名称
低碳产业	德州、烟台、昆明、天津、深圳、南昌、保定、重庆、上海
低碳交通	天津、重庆、深圳、厦门、杭州、南昌、贵阳、保定、武汉、无锡
低碳生活	厦门、青岛、威海、南通、南昌、杭州、保定、成都、南京、深圳
低碳建筑	北京、厦门、重庆、成都、杭州、无锡、武汉、唐山、扬州、威海、南京、上海、天津、洛阳、贵阳

从表 2 - 2 可以看出，近年来水力发电、再生能源以及天然气所占比重有所提升，煤所占比重有所下降，能源消费正呈现出向低碳化发展的趋势。

表 2 - 2   中国一次能源消费比例   单位：%

年份	原油	天然气	煤	核能	水力发电	再生能源	能源消费总量
2003	22.1	2.4	69.3	0.8	5.3	—	100
2004	22.4	2.5	68.7	0.8	5.6	—	100
2005	20.9	2.6	69.9	0.8	5.7	—	100
2006	20.4	2.9	70.2	0.7	5.7	—	100
2007	19.5	3.4	70.5	0.8	5.9	—	100
2008	18.8	3.6	70.2	0.8	6.6	—	100
2009	17.7	3.7	71.2	0.7	6.4	0.3	100
2010	17.6	4.0	70.5	0.7	6.7	0.5	100
2011	17.7	4.5	70.4	0.7	6.0	0.7	100
2012	17.7	4.7	68.5	0.8	7.1	1.2	100

资料来源：British P. Statistical Review of World Energy 2013 ［M］. London，VR：British Petrol，2013.

二、国际低碳城市建设项目的实践

（一）中新天津生态城项目的实践

2007 年初，新加坡与中国政府合作在天津滨海新区内选址建设中新生态城。对生态城总体建设设想为能实现人与人、环境以及经济活动"和谐共存"，可以通过推广复制共享绿色发展经验。截至 2012 年 9 月，中新生态城已实现了起步区（8 平方公里）组团式系统开发和推进，基础设施和配套设施逐步完善，返还市级财政收入累计超过 70 亿元，五个主要产业园区累计完成 410 亿元总投资，在建项目面积为 500 万平方米。截至 2013 年 6 月，生态城注册企业已超过 1000 家，注册资金超过 730 亿元，入住居民 2000 多户，完成盐碱地绿化 310 多万平方米。预计到 2015 年，生态城的地区生产总值将达到 200 亿元，常住人口达 8 万人，财政收入可达 45 亿元[①]。

（二）中国低碳城市发展项目的实践

2008 年 1 月，世界自然基金会与建设部联合推出"中国低碳城市发展项目"，首批选定上海和保定两市进行试点。

上海市于 2008 年 11 月宣布将打造三大低碳经济实践区，即临港新城低碳发展实践区、崇明岛低碳生态实践区和虹桥枢纽低碳商务实践区[②]。临港新城以低碳能源为主，虹桥区以低碳科技为主，崇明岛则侧重低碳生态农业。上海在建设低碳城市的过程中，着重对大型建筑提高能效，对能耗情况进行试点公开，将节能运行的内容向物业管理人员普及[③]。

保定市依托新能源产业国家高技术产业基地，低碳产业结构以可再生能源产业为主，并以"中国电谷"为战略规划，形成了七大产业集群（节电、储电、光电、风电、输变电、电力软件、电力自动化）和四大功能分区（产业、市场、技术人才、金融服务），推动低碳城市建设。保定 2007 年以来在太阳能建设上已累计完成投资 2.57 亿元，完成太阳能应用改造的居民小区数量达 105 个，电谷大厦（世界首座将光伏发电与五星级酒店合为一体的建筑）也正式投入使用[④]。

三、国内其他低碳城市建设的实践

伴随着低碳经济理念的蓬勃兴起，许多城市纷纷提出建设"低碳

---

① 中新天津生态城建设进度超过预期，8 平方公里起步区初具规模 [N]. 中国经济导报，2012 - 7 - 4.
② 崇明岛、临港新城、虹桥枢纽，上海打造三大低碳实践区 [N]. 解放日报，2009 - 12 - 29.
③④ 李燕. 走进低碳城市 [J]. 中华建设，2009（8）：9 - 15.

城市"的构想，使节能减排与经济增长协调发展。除上海、保定、天津外，目前处在实施低碳城市建设状态的城市包括深圳、南昌、武汉、长沙、德州、沈阳、珠海、吉林；已完成低碳城市规划编制的城市有厦门、杭州、贵阳、无锡。这些城市低碳建设的类型和侧重点有所不同。

（一）以产业为主导的低碳城市建设

以产业为主导进行低碳城市建设的城市主要有德州、长沙、南昌、吉林。比如德州作为国家首批可再生能源建筑应用示范城市，大力推广太阳能在各个领域的广泛利用，实施"百万屋顶"工程、"5555"光电工程、"千村浴室"工程等项目，打造"中国太阳谷"，目前已完成投资12.5亿元，建成温屏玻璃工业园、光电工业园等；长沙注重促进可再生能源、新能源汽车等绿色产业发展；南昌则力图将城市建设为世界级光伏产业基地；吉林将新能源开发作为实施能源工业可持续发展的长远战略，开发重点放在太阳能、风能和生物质能上，并在新建筑上推广节能建筑目标。

（二）综合型低碳城市建设

深圳、武汉、厦门、杭州、贵阳、无锡均强调综合型低碳城市建设，比如深圳从建立绿色交通系统、发展绿色建筑入手，完善绿色市政规划，引导产业低碳化发展，推广合同能源管理项目，与住房和城乡建设部共建"国家低碳生态示范市"，在全国率先划定基本生态控制线，率先出台了一系列"绿色"技术标准和规范准则；武汉综合探索低碳能源、低碳交通、低碳产业发展模式和建立相关政策体系；厦门从交通、建筑、生产三大领域推行低碳发展模式；杭州设立专项资金致力于建设"六位一体"（低碳经济、低碳建筑、低碳交通、低碳生活、低碳环境、低碳社会）的低碳城市，优先发展公共交通绿色出行，决定于"十二五"期间推进51个计划总投资371.96亿元的低碳示范项目；贵阳以财政补贴的方式推广节能灯的应用，构建低碳环保交通系统和绿色建筑体系，引导公众低碳生活和低碳消费；无锡则规划建立六个低碳体系，涉及法规、文化、产业、交通物流、碳汇吸收与利用等多方面。

第二节 中国低碳城市建设进程分析

一、低碳城市建设进程的评价指标体系

根据低碳城市的内涵和特点，借鉴相关学者研究成果，考虑统计数据的可得性，从经济发展、能源环境和社会进步3个子系统，选取27个指标，作为低碳城市建设进程的测度指标。其中经济发展包括经济和科技两个方面，采用人均国内生产总值（GDP）、第三产业占GDP比重、城市居民人均可支配收入、GDP碳强度、工业产值碳排放量、研究与开发（R&D）经费投入占GDP比重、地方财政科技支出占财政支出比重、工业废弃物综合利用率、污水处理率、工业重复用水量表征；低碳城市能源环境包括能源和环境两个方面，选取能源最终消费量、单位生产总值能耗、工业增加值能耗、单位生产总值电耗、工业增加值电耗、二氧化碳排放量、烟尘排放总量、废气二氧化硫排放总量、绿化覆盖率、人均公共绿地面积表征；低碳城市社会进步包括社会和政策两个方面，选取每万人拥有公共交通车辆、每万人拥有出租汽车、恩格尔系数、人均碳排放量、环境保护投资、环境保护投资占GDP的比重、园林绿化投资额表征，如表2-3所示。

表2-3 低碳城市建设进程评价指标体系

子系统	类别	指标名称
经济发展	经济	人均GDP、第三产业占GDP比重、城市居民人均可支配收入、GDP碳强度、工业产值碳排放量
	科技	R&D经费投入占GDP比重、地方财政科技支出占财政支出比重、工业废弃物综合利用率、污水处理率、工业重复用水量
能源环境	能源	能源最终消费量、单位生产总值能耗、工业增加值能耗、单位生产总值电耗、工业增加值电耗
	环境	二氧化碳排放量、烟尘排放总量、废气二氧化硫排放总量、绿化覆盖率、人均公共绿地面积

子系统	类别	指标名称
社会进步	社会	每万人拥有公共交通车辆、每万人拥有出租汽车、恩格尔系数、人均碳排放量
	政策	环境保护投资、环境保护投资占 GDP 的比重、园林绿化投资额

二、低碳城市建设进程的实证分析

(一) 数据来源

本章选择上海市作为实证研究对象，选取 1996～2011 年的年度数据，数据来源于《上海统计年鉴》（1997～2012）。鉴于统计数据的可得性，我们从经济发展、能源环境、社会进步三个方面对低碳城市建设进程进行评价分析。

(二) 因子分析

1. 低碳城市经济发展因子分析

对低碳城市经济发展的相关因素进行因子分析，所提取的一个公因子的累计方差贡献达到 86.4%，因此，主因子涵盖了大部分信息，可以在简化原始指标的同时保留绝大多数信息。经旋转后的低碳城市经济发展因子载荷矩阵如表 2-4 所示。

表 2-4　　　　　　低碳城市经济发展旋转后的因子载荷矩阵

指标	主成分因子
	1
Zscore：R&D 经费投入占 GDP 比重（%）	0.991
Zscore：GDP 碳强度（吨/万元）	－0.987
Zscore：人均 GDP（元）	0.982
Zscore：工业产值碳排放量（吨/万元）	－0.973
Zscore：城市居民人均可支配收入（元）	0.966
Zscore：污水处理率（%）	0.962

续表

指标	主成分因子
	1
Zscore：地方财政科技支出占财政支出比重（%）	0.921
Zscore：工业重复用水量（万吨）	0.913
Zscore：第三产业占 GDP 比重（%）	0.905
Zscore：工业废弃物综合利用率（%）	0.640

表 2-4 中，第一公因子中贡献率较高的指标分别为 R&D 经费投入占 GDP 比重、GDP 碳强度、人均 GDP、工业产值碳排放量，主要反映了低碳城市创新财力投入、低碳强度和经济实力，揭示了低碳城市经济发展需要不断增强创新驱动力，提高经济发展水平，降低碳排放强度。

2. 低碳城市能源环境因子分析

对低碳城市能源环境的相关因素进行因子分析，所提取的两个公因子的累计方差贡献达到 89.082%。经旋转后的低碳城市能源环境因子载荷矩阵如表 2-5 所示。

表 2-5　　　　　　　低碳城市能源环境旋转后的因子载荷矩阵

指标	主成分因子
	1
Zscore：工业增加值电耗（千瓦时/万元）	0.990
Zscore：工业增加值能耗（吨标准煤/万元）	0.990
Zscore：单位生产总值能耗（吨标准煤/万元）	0.987
Zscore：单位生产总值电耗（千瓦时/万元）	0.987
Zscore：人均公共绿地面积（平方米）	-0.983
Zscore：能源终端消费量（万吨标准煤）	-0.976
Zscore：二氧化碳排放量（万吨）	-0.976
Zscore：绿化覆盖率（%）	-0.950
Zscore：烟尘排放总量（万吨）	0.940
Zscore：废气二氧化硫排放总量（万吨）	0.586

表 2 - 5 中，公因子中贡献率较高的指标分别为工业增加值电耗、工业增加值能耗、单位生产总值能耗、单位生产总值电耗、人均公共绿地面积，主要反映了低碳城市的能源效率和绿化情况。说明了低碳城市建设不仅要不断提高能源效率，还要不断提高城市绿化水平。

3. 低碳城市社会发展因子分析

对低碳城市社会发展的相关因素进行因子分析，所提取的两个公因子的累计方差贡献达到 82.243%。经旋转后的低碳城市社会发展因子载荷矩阵如表 2 - 6 所示。

表 2 - 6　　　　　低碳城市社会发展旋转后的因子载荷矩阵

指标	主成分因子	
	1	2
Zscore：每万人拥有公共交通车辆（辆）	0.382	0.856
Zscore：每万人拥有出租汽车（辆）	- 0.199	0.903
Zscore：恩格尔系数（%）	- 0.899	- 0.367
Zscore：人均碳排放量（吨/人）	0.933	0
Zscore：环境保护投资（亿元）	0.956	- 0.198
Zscore：环境保护投资相当于 GDP（%）	0.630	0.537
Zscore：园林绿化投资额（亿元）	0.713	0.251

表 2 - 6 中，第一公因子中贡献率较高的指标分别为环境保护投资、人均碳排放量，主要反映了低碳城市的政府政策和人均碳排放量；第二公因子贡献率较高的指标为每万人拥有出租汽车、每万人拥有公共交通车辆，主要反映了低碳城市的低碳交通。低碳城市可以通过政府出台环保政策，大力发展低碳交通，倡导绿色出行，不断降低人均碳排放量来逐步实现。

4. 低碳城市因子分析

对低碳城市的相关因素进行因子分析，所提取的三个公因子的累计方差贡献达到 94.669%。因此，三个主因子涵盖了大部分信息，可以在简化原始指标的同时保留绝大多数信息。据此进行因子分析得到最终的因子得分如表 2 - 7 所示。

表2-7　　　　　　　　　　低碳城市的因子分析总得分

年份	得分			
	F1	F2	F3	F
1996	-0.72704	-2.27456	-0.59482	-0.84414
1997	-0.77119	-1.63128	-0.4119	-0.79978
1998	-0.98023	-0.81358	0.03517	-0.85024
1999	-1.14573	-0.12373	0.89265	-0.85587
2000	-1.181	0.37667	0.84441	-0.83337
2001	-1.00202	0.60858	0.53159	-0.68745
2002	-1.03379	1.76808	-0.17382	-0.63142
2003	-0.5968	1.48917	-0.50606	-0.33898
2004	0.17772	0.57897	-0.99379	0.141323
2005	0.71428	0.2996	-1.59419	0.495664
2006	0.89434	0.09671	-1.27239	0.634014
2007	0.99649	0.1722	-0.89392	0.744261
2008	1.11138	-0.30298	0.22333	0.849965
2009	1.23959	-0.25423	0.70414	0.983815
2010	1.24914	-0.07106	0.99124	1.027653
2011	1.05487	0.08143	2.21837	0.964576

由低碳城市的评价结果可以发现，近年来上海市低碳城市建设水平整体处于上升趋势，尽管2011年出现了小幅度波动。从2004年开始变为正数，低碳城市建设取得突破性进展；在2010年总得分突破了1，达到最高点。

（三）因子分析结论

本部分以上海市为研究对象，从经济发展、能源环境和社会进步三个方面，运用因子分析法对低碳城市建设进程进行了评价，主要研究结果如下：

1. 碳排放强度是反映低碳城市发展水平的重要指标

低碳城市经济发展和社会进步评价所选取的代表性因子包含GDP碳

强度、工业产值碳排放量、人均碳排放量，揭示了碳排放强度是反映低碳城市建设进程的核心指标，是低碳城市独具特色的关键指标。

2. 能源消耗能够显著影响低碳城市建设进程

由能源环境的因子分析结果可知，反映城市能耗的四个核心指标工业增加值电耗、工业增加值能耗、单位生产总值能耗、单位生产总值电耗成为反映低碳城市的主要指标，揭示了节能减排是低碳城市建设的重点所在。

3. 政府政策是加快低碳城市建设步伐不可或缺的

通过对低碳城市社会进步的实证研究可以发现，环境保护投资、每万人拥有公共交通车辆、每万人拥有出租汽车成为主导因子，阐释了政府通过加大环保投入，大力发展低碳公共交通，积极倡导绿色出行是低碳城市建设的有效途径。

三、低碳城市建设进程影响因素的动态分析

这里将影响低碳城市建设的众多影响因素，从经济发展、能源环境、社会进步三个维度出发，选择时间序列因子分析方法，分别计算其因子分析的综合得分，与低碳城市的综合评价得分进行直观的对比分析。为客观反映低碳城市的动态演化进程，笔者选取了1996~2011年上海市的时间序列数据进行分析。

图2-1反映了中国低碳城市建设的动态演化进程及其影响因素，由此可以得到一些结论。

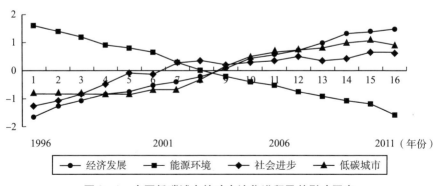

图 2-1 中国低碳城市的动态演化进程及其影响因素

（一）低碳城市建设水平整体呈现逐步上升的趋势

在经济发展、能源环境、社会进步等众多因素的综合作用下，近年来低碳城市建设水平不断提升，呈现了量的发展势头。经济发展和社会进步能够有效地加快低碳城市建设步伐，显著提升低碳城市建设水平；然而由于受到能源环境的制约，低碳城市发展势头逐步减缓。

（二）经济、能源环境和社会的协调发展能够加快低碳城市建设步伐

从 2002 年到 2006 年这一段时间里，经济发展、能源环境和社会进步三者发展相对协调，此时低碳城市呈现出快速发展的趋势；与此形成鲜明对比的是 1996 年至 2001 年和 2007 年至 2011 年这两段时间里，经济发展、社会进步与能源环境呈现出"剪刀差"的趋势，彼此之间的差距极为显著，发展明显不协调，导致低碳城市建设进程举步维艰，发展相对缓慢。

（三）能源环境成为制约中国低碳城市建设的瓶颈所在

从 2003 年能源环境的综合得分开始变为负数，并且一路下滑，呈现出快速下降的趋势。尽管低碳城市经济发展呈现良好势头，但受制于能源环境的不断恶化，使得低碳城市建设步伐不断放缓。能源环境问题已经成为制约低碳城市建设的瓶颈，能否尽快扭转能源环境不断恶化的趋势，将对中国低碳城市建设产生极其深远的影响。

第三节 中国低碳城市建设资金缺口分析

由前面的分析可知，能源与环境因素是制约中国低碳城市建设的重要瓶颈。要解决这一问题，必须加大资金投入力度，消除建设资金缺口。

一、中国低碳城市建设资金缺口的表现

从资金需求方面来看，中国 2009 年就已经宣布，至 2020 年单位 GDP 的碳排放量要在 2005 年的水平上减少了 40% ~ 45%；国家"十二五"规划建设纲要进一步提出，到 2015 年，单位 GDP 的能耗要降低 16%，碳排放强度要降低 17%。为完成节能减排指标，政府部门将投入 2 万多亿元，

全社会累计将投入超 4 万亿元①。据估计中国节能减排和发展可再生能源的年均投资需求量"十二五"期间在 5000 亿元至 1.5 万亿元之间，存在较大的资金缺口。按照 2012 年中央财政节能减排和可再生能源支出 1700 亿元的规模②，以"十二五"期间节能减排和发展可再生能源年均投资需求量 10000 亿元计，则资金缺口为每年 8300 亿元，是中央财政支出的 4.9 倍。

麦肯锡在《中国的绿色革命》研究报告中提出，若要实现减排的全部潜力，有效实现"绿色经济"，中国需要在 2030 年之前年均投入新增资本 1500 亿～2000 亿欧元，约占当年 GDP 的 1.5%～2.5%（麦肯锡，2009）。

摩根针对中国新能源建设的资金需求进行了分析，提出若要实现 2020 年从可再生能源中获得 15% 的初级能源的目标，需要的资金投入量约为 2510 亿美元。英国新能源投资公司 2008 年则独立评估中国 2020 年的能源资金需求为 2680 亿～3980 亿美元（Morgan，2009）。

李萌等（2011）运用情景分析方法，估测设定了三种情景下不同的年均 GDP 增长率和年均一次能源需求增长率，得出 2015 年与基准情景相比，低碳发展情景下多减排 1.6GT，减排增量成本为 450 亿美元，强制减排情景下多减排 2.2GT，减排增量成本为 620 亿美元；结论为在 2010～2015 年间，低碳减排所需年均增量资金，低碳发展情景下约为 2800 亿元人民币，强制减排情景下约为 4000 亿元人民币，"十二五"期间需要的投入总量估计为 1.4 万亿～2 万亿元人民币，主要需求部门为能源、交通、建筑和林业部门（李萌，2011）。

根据国家发改委与美国能源基金会（IEA）的联合预测，中国在 2005～2020 年总共需要能源投资 18 万亿元，按照 40% 计算其中的节能、新能源与环保需求，总量约为 7.2 万亿元。从年度投资额来看，中国新能源的投资在 2006 年为 600 亿元人民币，2007 年为 760 亿元人民币，增速为 26%（张亮，2009）。即使按平均每年 25% 的增速计算，至 2020 年，中国的节能、新能源与环保行业的投资达到 5.2 万亿元，预计至少将有 2 万亿元左右的资金缺口需要填补。

———————

① 节能资金存在巨大缺口，市场手段或激活民资 [N]. 中国高新技术产业导报，2013 – 1 – 14.

② 中央今年投资 1700 亿推进节能减排 [N]. 证券时报，2012 – 5 – 25。按照财政部的数据，2012 年中央财政安排 979 亿元节能减排和可再生能源专项资金，比上年增加 251 亿元，加上可再生能源电价附加，以及战略性新兴产业、循环经济、服务业发展资金和中央基建投资中安排的资金，合计达到 1700 亿元。

根据消费者物价指数（CPI）报告（2012），2012 年中国投资于节能减排产业和可再生能源的资金总量约为 5459 亿元。如果中国应对气候变化投资规模按 GDP 平均增速的 7.5% 计算，到 2015 年中国在减缓气候变化领域的年均投资将达到 6782 亿元，在适应气候变化领域将达到 584 亿元，到 2020 年，在两个领域的年均投资分别约为 9734 亿元和 839 亿元（气候组织，2013），由此出现的资金缺口不可小觑，如表 2-8 所示。

表 2-8　　　　　　　　中国气候融资总量目标和缺口　　　　　　单位：亿元

项目	2012 年	2015 年				2020 年		
	投入	预计投入	目标	缺口		预计投入	目标	缺口
减缓	5459	6782	18000	11218		9734	23000	13265
适应	471	584	1585	1001		839	1585	745
研发和能力建设	37	47	47	—		59	59	—
国际合作	0.67	0.67	0.67	—		1.19	1.19	
气候融资总量	5968	7413	19632	12219		10634	24645	14010

二、消除中国低碳城市建设资金缺口的思路

面对中国低碳城市建设存在的资金缺口，仅依靠中央财政是难以解决的。图 2-2 显示，中央财政对节能减排和可再生能源领域的投入与银行业相比是微不足道的。2010 年银行业贷款投入是中央财政投入的 10.5 倍，表明融资的潜力是非常大的。截至 2012 年底，中国城乡居民储蓄余额接近 40 万亿元，若从中能调动 10% 用于节能、新能源及环保行业，即可弥补资金缺口。所以，问题的关键在于政府如何形成良好的机制，以确保境内资金、境外资金能够参与中国低碳城市建设，同时又能使资金得到高效率的运用。尤其是与大幅增加投资总量相比，更急迫的任务是如何提高资金的利用效率，引导资金投向中国低碳城市建设中的"短板"领域（气候组织，2011）。这就需要建立良好的低碳城市建设投融资机制，包括投资机制和融资机制[①]。

[①]　关于投资机制和融资机制的定义，本书后面将有详细的介绍。概括地说，机制就是事物运作的过程或方式。投资机制就是投资运作的过程或方式，融资机制就是融资运作的过程或方式。

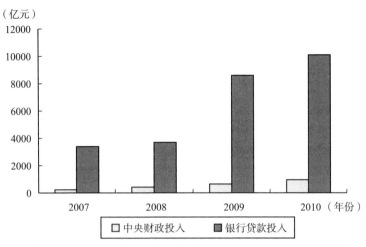

图 2 - 2　中央财政和银行业对节能减排和可再生能源领域的投入

图 2 - 3 表示了在投融资机制的作用下，境内资金、境外资金参与低碳城市建设的过程。由于投融资机制的作用，境内资金、境外资金得以向低碳基础设施建设、低碳技术创新建设和低碳产业体系建设等领域投资，并尽可能以最小的投入实现最大的产出，最终完成低碳城市建设。但是，令人遗憾的是，直到目前，中国低碳城市建设的投融资机制并不健全，严重影响境内资金、境外资金的进入和高效运营。

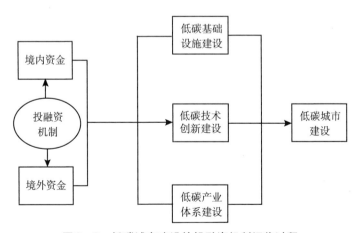

图 2 - 3　低碳城市建设的投融资机制运作过程

一是投资机制缺损。在投资准入机制方面，煤化工产业的主要产品是新型能源，但在一些煤炭资源丰富的地区，很多民营企业为了获得煤炭勘探开采的权利，不得不花费每吨数十元、甚至近百元的"转让费"，人为增加了成本①。另外，工业和信息化部《风电设备制造行业准入标准》（征求意见稿）规定，生产企业必须具备生产单机容量 2.5 兆瓦及以上机组的能力，拥有 50 万千瓦的装机业绩，还必须具备 5 年以上大型机电从业经验。经过了解，能够符合要求的民营企业寥寥无几。调查表明，在其他投资机制方面，也都存在一定的问题。

二是融资机制缺损。数据显示，目前节能服务公司以自有资金为主，占全部投资的 65.2%。融资渠道缺乏，已制约了节能服务企业的发展。造成节能服务企业融资困难的原因是多方面的，既与很多企业作为技术型企业缺乏足够固定资产抵押有关，也与银行缺乏技术力量难以对节能服务项目准确评估有关②。对于新能源企业来说，其更迫切需要获得资本市场的支持。首先，新能源企业大多需要长期发展的资金，股权融资显然更有利于支持产业长期发展；其次，新能源企业技术更新速度很快，具有较高的成长性和风险，间接融资难以对高风险产业提供融资支持；最后，发展到一定层次，新能源产业势必需要进行产业整合，资本市场通过其特殊功能可以有效地促进企业的购并与资产的重组（余坚，2010）。另外，在中国目前资本退出渠道较少的情况下，很少会有创业投资青睐不能上市的新能源企业，创业投资投入的资金大多在首次公开上市（IPO）时套现，然后撤出被投资的企业③。

由此可见，现行的投融资机制已经不能满足低碳城市建设的要求。因为投资机制缺损，使得境内资金、境外资金不能顺利进入低碳城市建设领域和高效运营；因为融资机制缺损，使得民营企业难以把握在低碳城市建设领域发展的机会。所以，要消除低碳城市建设的资金缺口，必须完善现行的投融资机制，形成低碳城市建设投融资机制。

本章主要参考文献

[1] 李萌. 低碳经济转型的资金需求计算 [J]. 华中科技大学学报，

---

① 民企进入煤化工产业正当时 准入障碍将逐步消除 [N]. 经济参考报，2012 - 8 - 6.
② 节能服务企业：要解决的不仅是融资难问题 [N]. 中国经济导报，2013 - 1 - 5.
③ 投资者眼中的新能源产业 [N]. 中国能源报，2009 - 6 - 15.

2011, 3.

［2］麦肯锡. 中国的绿色革命［R］.2009.

［3］气候组织. 中国的清洁革命V：财金战略［R］.2011.

［4］气候组织. 中国应对气候变化融资策略［R］.2013.

［5］赛迪顾问. 中国低碳城市从"理念"进入实质性发展规划［J］.低碳世界, 2012, 1.

［6］佘坚. 海内外新能源企业上市情况分析［R］. 深圳证券交易所综合研究所, 2010.

［7］文辉, 倪碧野, 白玮. 中国低碳生态城市发展现状、问题及建议［J］. 中国经贸导刊, 2012, 31.

［8］张亮. 我国节能与新能源行业的金融支持问题［J］. 发展研究, 2009, 7.

［9］Morgan J. P. China's Clean Revolution［R］. http：//www. jpmorgan. com/directdoc/HOC7Dec09. pdf.

第三章 低碳城市建设投资机制的理论探讨

低碳城市建设是一项前所未有的建设活动，具有公共性和创新性等特征。有基于此，其投融资机制不能照搬传统投融资机制，也应当对现行投融资机制不断给予完善，形成现代投融资机制。相应地，低碳城市建设现代投融资机制的理论基础也应当在整合新制度经济学、新公共管理学等理论的基础上，形成一个具有自身特点的理论框架。

第一节 投融资机制及低碳投融资机制

一、投融资机制的内涵

机制是指有机体的构造、功能和相互关系，泛指一个工作系统的组织或部分之间相互作用的过程和方式，比如市场机制、竞争机制、用人机制等[1]。

投融资机制是指投融资活动各部分之间相互作用的过程或方式。它包括投融资引导机制、投资准入机制、投融资调控机制、投融资监督机制、投融资风险抵御机制、投资退出机制等。所谓投融资引导机制，是指政府对投融资主体的引导过程或方式。所谓投资准入机制，是指政府对投资主体进入某一产业的具体规定，比如资本规模、高级管理人员资格等。所谓投融资调控机制，是指政府对投融资主体的调节和控制。所谓投融资监督机制，是指出资者（融资主体）对企业投融资活动的监督。所谓投融资风

---

① 现代汉语词典（第7版）[M]. 北京：商务印书馆，2016：600.

险抵御机制，是指降低投融资风险的过程或方式。所谓投资退出机制，是指投资主体退出投资活动的过程或方式。

二、低碳投融资机制

所谓低碳投融资机制，是指低碳投融资活动各部分之间相互作用的过程或方式。它包括低碳投融资引导机制、低碳投融资准入机制、低碳投融资调控机制、低碳投融资监督机制、低碳投融资风险抵御机制、低碳投融资退出机制等。低碳投融资引导机制，是指政府对低碳投融资主体的引导过程或方式。由于低碳建设具有公共性的特点，私人不愿意投资，商业银行不愿意融资，政府必须通过政策加以引导。低碳投融资准入机制，是指政府对低碳建设投融资主体进入某一产业的具体规定，比如资本规模、高级管理人员资格等。因为低碳建设是一项比较复杂的技术经济活动，需要设立一定的门槛，以防止一些企业"滥竽充数"，侵害公共利益。低碳投融资调控机制，是指政府对低碳投融资主体的调节和控制。低碳投融资固然重要，但也不能盲目进行，否则就会形成产能过剩，影响经济效益，使低碳建设自身陷入困境。所以，需要加强宏观调控。低碳投融资监督机制，是指出资者或融资主体对低碳投融资活动的监督。由于"信息不对称"和目标的不一致，出资者与经理人之间存在委托—代理成本，如果不加强监督，这种委托—代理成本就会很高，直接影响出资者的利益。同样，融资主体如果对低碳投融资活动缺乏监督，也可能会给融资主体带来损失。低碳投融资风险抵御机制，是指降低低碳投融资风险的过程或方式。低碳建设是一项风险很高的活动，如果不采取规避风险、分散风险的措施，就可能给低碳投融资主体带来损失，从而降低低碳投融资主体的积极性。低碳投融资退出机制，是指投融资主体退出低碳投融资活动的过程或方式。当企业经营不善出现资不抵债等情况时，就需要进入接管、兼并与收购、破产、清算等程序，以保护债权人利益和促进资源配置合理化。

第二节 中国投融资机制的演进与缺陷

中国现行的投融资机制脱胎于传统投融资机制。传统投融资机制源于长期的计划经济体制。在"统收统支、高度集中"的体制下，政府部门包揽了几乎所有的投融资活动，地方政府和企业缺乏投资决策权。

改革开放以后，尤其是市场经济体制确立以后，这种僵化的投融资机制发生了较大的变化：一是地方政府获得了投资自主权，能够根据经济社会发展的需要开展投资活动；二是企业的经营自主权逐步得以落实，能够根据经营需要自主开展投资活动，使企业投资与政府投资相互补充、共同发展；三是融资渠道不断扩大，融资方式不断丰富，初步改变了长期依靠财政融资、银行融资的局面，使股权融资与债权融资相互补充、共同发展。

但是，迄今为止，中国现行的投融资机制仍然存在一些缺陷，具体表现在：一是政府调节力度过大，市场调节作用不足。政府习惯于对经济活动的行政干预，导致在微观投融资活动中市场调节的作用不能得到充分发挥。二是民营企业投资面临不少困难、发展遭遇种种困境。民营企业投资存在准入上的门槛，享受不到国有投资能够享受的补贴，而且权益也很难得到保障，融资渠道不畅，不能及时获得投资所需要的资金。民营企业投资受到限制，使投资领域缺乏活力，制约了投资效益的提高。三是政府投资责任模糊，风险居高不下。政府投资规模膨胀，投资风险向银行转移，成为影响国家安全和社会安定的隐患。四是在融资方式的选择上，中国仍然以银行融资为主要融资手段，直接融资的作用有限，使直接融资分散风险的功能难以得到发挥，从而使融资风险高度集中于银行业。

为改变这种局面，需要深化改革，建立现代投融资机制。与现行投融资机制相比，现代投融资机制具有一系列的优越性，能够解决现行投融资机制存在的问题，适用于市场经济体制下的投融资活动。

第三节 现代投融资机制的内涵与作用

所谓现代投融资机制，是指适应市场经济要求，市场微观调节、政府宏观调节与道德调节相结合，能够综合利用国内国外"两种资源"与"两个市场"，能够以提升创新能力为重点，能够实现投资主体多元化、融资方式多样化和投融资效益最大化的投融资机制。

现代投融资机制具有重要作用，分别为：有利于市场调节作用的发挥，有利于民营企业投资的发展，有利于政府投资责任的明确，有利于创新能力的提升，有利于资本市场的发展，有利于道德调节作用的发挥，有利于投融资理论的发展。

一是有利于市场调节作用的发挥。在市场经济体制中，市场调节应当发挥资源配置的重要作用。现代投融资机制倡导市场调节在微观经济活动中发挥作用，政府调节只在宏观层面上发挥作用，合理划分了二者的职能，避免了政府对微观经济活动的干预，能够更好地发挥市场调节的作用。

二是有利于民营企业投资的发展。现代投融资机制倡导政府部门按照职能开展投资，避免了政府投资的盲目扩张，从而为民营企业投资的发展提供了空间。同时，现代投融资机制鼓励对民营企业投资放开准入限制，享受与其他投资者相同的待遇，保障民营企业投资的合法权益，改善民营企业投资的融资环境等，为民营企业投资的发展奠定了基础。另外，现代投融资机制倡导利用国外资源和国外市场，有利于民营企业引进国外的专业人才、资金和先进技术，有利于民营企业的国际研发和国际贸易，为民营企业投资的发展创造了良好的外部条件。

三是有利于政府投资责任的明确。现代投融资机制倡导投融资效益最大化，必然要求明确政府投资的责任。中央政府可以通过深化政府投资体制改革、出台《政府投资监督条例》和建立政府投资责任追究制度等措施，明确政府投资的责任，以此提高政府投资效益，控制政府投资风险的蔓延。

四是有利于创新能力的提升。现代投融资机制倡导以提升创新能力为重点，将资金资源重点配置到经济创新方面，能够提升国际竞争力。影响国际竞争力的因素很多，但创新能力是一个非常重要的因素。与发达国家相比，虽然中国的经济总量已经跃居世界前列，但企业的自主创新能力较弱，只能处于全球产业链的低端，依靠廉价劳动力的比较优势和高能耗、高污染产业生存，国际竞争力排名一直徘徊不前（于永臻，2006）。通过建立现代投融资机制，大力发展技术创新投融资体系，可以在较短的时间内提升创新能力，进而提升国际竞争力。

五是有利于资本市场的发展。现代投融资机制倡导融资方式多样化，包括鼓励资本市场的健康发展，特别是应当鼓励能够提升投资品质的资本市场的健康发展，比如债券市场、区域性资本市场、场外交易市场、技术交易市场、环境资源产权交易市场等，使直接融资与间接融资相协调。

六是有利于道德调节作用的发挥。所谓道德调节，是指通过内心信念和社会舆论，自觉控制自己的行为，以调节道德关系中个人利益和社会整体利益的矛盾，自觉维护社会整体利益（朱贻庭等，2002）。道德调节是除市场调节、政府调节之外的第三种调节，它适用于市场调节、政府调节作用不到的领域。在西方国家，伦理投资理念得到推崇，社会责任投资发展迅速，这反映出道德调节在投融资机制中的重要性。

七是有利于投融资理论的发展。发达国家很早就推行了市场经济体制，其投资机制和融资机制比较成熟。投融资作为一个中国独有的概念[①]，与中国的经济体制转型相联系。现代投融资机制的提出，是将市场经济国家通行的投资机制、融资机制与中国现实情况结合起来的产物，是一种理论创新，对于建构中国特色的投融资理论体系具有重要的作用。

此外，在后金融危机时代，世界正面临第三次工业革命的前夜，经济结构多元化、产业结构高新化、产品结构高端化、消费结构绿色化的趋势日益明显，中国转变经济发展方式已经迫在眉睫。通过建立现代投融资机制，形成持续稳定的投融资格局，支持经济转型和可持续发展是中国的必然选择。现代投融资机制的提出，将有助于中国转变经济发展方式和迎接第三次工业革命的挑战。

第四节　低碳投资机制的构成、建立路径与建立原则

低碳投资机制，就是将现代投融资机制理论应用于低碳经济而形成的投资机制。它既遵从现代投融资机制的一般要求，也具有自身的特点。

一、低碳投资机制的构成

在低碳投资机制中，比较典型的是碳减排参与型投资机制和低碳创新需求型投资机制。这两项机制的功能不同，其着力点也就不同。碳减排参与型投资机制的功能是促进碳减排，在建立该机制时需要重视政府投资、企业投资和第三部门投资的作用；低碳创新需求型投资机制的功能是促进低碳创新，在建立该机制时需要重视技术投资的作用。

---

① 若从表面来看，投融资的概念最早由日本使用，但中国对投融资的理解与日本明显不同。日本所谓的投融资指的是财政投融资，是一种将财政的公共性与金融的有偿性结合起来的贷款类型。中国对投融资的界定要宽泛得多。

二、低碳投资机制的建立路径

建立低碳投资机制的路径是：以政府为引导、以企业为主体、以低碳创新能力为重点、内外资相互融合、政府与市场联动，实现投资主体多元化、投资方式多样化和投资效益最大化的目标。

之所以需要"以政府为主导"，是因为低碳城市建设属于公共物品，政府应当提供。但在市场经济体制下，低碳城市建设可以细分为纯公共物品和准公共物品。对于准公共物品，具有收益机制，存在投资回收和盈利的能力，可以由市场提供，政府需要提供补贴、贴息、税收减免等政策支持，需要承担引导责任和监督责任；对于纯公共物品，不具有收益机制，不存在投资回收和盈利的能力，仍然需要由政府提供。如果没有政府主导，不仅纯公共物品无法供给，就连准公共物品也不能足额供给。另外，在中国现有国情下，政府具有丰富的社会治理经验，占有广泛的经济资源、人才资源和信息资源等，"以政府为主导"，可以缩短时间、降低谈判成本和摩擦成本，提高工作效率。

之所以需要"以企业为主体"，是因为部分低碳城市建设属于准公共物品，在市场机制的调节下，企业能够提供。企业是市场经济的主体，是自主经营、自负盈亏和自担风险的法人实体。为了降低行政成本和提高运营效率，即使是纯公共物品，也可以由企业提供或委托给企业提供。对于准公共物品来说，由企业提供具有成本、效率和便利上的优势。

之所以需要"以低碳创新为重点"，是因为低碳城市建设不仅需要进行有形的"实体"建设，比如低碳建筑、低碳交通设施、低碳能源设施等，也需要进行"软件"建设，特别是与竞争力密切相关的创新能力建设等。一个城市要想持久地发展，经济是基础。而发展经济，就需要提升创新能力，在碳减排背景下就是要提升低碳创新能力。所以，现代低碳城市建设投融资机制的建立需要"以低碳创新为重点"。

之所以需要"内外资相互融合"，是因为外商投资不仅能够带来先进的技术，也能够带来先进的理念、先进的文化和先进的制度。通过吸引外商投资，接受先进生产力的辐射和带动将会更加直接，有可能在较短时间内缩小与发达国家的差距。同时，外商投资的进入，必然要求引进和建设适应市场机制的制度文化，包括适应新的产权制度、市场运行机制和市场管理制度的各种法律法规等（裴长洪，2005）。外商投资的这些优势，是本土投资所不具备的。

之所以需要"政府与市场联动",是因为政府与市场缺一不可。一是政府与市场需要共同发挥作用。如前所述,低碳城市建设具有公共性和经营性的特征。进行低碳城市建设,必须依靠政府和市场"两只手"的共同力量,无论缺哪只手,都不能保持低碳城市建设的持续开展。二是政府与市场需要合理分工。在微观投融资活动中,应当充分发挥市场机制在配置资源方面的基础性作用,政府只负责宏观调节,只能在"市场失灵"的环节发挥作用。三是政府与市场需要相互制约。政府在低碳城市建设中,应当积极运用市场机制,遵循市场经济法则;市场机制在运行过程中,应当主动接受政府的监管,维护公众利益(陆冰等,2007)。所以,对于低碳城市建设投融资机制来说,政府与市场都是必要的。

三、低碳投资机制的建立原则

低碳投资机制的建立原则如下:

一是在建立低碳投资机制时应当做到"以人为本"与"以自然为本"的结合。在处理人与人之间的关系时,要"以人为本",以人的全面发展统领经济、社会发展全局;在处理人与自然之间的关系时,要"以自然为本",尊重自然、遵从自然界固有的规律,不过度向自然界索取。

二是在建立低碳投资机制时应当注重总量和效益的结合。在目前对政府投资约束不力的情况下,政府投资不可避免地带有盲目性的特征,由此带来投资效益不佳的问题。所以,建立低碳投资机制时不仅应当注重激发投资主体的活力、扩大投资总量,而且还应当注重提高投资效益,最大限度地发挥投资的效用。

三是在建立低碳投资机制时应当以低碳创新能力为重点。低碳城市建设的领域较广,既包括低碳理念的培育和低碳基础设施的建设,也包括低碳产业体系的建设等。如果不明确重点,平均使用力量,就会使有限的资源配置在作用不显著的环节影响投资机制作用的发挥。同时,建立低碳投资机制,仅仅依靠中央政府是不行的,还需要地方政府的支持。低碳创新能力,不仅能给未来的可持续发展奠定基础,而且还有利于促进目前的经济增长,增强地方的经济竞争力。这就很容易引起地方政府的兴趣,从而为构造低碳投资机制创造条件。所以,在建立低碳投资机制时应当以低碳创新能力为重点。

第五节　碳减排参与型投资机制的建立

一、碳减排参与型投资机制的结构

为了进一步研究碳减排参与型投资机制，我们提出了一个模型（见图3-1），即引导本土投资参与碳减排的机制模型，该模型能够很好地体现出城市碳减排与政府部门、企业和第三部门的内在联系。

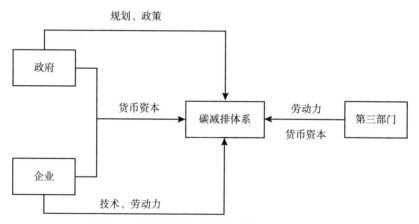

图3-1　引导本土投资参与碳减排的机制模型

如图3-1所示，碳减排参与主体包括三个部分：一是政府部门对碳减排的作用系统，主要体现为政府部门对碳减排的货币投资和政府部门为碳减排所做的规划及出台的政策①；二是企业对碳减排的作用系统，主要体现为企业对碳减排的货币投资和企业为碳减排所提供的技术及劳动力；三是第三部门对碳减排的作用系统，主要体现为第三部门为碳减排所提供的劳动力和对碳减排的货币投资。由于能够对碳减排发挥作用的投资主要是政府投资、企业投资和第三部门投资，所以碳减排参与型投资机制构造

---

① 按照前面的约定，这种政府部门提供的规划和政策也算是一种投资（软投资），下面书中企业提供的技术和劳动力也可以视为技术投资和劳动力投资。

的重点是政府投资、企业投资和第三部门投资。

二、碳减排参与型投资机制的理论依据

碳减排参与型投资机制的理论依据，包括公共物品理论和新公共管理理论等。

（一）公共物品理论与碳减排参与型投资机制

自休姆最早提出公共物品概念并由萨缪尔森（Samuelson）加以发展以后，有关公共物品的研究不断得以加强（Hume，1739）。其中，林达尔的均衡模型解决了人们在公共物品供给问题上的分歧（Lindahl，1958），萨缪尔森对公共物品理论的一些核心问题进行了探讨（Samuelson，1954；Samuelson，1955），布坎南对准公共产品给予了界定（Buchanan，1965）。这些探索使人们对于公共物品的理解不断深化，也使公共物品的理论体系逐步形成。

公共物品理论的核心是：对于纯公共物品，由于存在"市场失灵"，需要以政府为主提供；对于准公共物品，既可以由政府提供，也可以由市场提供。当然，这种分工也不是绝对的，需要具体问题具体分析。比如，当政府认识到财政压力巨大而供给效率较低时，就需要收缩公共物品的供给领域，更多地引入市场机制；当政府认识到经济萧条，需要由政府提供较多公共物品以扩大内需时，就需要增加财政支出，扩大公共物品的提供领域。

碳减排服务具有受益上的非排他性和消费上的非竞争性特征，是典型的公共物品，人们愿意享受由此带来的好处但不愿意付出成本，这种"搭便车"行为导致"市场失灵"，需要政府干预。政府在制定排放标准、收费、征税之外，还需要向碳减排服务项目进行投资，以解决碳减排服务项目的资金不足问题。这是因为，碳减排服务项目不能带来明确的收益，使追求经济效益的企业无利可图，企业就不会主动向碳减排服务项目进行投资。

（二）新公共管理理论与碳减排参与型投资机制

新公共管理理论是 20 世纪 80 年代以来在西方国家公共管理变革实践基础上形成的一种理论，它以现代经济学为基础，倡导在公共部门引入企业家精神和竞争机制，以此"重塑政府"，达到提高服务效率和质量的目的。

新公共管理理论主张政府部门需要提高公共服务的效率和质量，为政府部门提高碳减排投资效率和质量提供理论依据。新公共管理理论认为，政府部门不再是"高高在上"的行政机构，而是公共服务的提供者，是以公民满意度为主要评价指标的被考核者。碳减排关系千家万户的生活质量，是重要的公共服务。如果投资的效率和质量不高，即使大量增加投资也会造成浪费，也不会迅速改进碳减排的公共服务，公民也不会满意。所以，政府部门需要向企业学习，改造自身僵化的工作流程，引入成本—收益分析和全面质量管理等理念，提高向碳减排投资的效率和质量。

新公共管理理论主张打破垄断、引入市场机制，为企业向碳减排投资提供理论依据。新公共管理理论认为，在公共管理中引入市场机制，让更多的企业参与公共服务的提供，可以缓解财政压力，降低政府部门的运营成本，提高公共服务供给的效率和质量。碳减排服务虽然是公共物品，应当由政府部门提供，但政府部门由于财力不足，无法保证碳减排得到足够的资金支持，甚至资金缺口很大。同时，由于缺乏竞争，其效率和质量也难以提高。另外，企业作为追求利润最大化的经济组织，本质属性决定了其必须提高经营效率和服务质量。为此，可以考虑放开对企业参与碳减排服务的准入限制，动员众多的企业向碳减排投资，一是可以增加碳减排投资的规模，弥补资金缺口；二是可以通过企业的进入和竞争机制的引入，提高碳减排投资的效率和质量。

新公共管理理论主张公共管理主体多元化，为第三部门向碳减排投资提供理论依据。随着社会的不断发展，大量的公共事务单纯依靠政府部门是难以包揽的，需要第三部门的参与。与政府部门和企业不同，第三部门具有明确的服务对象，具有更贴近基层和维护社会公平等优势，又具有显著的非营利性和服务性的特征，使其在政府部门与企业之间，在政府与公民之间能够承担沟通、协调、承上启下等社会整合功能，能够发挥政府部门和企业所不能发挥的作用（王永明，2007）。具体到碳减排方面，第三部门可以提供一定的人力资本，也可以提供一定的货币资本。

三、碳减排参与型投资机制的运作机理

（一）政府投资促进碳减排的运作机理

政府投资促进碳减排的运作机理包括两个方面（见图 3 - 2）：一是政

府通过投资规划促使高碳经济向低碳经济转型；二是政府通过投资供给促进碳减排。

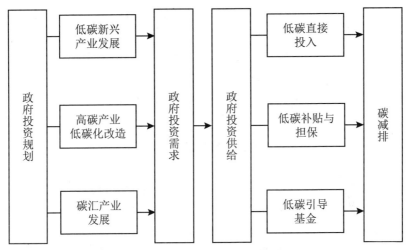

图3-2　政府投资促进碳减排的运作机理

政府通过投资规划促使高碳经济向低碳经济转型主要通过三个途径：一是鼓励低碳新兴产业发展；二是鼓励高碳产业低碳化改造；三是鼓励碳汇产业发展。这三个途径均需要政府投资给予支持，构成对政府投资的需求。

政府通过投资供给促进碳减排主要通过三个途径：一是低碳直接投入，即对某些公共性较强的低碳项目提供全额或部分的经费支持；二是低碳补贴与担保，即对低碳项目提供投资上的补贴与担保，以提高投资者的盈利水平或弥补其亏损，以及降低投资者的风险，为投资者融资创造条件；三是低碳引导基金。政府可以通过设立低碳创业投资引导基金的形式支持低碳创新，进而支持低碳产业的发展。

（二）企业投资促进碳减排的运作机理

企业投资促进碳减排的运作机理为（见图3-3）：一是企业通过低碳研发投资促进技术升级，以此从技术上推动碳减排；二是企业通过节能投资促进能耗下降，以此从管理方式上推动碳减排；三是企业通过循环经济投资促进废物利用，以此从生产流程上推动碳减排。

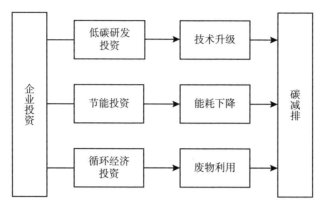

图 3-3 企业投资促进碳减排的运作机理

企业进行低碳研发投资，虽然其动机是为了培育低碳竞争力，但客观上形成了先进技术，为碳减排奠定了技术基础。在未来低碳社会中，发展低碳经济必然导致企业在低碳领域的广泛竞争，培育低碳竞争力将成为企业生存与发展的关键（陈晓春等，2010）。企业通过低碳研发投资，培育了低碳竞争力，但也形成了先进的低碳技术，可以从技术上推动碳减排。研究发现，技术因素对碳排放具有显著的抑制作用，说明继续加强节能减排技术的研发和推广是实现碳减排的重要途径（秦昌才等，2012）。

企业进行节能投资，一方面可以通过管理能力的提升，促进本企业能耗的下降；另一方面可以通过节能服务业的发展，促进全社会能耗的下降。日本的约奇卡亚（Yoichi Kaya）教授提出了一个恒等式，即 $E = P \times G \times IE \times IC$。他认为，一国（地区）的碳排放量（E），是由四个因素所决定的，分别为人口（P）、人均 GDP（G）、单位 GDP 能耗（IE，能源强度）和能源结构（IC，碳强度）。由此可见，节能能够促进碳减排。进一步地研究表明，产出规模和能源效率是影响碳排放的主要因素（宋德勇等，2009）。其中，能源效率的提高可以通过节能实现。当然，要让企业进行节能投资，还需要政府的引导，通过补贴和税收减免等，使企业能够得到经济上的回报。

企业进行循环利用投资，促进废物利用，可以从生产流程上推动碳减排。循环利用要求在生产过程中对副产品和废弃物进行再利用，一方面可以使副产品和废弃物得到利用，成为新的能源，这样就可以减少碳排放；另一方面由于利用副产品和废弃物相应地减少了生产工艺，从而减少了能源的消耗、原材料的消耗和劳动力的投入，这样也可以减少碳排放。另外，一些从事资源再生的企业，对产品经过消费变成的废弃物进行回收，使之成为可以再利用的原材料，不仅最大限度地利用了资源，也同样因减少了能源的消耗、原材料的消耗和劳动力的投入，而减少了碳排放。

（三）第三部门投资促进碳减排的运作机理

第三部门投资促进碳减排的运作机理为（见图3-4）：一是社区通过低碳出行和低碳建筑等方式实现碳减排；二是非政府组织（NGO）通过普及生态文明、环境维权等方式实现碳减排；三是新闻媒体等组织通过培育低碳文化实现碳减排。

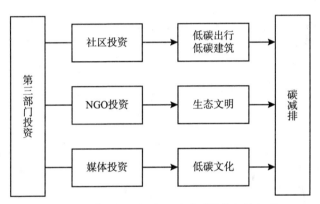

图3-4　第三部门投资促进碳减排的运作机理

社区是城市的基本单元，是其重要的组成部分。要实现城市低碳化的目标，就需要社区低碳化建设的支撑。目前社区存在的问题是，许多社区布局不合理，职居不平衡，导致大量的跨区域通勤交通产生；许多社区的建筑设计没有考虑到节能的要求，建筑材料也不能节能。与之相反，低碳社区规划通过合理规划工作区与居住区，职居平衡，解决部分居民就近就业问题；通过采用节能设计、大量使用节能建筑材料等，提升社区的节能能力（熊贝妮，2012）。以上措施，均有利于碳排放的减少。

环保型NGO作为环保领域中的民间公益组织，承担着宣传环保法律制度、提高公民环保意识、维护公民环保权益等职责。国际经验表明，环保型NGO不像政府那样受现实政治的影响，无须考虑利益集团的压力，因而比较超脱，可以独立地、客观地表达自己的意见。正由于此，其影响力甚至不低于政府（牛华勇，2012）。考察美国的环保体制后不难发现，美国的环保非政府组织（NGO）在保护环境方面发挥着极其重要的作用。美国环保 NGO 给予政府、企业的压力与合作是美国保护环境的一个主要动力（陈宇学，2007）。与水污染、土壤污染相比，碳排放对人类的危害没有那样直接。由于碳排放危害的间接性，许多公民认识不到碳减排的重要性，这为低碳型 NGO 提供了发挥作用的空间。

新闻媒体在碳减排中可以发挥舆论引导的作用。随着近年来国际社会对碳排放问题的日渐重视，有关低碳经济的话题也成为新闻媒体报道的重点。新闻传媒的一项重要责任，就是响应政府推进碳减排的各项政策，引导公众了解碳减排的思路、举措、行动方案和途径，求得公众的理解和支持。新闻媒体可以站在全局的高度、长远的角度，有效发挥舆论监督作用，引导、提高公众的低碳意识与参与意识，更好地促进低碳城市建设（廖嘉兴，2010）。新闻媒体的这种作用，是其他组织所不可替代的。

第六节　低碳创新需求型投资机制的建立

低碳创新是在技术创新基础上发展起来的专业创新活动。随着人们环境保护意识的增强，低碳创新正在成为未来技术创新的发展目标，低碳创新能力也正在成为城市竞争力的重要组成部分，低碳城市建设投资机制的建立必须重视这一问题。但由于低碳创新的复杂程度比普通技术创新高，单靠一般企业自主进行在短期内难以取得成效。目前合理的方式是利用外商投资的技术优势①，通过环境规制（比如环境准入规制和环境技术规制），促使外商投资在提升城市低碳创新能力方面发挥重要作用。为此，需要建立低碳创新需求型投资机制。所谓低碳创新需求型投资机制，是指为提升城市低碳创新能力而形成的投资机制。

一、低碳创新需求型投资机制的结构

为了进一步研究低碳创新需求型投资机制，我们提出了一个模型（见

---

① 大量的研究表明，外资企业的技术平均水平远高于国内企业，不过近年来的技术差距在缩小。

图 3-5），即利用外商投资提升城市低碳创新能力的机制模型，该模型能够很好地体现出低碳创新需求型投资机制中的内在联系。

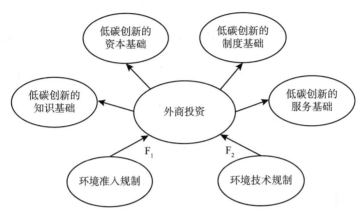

图 3-5　利用外商投资提升城市低碳创新能力的机制模型

如图 3-5 所示，低碳创新需求型投资机制包括三个部分：一是中国环境准入规制对外商投资的作用系统，即指外商投资引入后可能对我们的生态环境有所损害，我们需要对外商投资进行环境准入规制，形成提升低碳创新能力的作用力（F_1）。二是中国环境技术规制对外商投资的作用系统，即指外商投资引入后可能由于技术的溢出和研发对我们的低碳创新具有一定的促进作用，如果进行环境技术规制，则这种促进作用会更加显著。所以我们需要对外商投资进行鼓励低碳技术溢出和研发的规制，进一步提升低碳创新能力的作用力（F_2）。三是中国低碳创新的要素系统，包括低碳创新的知识基础、低碳创新的资本基础、低碳创新的制度基础和低碳创新的服务基础等。

据此，利用外商投资提升低碳创新能力的总贡献 $\sigma = \alpha \sum F = \alpha(F_1 + F_2)$。其中，$\alpha$ 为转化系数。由该式可以看出，在 α 一定时，要提升 σ，必须使 $\sum F$ 变大。所以，在 α 一定时，要提升 σ，必须使 F_1 和 F_2 变大，即加大环境准入规制力度和环境技术规制力度。

二、低碳创新需求型投资机制的理论依据

低碳创新需求型投资机制的理论依据包括："环境准入规制诱致创新

假说"和"环境技术规制强化创新假说"。

"环境准入规制诱致创新假说"来源于"污染避难所效应"和"环境创新效应"。"污染避难所效应"的主要内容是指由于发达国家和发展中国家在环境标准上存在差异,资本在低成本的驱使下会从环境标准较高的地区向环境标准较低的地区转移,从而促使污染产业进行相应的转移。"污染避难所效应"由沃尔特等于1979年提出(Walter et al., 1979)。之后一些学者验证了"污染避难所效应"的存在。在中国,实证分析结果表明,外资企业对中国生态环境具有明显的负面效应,越是较多引进外资的地区,其对环境的负面效应也越大(沙文兵等,2006)。虽然这一问题在学术界存在争议,但外资企业作为"经济人",将生产部门向环境标准低的地区转移以降低环境成本,应当是其理性选择。为了避免成为"污染避难所",东道国需要对外资进行环境准入规制。

"环境创新效应"的主要内容是指环境规制在提高企业成本的同时,可通过创新补偿与先动优势等途径为企业创造收益。"环境创新效应"最早由波特于1991年提出(Porter, 1991)。1995年,波特等进一步发展了该学说,认为环境规制会激发创新,提高效率,促进产业增长和企业竞争力的提升(Porter et al., 1995)。许多学者的研究结果支持了该假说。在国内,一些学者也验证了"环境创新效应"的存在。比如,有学者在Robert模型中引入技术系数,计算结果表明环境规制在给一些企业带来直接费用的同时,也会激发一些创新,可以部分或全部地抵销这些费用成本,增加收益(黄德春等,2006)。当然,也有一些学者不同意"环境创新效应",认为环境规制限制了企业的技术创新(Walley et al., 1994)。但是,即使会有这种情况出现,外资出于社会责任的考虑,也应当接受环境规制,主动开展环境创新。

"环境技术规制强化创新假说"来源于"外资技术溢出效应"和"外资技术研发效应"。"外资技术溢出效应"的主要内容是指跨国公司为了在东道国获得垄断优势,会将技术从母国向国内企业转移,然后又从外资企业内部向东道国企业进行非自愿扩散。20世纪60年代初,麦克道格尔在分析外资的一般福利效应时,首次把技术溢出效应视为外资的一个重要现象(MacDougall et al., 1960)。之后的研究表明,学习效应、竞争效应、人员流动效应和关联效应都将会促使外资技术外溢;跨国公司与东道国本土企业的技术差距和跨国公司的对外投资规模决定了外资外溢程度。在国内,一些学者也验证了"外资技术溢出效应"的存在。比如,一项研究发现，与国有企业相比，国外"三资企业"的技术效率要高 39%，港澳台"三资企业"要高 33%，行业中"三资企业"数量的比重每增加1%，每个企业的技术效率就会提高 1.1%（姚洋，1998）。当然，一些外资企业不会主动进行技术溢出，政府需要进行环境技术规制。

"外资技术研发效应"的主要内容是指跨国公司为了更好地利用海外资源，以及适应市场需求变化加快的趋势，开始在东道国设立研发机构，建立全球研发网络。对于东道国来说，这是提升本土低碳创新能力的契机。1999 年，有些学者指出，跨国公司从事海外研发，通过接触东道国基础研发信息和感受东道国产品需求信息，可以增强公司适应性研发能力，形成辅助性资产（Serapio et al.，1999）。在国内，一些学者也验证了"外资技术研发效应"的存在。比如，有学者指出，近年来跨国公司在华研发投资具有逐步加强的趋势（李蕊，2004）。如果进行环境技术规制，"外资技术研发效应"会有利于环境技术的研发。

三、低碳创新需求型投资机制的运作机理

（一）利用外商投资能够提供城市低碳创新的知识基础

国内外成功外资企业的经验表明，外资企业都非常重视对技术知识的研发。通过进行环境准入规制和技术规制，可以促使外商投资加强对低碳技术知识的研发。

1. 外资低碳技术研发中心能够提升中国低碳知识的研发能力

在发展低碳经济、推动低碳创新方面，中国与国外还存在很大差距，比如日本从 20 世纪 70 年代开始就致力于节能产业和循环经济的发展；英国最早提出低碳经济的理念，倡导经济的可持续发展等。与中国相比，国外对低碳知识创新的把握和理解处于领先地位。因此，跨国公司在中国设立低碳技术研发中心，能够提升中国低碳知识的研发能力。

2. 外资低碳技术研发中心能够产生低碳知识的溢出效应

跨国公司在中国设立低碳研发中心，可以通过多种途径产生知识溢出效应。比如，通过学习效应、竞争效应、人员流动效应和关联效应产生知识溢出效应。同时，低碳研发中心通过与本土企业、研究机构等开展合作也可以产生知识溢出效应。这种彼此开放、互相合作的关系，能够促进知识流动甚至可以创造产生新的低碳知识。这将大大增强中国城市低碳创新

能力的知识基础。

3. 外资低碳技术研发中心能够产生研发中心的集聚效应

外资低碳技术研发中心在形成的过程中通常会出现两种明显的集聚特征：一是研发中心在特定产业的集聚；二是研发中心在特定来源地的集聚。这种区域上的集聚会产生更大的扩散效应，有利于吸引其他企业和研发中心的加入，并有助于协同创新体系的形成，这将增强中国城市低碳创新能力的知识基础。

（二）利用外商投资能够提供城市低碳创新的资本基础

低碳创新是风险非常高的经济活动。与其能够匹配的金融工具主要是创业投资。通过环境准入规制和技术规制，引进外商投资中的创业投资（即外商创业投资），可以解决资金不足等问题。

1. 外商创业投资能够通过提供资金促进低碳创新

在企业开展低碳创新的种子期阶段，产品未能批量生产，企业可用于抵押的资产较少，难以从商业银行获得贷款，也难以满足在资本市场融资的上市要求。在这种情况下，外商创业投资的介入，可以解决企业开展低碳创新所需的资金问题。

2. 外商创业投资能够通过提供管理帮助促进低碳创新

外商创业投资对低碳创新企业提供的管理帮助体现在三个方面：一是改进治理。外商创业投资通过契约规定，可以改进企业治理结构，激励和督促经理人努力工作。二是注入专业管理技能。外商创业投资不仅将货币资本注入被投资企业，而且还会将自己的专业管理技能注入其中，为企业提供战略咨询、经营方案评价和融资渠道选择等方面的支持。三是改善形象。外商创业投资介入后，可以改善企业的形象，从而在资源整合、市场开拓、融资等方面有助于企业的经营。

3. 外商创业投资通过有效分担风险促进低碳创新

外商创业投资可以实现低碳创新的风险分担，主要体现在：一是化解资金风险。银行贷款资金主要来源于居民，抗风险能力薄弱。外商创业投资的资金主要来源于跨国公司，其抗风险能力与居民相比更强。二是化解项目风险。外商创业投资能够通过严格的项目评估和遴选程序，以及充分利用相关领域及中介机构的人才优势，降低低碳创新的风险。三是投资组合或联合投资的策略，也有助于降低风险。创业投资通常通过其管理的多个基金，采取科学的投资组合，使整体投资风险得到分散和降低（肖昊泽，2008）。外商创业投资完全可以利用这些手段，分担低碳创新的风险。

（三）利用外商投资能够提供城市低碳创新的制度基础

低碳创新的实施需要制度的支撑。如前所述，碳减排具有公共性的特征，如果没有制度的改进，企业就不会主动选择"低碳技术"，那么碳减排也就难以成功。作为国外的优秀资源，外商投资不仅能够带来资金，还能带来先进的制度，从而为城市低碳创新提供制度支撑。前面已经提到，引进一般外商投资能够带来文化的创新、相关管理制度的创新等。对于引进低碳外商投资，还能发挥特殊的作用。国外经验表明，清洁发展机制是推行低碳创新的有效制度。引入低碳外商投资，可以更好地学习国外清洁发展机制的发展经验，有利于加强中国清洁发展机制的建设，为中国城市低碳创新提供制度基础。

1. 引入低碳外商投资为中国城市低碳创新提供了市场化的制度安排

在 2005 年《京都议定书》正式生效后，全球碳交易出现爆炸式增长。许多国家纷纷采取行动，积极组建和完善碳交易市场，力争掌握市场主导权。同理，中国进行低碳城市建设，也需要借助市场手段。引进低碳外商投资，可以为中国城市低碳创新提供市场化的制度安排。

2. 引入低碳外商投资为中国城市低碳创新提供了资金技术合一的制度安排

碳交易本质上是一种与技术高度融合的金融活动。它更紧密地连接了金融资本与基于低碳技术的实体经济：一方面金融资本直接或间接投资于创造碳资产的项目与企业；另一方面来自不同项目和企业产生的减排量进入碳金融市场进行交易，被开发成标准的金融工具（杨志等，2009）。作为碳交易的一种，清洁发展机制也是一种融资制度。发达国家的企业由于受减排的约束，必然对低碳技术进行大量投资，但在投资方式上为了降低成本，偏好于对发展中国家的企业进行投资，这种投资往往伴随技术的转移，这对于资金和技术非常紧缺的中国中小企业来说是非常需要的。

3. 引入低碳外商投资为中国城市低碳创新提供了碳资产管理和转移风险的制度安排

随着碳市场交易规模的扩大和碳货币化程度的提高，碳排放权进一步衍生为具有流动性的金融资产（卢小兵，2010）。低碳外商投资可以通过清洁发展机制，购买中国企业的碳排放权，进行积极有效的碳资产管理，不仅可以完成减排任务，而且可以获利。这种将碳成本变收益的方式，必然会引起越来越多中国企业的效仿，从而产生中国企业的"低碳经营革命"。同时，清洁发展机制为中国企业低碳创新转移风险打开了通道。中国企业可以利用国际碳交易市场，将低碳创新的风险转移给国外企业。

（四）利用外商投资能够提供城市低碳创新的服务基础

自加入世界贸易组织（WTO）以来，中国积极推进服务领域的对外开放。目前，按 WTO 分类的 160 个服务业部门中，中国已开放了 100 多个，与发达国家的水平相近，远高于发展中国家的平均水平。随着中国服务领域对外开放的不断扩大和外商投资产业结构的不断优化，服务业已经成为中国吸收外商投资的重点①。

城市低碳创新的重点是生产性服务业。研究表明，生产性服务业可以为制造业企业提供高质量的服务，使制造业企业能够高效率的进行生产（武力超等，2010）。在碳减排约束下，生产性服务业还可以为制造业提供低碳研发服务、低碳生产服务和低碳营销服务等。一是低碳研发服务。低碳研发服务是指为制造企业提供的在技术研发时充分考虑碳排放影响的服务，包括低碳基础研究服务、低碳设计服务、低碳技术小批量试验服务、低碳技术中间试验服务等。二是低碳生产服务。低碳生产服务是指为制造企业提供的与清洁生产相关的低碳服务，包括工艺方案、工艺路线、工艺技术等，根据生产流程的实际情况选择和采用物料和能源消耗少、废弃物少、对环境污染小的工艺方案和工艺路线，以实现生产过程中环境污染的最小化、资源消耗的最小化和碳排放的最小化。三是低碳营销服务。低碳营销服务是指为制造企业提供的与营销的低碳化相关的服务，包括将低碳思想贯穿于整个营销环节、宣传产品的低碳功能、进行低碳促销、使企业在公众中树立良好的低碳形象等（陆小成，2012）。

外商投资进入生产性服务业，是中国利用外资政策所鼓励的。外商投资高层次的低碳研发服务、低碳生产服务和低碳营销服务将会大大提升中国城市制造业低碳创新能力。更何况，与制造业相比，生产性服务业本身就是一个能耗少、污染小、就业潜力大的低碳产业，外商投资为中国城市生产性服务业带来的创新也是中国城市低碳创新的一部分。由此可知，外商投资能够提供中国城市低碳创新的服务基础。

---

① 赖睿等. 外资看好中国服务业［N］. 人民日报（海外版），2010-9-23.

本章主要参考文献

[1] 陈晓春,陈思果.中国低碳竞争力评析与提升途径 [J].湘潭大学学报(哲学社会科学版),2010 (5).

[2] 陈宇学.美国环保NGO的作用 [N].学习时报,2007 – 12 – 12.

[3] 黄德春,刘志彪.环境规制与企业自主创新——基于波特假设的企业竞争优势构建 [J].中国工业经济,2006 (3).

[4] 李蕊.跨国公司在华研发投资与中国技术跨越式发展 [M].北京:经济科学出版社,2004.

[5] 廖嘉兴.生态文明建设下传媒的社会责任 [J].中国记者,2010 (9).

[6] 卢小兵.碳金融发展前景广阔 [R].英大证券行业研究报告,2010.

[7] 陆冰,陆平贵,陆玉龙.城市基础设施建设投融资体制创新研究 [N].中国建设报,2007 – 08 – 03.

[8] 陆小成.低碳技术创新与生产性服务业集群研究 [J].对外经贸,2012 (7).

[9] 牛华勇.NGO怎么"威胁"低碳发展 [J].中国经济周刊,2012 (26).

[10] 裴长洪.用科学发展观丰富利用外资的理论与实践 [J].财贸经济,2005 (1).

[11] 秦昌才,刘树林.碳排放影响因素研究的现状、比较与启示 [J].经济与管理评论,2012 (3).

[12] 沙文兵,石涛.外商直接投资的环境效应——基于中国省级面板数据的实证分析 [J].世界经济研究,2006 (6).

[13] 宋德勇,卢忠宝.中国碳排放影响因素分解及其周期性波动研究 [J].中国人口·资源与环境,2009 (3).

[14] 王永明.从西方新公共管理运动看第三部门的发展 [J].前沿,2007 (3).

[15] 武力超,罗湘衡.服务业在低碳城市化进程中的作用 [J].开放导报,2010 (5).

[16] 肖昊泽.风险投资机制对企业技术创新的作用分析 [J].科技创新导报,2008 (1).

［17］熊贝妮. 低碳社区的规划与实践——以武汉百步亭社区建设为例［R］. 2012.

［18］杨志, 郭兆晖. 碳交易市场的现状发展与中国的对策［J］. 中国经济报告, 2009（4）.

［19］姚洋. 非国有经济成分对我国工业企业技术效率的影响［J］. 经济研究, 1998（12）.

［20］于永臻. 培育具有国际竞争力的创新型企业［N］. 学习时报, 2006 - 10 - 31.

［21］朱贻庭. 伦理学大辞典［M］. 上海：上海辞书出版社, 2002.

［22］Buchanan J. M. An Economic Theory of Clubs［J］. Economica, 1965, 32（125）：1 - 14.

［23］Hume D. A Treatise of Human Nature. London：John Noon, 1739.

［24］Lindahl E. R. "Just Taxation：A Positive Solution" in "Classics in the Theory of Public Finance"［M］. London：Macmillan, 1958.

［25］MacDougall G. D. A. The Benefits and Costs of Private Investment from Abroad：A Theoretical Approach［J］. Economic Record, 1960, 36（73）：13 - 35.

［26］Porter M. E. America's Green Strategy［J］. Scientific American, 1991, 264（4）：168.

［27］Porter M. E., Linde C. V. Green and Competitive：Ending the Stalemate［J］. Harvard Business Review, 1995, 73（5）：120 - 134.

［28］Samuelson P. A. Diagrammatic Exposition of A Theory of Public Expenditure［J］. Review of Economics and Statistics, 1955, 37（4）：350 - 356.

［29］Samuelson P. A. The Pure Theory of Public Expenditure［J］. Review of Economics and Statistics, 1954, 36（4）：387 - 389.

［30］Serapio M. G., Dalton D. H. Globalizing Industrial Research and Development［R］. US Department of Commerce, Technology Administration, Office of Technology Policy, 1999.

［31］Walley N., Whitehead B. It's Not Easy Being Green［J］. Harvard Business Review, 1994, 72（3）：46 - 52.

［32］Walter I., Ugelow J. Environmental Policies in Developing Countries［J］. Ambio, 1979, 8（2 - 3）：102 - 109.

第四章 低碳城市建设融资机制的理论探讨

低碳城市建设现代融资机制，就是将现代投融资机制理论应用于低碳城市建设之中而形成的融资机制。它既遵从现代投融资机制的一般要求，也具有自身的特点。按照现代投融资机制的要求，低碳城市建设融资机制的特征是规模—效率递增型融资机制。所谓规模—效率递增型融资机制，是指资金和效率兼顾的融资机制。传统的融资机制只是为了筹集资金，而忽视资金使用效率，结果导致筹集资金越多、资金浪费越严重的局面。所以，建立低碳城市建设现代融资机制，核心是融资规模与融资效率的同步递增。

第一节 低碳城市建设现代融资机制的结构

为了进一步研究低碳城市建设现代融资机制，我们提出了一个模型（见图4－1），即低碳城市建设现代融资机制模型，该模型能够很好地体现出低碳城市建设与银行业、资本市场和其他方式的内在联系。

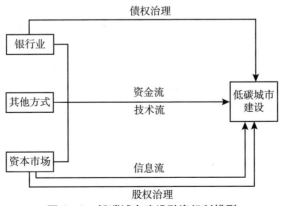

图4－1 低碳城市建设融资机制模型

如图 4-1 所示，低碳城市建设现代融资机制包括三个部分：一是银行业为低碳城市建设项目融资，同时银行业以债权人的身份参与低碳城市建设项目的治理；二是资本市场为低碳城市建设项目融资，同时资本市场以股东的身份参与低碳城市建设项目的治理；三是其他方式，比如碳排放权交易、合同节能服务等为低碳城市建设项目融资，同时这些方式也可以为低碳城市建设提供技术。

银行业是各种银行类金融机构的总称，包括商业银行、政策性银行及相关金融机构（信用社、贷款公司）等。对于低风险且高收益的低碳城市建设项目，商业银行和相关金融机构愿意为其融资。对于公共性较强的低碳城市建设项目，其融资应主要由财政和政策性银行负责，但在相关政策支持下，比如财政提供补贴或担保，商业银行和相关金融机构在风险不高且能够获得一定利润时，也可以为公共性较强的低碳城市建设项目融资。

资本市场是各种长期资金市场的总称，包括证券发行市场、证券交易市场及股权流通市场等。一些低碳城市建设项目具有高风险且高收益的特点，其融资可以在各类资本市场进行。在西方国家，投资者在选择投资的企业时不仅关注其经营业绩指标，同时也关注企业在环境保护等方面的表现，这就是所谓的社会责任投资。进入 21 世纪以后，社会责任投资在西方国家资本市场已经蔚然成风。数据显示，2007 年美国专业管理的资产当中，已有 11% 的比例用于社会责任投资，这部分资产从 1995 年的 6390 亿美元上升到 2007 年的 2.71 万亿美元，增长率高达 324%[①]。

其他方式，比如碳排放权配额交易、合同节能服务等也可以为低碳城市建设项目融资。目前，通过产权界定将温室气体排放权变为商品，并进行市场化定价买卖，已成为欧美等国实现低成本减排的市场化手段之一[②]。中国也应当引入这种手段，既可以实现低成本减排，也可以为低碳城市建设项目融资。合同节能服务将专业的节能管理公司引入节能项目中，通过节能管理公司提供节能服务弥补用户资金不足，从而达到融资和融入技术的效果。

---

① 社会责任投资广受关注 [N]. 新民晚报，2009-8-31.
② 国际碳排放权交易超速发展 [N]. 经济参考报，2010-1-29.

第二节　低碳城市建设现代融资机制的理论依据

低碳城市建设现代融资机制的理论依据是交易成本理论、现代产权理论和企业融资理论等。

一、交易成本理论与低碳城市建设现代融资机制

交易成本理论是科斯开创并经过诸多学者不断发展而形成的一种理论（Coase，1937）。该理论认为，企业和市场是两种可以相互替代的资源配置机制，由于存在有限理性、机会主义、不确定性与小数目条件使得市场交易费用高昂，为节约交易费用，企业作为代替市场的新型交易形式应运而生。

所谓交易成本，是指企业用于寻找交易对象、订立合同、执行交易、洽谈交易、监督交易等方面的费用与支出，主要由搜索成本、谈判成本、签约成本与监督成本构成。这些成本不仅是指银行在筛选和监督客户过程中实际所支出的费用，还包括由于制度不完善而选择劣质客户所带来的损失，以及因淘汰优质客户所产生的机会成本等。

如果企业进行低碳融资，由于技术的不确定性和企业信息的封闭性，导致市场交易成本很高。这是因为，银行对企业的技术不像对成熟技术那样了解，加之企业的信息不公开，使得银行的搜索成本、谈判成本、签约成本都很高。即使交易成功，银行的监督成本也很高。另外，对于中小企业来说，其单笔融资的规模较小，导致其和银行交易的频率较高，使得银行的交易成本增加。同时，有学者认为，资产专用性、不确定性、交易频率是交易所具有的三个属性，是影响交易费用大小和种类的三个维度（Williamson，1979）。在交易的三个属性中，资产专用性最重要。资产专用性较高意味着一旦不能实现交易，资产的价值将会转化为沉没成本。考虑到低碳项目资产的专用性，一旦项目出现风险，银行得到的补偿将微乎其微。这样一来，银行为了防止损失，就会向企业提出较高的要求，比如较多的资产抵押、较高的利息和较为严格的偿还贷款方式等。在这种情况下，企业基于降低交易成本的考虑，会倾向于选择股权融资方式。当然，如果政府部门能够直接或间接地提供担保，降低银行的经营风险和交易成

本，则银行就可以很顺利地为企业的低碳项目提供贷款。

股权融资方式的优越性在于，能够降低各类交易成本。如果采用定向募集方式，投资者借助于"人缘、地缘、亲缘"关系很容易获取企业的信息。这种"知根知底"的紧密关系能够降低信息的不对称性，从而可以降低投资者的搜索成本、谈判成本和签约成本，也能够降低投资者的监督成本。如果是在资本市场公开融资，企业必须按照上市公司的要求规范财务制度，公开披露信息。同时，"用手投票"和"用脚投票"的机制也会促使经理人履行职责。另外，收购和接管机制、声誉机制也会给经理人带来竞争的压力。总之，这种方式降低了企业低碳融资的难度，使得融资比较容易进行。

二、现代产权理论与低碳城市建设现代融资机制

所谓产权，是指行为主体对稀缺资源享有的所有、使用、占有、处分及收益等权利的总称。它包括财产权利和非财产权利的一组权利，不仅包括物权和债权，还包括环境资源产权和知识产权等。

在开创了交易成本理论之后，科斯又系统地论述了产权的经济功能，考察了产权结构对于降低社会成本、克服外在性等的关键作用，从而使产权制度作为保障资源配置有效性的必要条件（Coase，1960）。在科斯的影响下，一些学者对产权理论的形成做出了贡献（Williamson，Stigler，Buchanan and Sehultze et al.）。总体来看，现代产权理论的核心就是如何通过界定、变更和安排所有权来降低或者消除市场运行中的交易费用，以改善资源配置的效率。

在市场经济条件下，产权明晰是企业正常融资的前提。很难想象，投资者会对产权模糊的企业进行股权投资。同样，在产权制度残缺的情况下，银企双方融资博弈的结果必然会导致信贷配给和企业融资困境。随着产权制度的逐步完善，企业的融资难题将会得到有效缓解。由此可见，产权制度残缺是导致企业融资困难的根本原因（牛建高等，2006）。事实上，在产权明晰之后，财产权的交易与质押也是重要的融资方式。中国产权市场的设立起初主要服务于国有资产的处置和保值增值，不过经过多年发展，产权市场的功能已经得到很大的拓展①。一些优质的非公有制资产开

---

① 产权融资可有作为 [N]. 中国证券报，2008 – 11 – 10.

始进场交易，民营企业可以在产权市场进行融资。

环境资源产权是指行为主体对某一环境资源享有的所有、使用、占有、处分及收益等权利的总称。从产权主体看，环境资源具有显著的公共物品的特征，具体表现为消费的非排他性和非竞争性。政府作为公众的代理人，具有管理、利用和分配环境资源产权的职责。环境资源产权是人类和经济组织（企业）存在和发展的基础。企业要从事经济活动，必须具有一定的环境资源产权。但是，企业实际需要的环境资源产权数量与政府部门分配的环境资源产权数量并不总是相等的。如果企业实际需要的环境资源产权数量小于政府部门分配的环境资源产权数量，就意味着企业拥有富余的环境资源产权，企业就可以将这部分富余的环境资源产权转让出去，以获得低碳项目所需要的资金。这就是环境资源产权的融资功能。在银行提供环境资源产权质押服务的情况下，企业也可以将富余的环境资源产权进行质押贷款。反之，如果企业实际需要的环境资源产权数量大于政府部门分配的环境资源产权数量，就意味着企业拥有的环境资源产权不足，企业就需要向其他企业购买环境资源产权，以满足其开展经济活动的需要。研究表明，这种环境资源产权市场交易的融资方式对于企业低碳项目的融资是具有较高效率的。同时，环境资源产权质押贷款的方式，也因为盘活了闲置的环境资源产权资源而具有较高的效率。企业可以开拓拥有的环境资源产权的融资功能，以解决自身的资金短缺问题。

知识产权是指人们对其智力劳动成果所依法享有的专有权利，通常表现为国家赋予创造者对其智力成果在一定时期内享有的专有权或独占权（朱崇实，2011）。知识产权具有独占性、无形性、地域性、时间性和法定性等特点。知识产权（专利）是企业自主创新能力的体现，是企业取得竞争优势的重要手段。但是，对于研发实力雄厚的大企业来说，可以在不影响自身竞争力的情况下将一些相对落后的技术转让给中小企业，以筹集低碳项目所需要的资金。也可以将专利技术质押给银行，以获得银行贷款。或将专利技术委托给信托投资公司经营，形成专利技术信托产品。或将专利技术作为基础资产，通过一定的结构安排对专利技术的风险与收益要素进行分离与重组，转移给一个特设载体，由后者发行可以出售和流通的证券，形成专利技术证券产品（冯晓青等，2013）。这些融资方式盘活了闲置的知识产权资源，因而具有较高的效率。对于从事低碳项目开发的高新技术企业来说，开拓以往知识产权的融资功能，可以解决企业的资金短缺问题。

三、企业融资理论与低碳城市建设现代融资机制

企业为了实现价值最大化，总是寻求融资成本最小化的资本结构。现代企业融资理论包括现代资本结构理论、融资顺序理论、企业金融成长周期理论等，都对企业融资方式做出了解释与建议（张秀生等，2008）。

现代资本结构理论由莫迪利亚尼和米勒（Modigliani and Miller，1958，1963）提出。该理论认为，如果不考虑税收、破产成本、信息不对称等因素，并且处于完美市场状态下，企业的价值与企业融资的方式无关。但是因为企业需要缴纳收入所得税，与股本融资相比，负债融资的成本可以在税前扣除，相应地减少了税收支出，可以提升企业的价值。负债越多，财务杠杆作用就越明显，企业的价值就越高。当然，高负债也伴随着高风险。因为存在破产成本和"道德风险"的因素，企业必须控制负债规模。否则，如果企业负债率过高，就有被迫破产的可能，不仅投资者（股东）将蒙受很大的损失，而且企业因信用评级下降其负债融资成本也将会提高。

融资顺序理论由迈尔斯等（Myers et al.，1984）提出。该理论认为，企业经理人与投资者（股东）之间的信息不对称会导致不同融资方式对企业价值产生不同的影响。如果企业存在新的投资机会，并且预期新的项目能够增加利润，由于信息不对称，代表现股东利益的经理人就不会发行新股，以避免现股东的利益被稀释；而新投资者也会把企业发行新股看作是企业不能有效增加现股东利益时一种被迫融资的行为，导致企业的价值在资本市场上被低估。在这种情况下，企业只能采用负债融资或内部融资的方式。但负债融资会使企业陷入债务危机，不过如果合理控制负债，与发行新股相比，负债融资仍是一种比较理想的方式。当然更为理想的融资方式是企业内部融资，即企业留存利润的再投资，它既可以避免现股东的利益被稀释和企业股价的下跌，也可以避免企业的还本付息，还可以使股东免缴收入所得税以及能够确保现股东的控制权免受威胁。所以，企业理想的融资顺序应为：先考虑内部融资，后考虑外部融资；不得不进行外部融资时，则应首先选择负债融资。

企业金融成长周期理论由伯杰和乌代尔（Berger and Udell，1998）提出。该理论认为，伴随着企业成长周期而发生的信息约束条件、企业规模和资金需求的变化，是影响企业融资结构的基本因素。在企业的创立初期，资产规模小、缺乏信用记录和财务审计，以及企业信息的封闭性，使

得企业很难进行外部融资,只能主要依靠内部融资;在企业的成长阶段,资产规模不断扩大,资金需求日益旺盛,可用于抵押的资产增加,并开始建立信用记录,信息透明度也有所提高,企业开始进行外部融资,主要是向银行申报贷款融资;在企业的成熟阶段,企业的经营活动和财务管理趋于规范,逐步具备进入资本市场公开发行证券的条件。在公开发行股票之后,企业负债融资的比重开始下降,债务风险得到控制,一些中小企业逐渐发展成为大企业。企业金融成长周期理论表明,在企业发展的不同阶段,随着资产规模、信息透明度、信用记录等条件的变化,企业的融资方式也应当有所变化。以企业的成长阶段为界,成长阶段之前的企业,难以进行外部融资,主要依靠内部融资;成长阶段之后的企业,外部融资的条件逐步具备,主要依靠外部融资。所以,企业发展的不同阶段,均需要有相应的融资方式与之匹配。

按照现代企业融资理论的要求,企业在低碳项目融资时应根据企业所处的阶段,选择合理的融资方式。如果企业处于起步阶段,就尽量采用内部融资方式。如果企业处于成长阶段和成熟阶段,就尽量采用负债融资方式。当负债率达到较高程度时,企业可考虑采用股票融资方式,以降低负债率。

第三节 低碳城市建设现代融资机制的运作机理

低碳城市建设现代融资机制的运作机理,主要包括银行业低碳融资机制的运作机理、资本市场低碳融资机制的运作机理和环境资源产权低碳融资机制的运作机理等。

一、银行业低碳融资机制的运作机理

股东、经理人与债权人之间的代理问题会导致非效率投资的出现,主要表现为两个方面:一是转移债权人利益的投资不足;二是不顾回报的过度投资(兰艳泽等,2009)。为此,银行业可以采用债权治理的方式提高低碳投资效率(见图 4-1)。一是负债本身具有激励约束作用。如果企业得到银行的低碳贷款,经理人的剩余索取权随贷款的增加而增加,这就激发了经理人的内在积极性,而且贷款还可以减少经理人的职务消费;与此

同时，贷款的还本付息压力，可以减少可支配的现金流量，从而可以抑制扩大企业规模却不利于企业价值提升的过度投资。二是相机治理和破产程序。相机治理，即控制权的转移，是指当企业无力偿债时，剩余控制权和剩余索取权便由股东转移给银行。这时，银行的控制是通过受法律保护的破产程序进行的，包括清算和重组等。三是银行监控。银行在企业治理中有着独特的作用。其一，银行拥有企业充分的信息。其二，银行相对于其他治理主体在人员、资金、设施、知识等方面具有强大优势，使其具备监控企业的能力。其三，银行能够对企业进行全程监控，包括贷前调查、贷中监督、贷后评价和风险控制措施等（刘建中等，2008）。这些方式的采用，对于提高低碳投资效率具有一定的促进作用。

除此之外，银行业还可以运用利率政策提高低碳投资效率。低碳项目的风险较高，银行业在提供贷款时产生的交易成本较高。为了弥补损失，银行业就会要求提高贷款的利率。但在政府优惠政策的支持下，实际的贷款利率反而低于平均贷款利率。相反，对于高污染项目，哪怕是投资风险较低，银行业在提供贷款时产生的交易成本较低，但在政府环保政策的要求下，银行业往往执行比平均水平高得多的贷款利率。

银行业低碳融资机制具有限制性和鼓励性的特点。限制性是银行业通过上调对高碳企业贷款的利率，增加高碳企业的融资成本。鼓励性是银行通过下调对低碳企业贷款的利率，降低低碳企业的融资成本（王兆星，2012）。

由于高碳企业的产品在生产中会产生大量的二氧化碳，而二氧化碳是造成温室效应的元凶，从而具有负外部性。也就是说高碳企业在进行生产活动时，除了生产产品的成本外，人们还要为该企业生产活动带来的环境危害支付成本，这两种成本之和才是高碳企业的全部成本，这就是所谓的社会成本。如图 4 - 2 所示，MSC 表示边际社会成本曲线。社会成本也服从边际成本递增原理，随着高碳企业产品产量的增加，社会成本也在逐渐增加。由图 4 - 2 可知，从整个社会的角度看，最优的产量应该为 Q^*，而实际上由市场机制决定的产量 Q_{MC} 要大于 Q^*。因此，高碳企业的产品的市场均衡产量大于社会最优产量。可见，从整体来看，高碳企业的私人成本小于社会成本，使高碳企业产品的实际产量大于社会最优产量，存在高碳企业产品生产过度的问题，导致社会总福利水平下降，此时就需要采用一定的经济手段消除高碳企业造成的负外部性。利率政策就是可供选择的经济手段之一。在考虑社会成本的情况下，银行业在为高碳企业提供融资服务时，可以将利率提高到与高碳企业给社会造成的环境损害相当的水平，即对高碳企业执行相当于"$r = P^* - P_{MC}$"的利率标准，使高碳企业为其对环境造成的损害承担一定的代价。当银行业对高碳企业执行相当于"$r = P^* - P_{MC}$"的利率水平时，企业供给曲线向上平行移动 r 个单位，供给曲线变为 S + r，此时市场均衡的产量为 Q^*，即社会最优的产量。银行业可以使用因提高利率获得的收益建立绿色贷款风险准备金，支持更多的低碳企业。

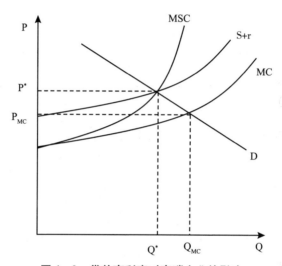

图 4-2 贷款高利率对高碳企业的影响

银行业还可以采用贷款利率优惠的方式对低碳企业进行支持，对具有正外部性的低碳企业在融资时执行较低的利率，可以弥补低碳企业无偿创造的额外的社会效益。如图 4-3 所示，低碳企业的成本曲线即社会成本曲线，其与需求曲线的交点决定了市场机制下的均衡产量 Q_{MC} 和均衡价格 P_{MC}。当银行给予企业相当于"$r = P_{MC} - P^*$"的利率优惠时，企业供给曲线向下平移 r 个单位，变为 S - r，此时的均衡产量增多，变为 Q^*；而均衡价格下降为 P^*。由于低碳企业提供的是节能环保的低碳产品，因此，社会总福利得到很大的提升。

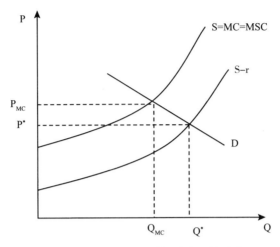

图4-3 贷款低利率对低碳企业的影响

二、资本市场低碳融资机制的运作机理

虽然现代融资理论要求企业尽量采用内部融资和负债融资，但中国的现实情况是，银行在商业化的过程中其债权约束越来越强，而资本市场由于制度不完善和监管不到位，使得上市公司的"事实"融资成本较低，成为企业融资的"理想"场所，所以资本市场是目前中国企业融资的重要场所。为了解决资本市场对上市公司的软约束，资本市场可以采用股权治理的方式提高低碳投资效率。

通过加强公司股权治理提高低碳投资效率可以采取以下路径：第一，优化股权结构。研究表明，大股东在公司治理中可以发挥更大的作用。为此，需要引入战略性投资者，适度提高股权的集中度，使具有环保意识和丰富治理经验的专业投资机构参与公司治理，以提高治理效率，进而提高低碳投资效率。第二，完善资本市场的监督功能。"用手投票"和"用脚投票"是资本市场赋予投资者的权利。对于众多的、环保意愿强烈的中小股东，可以通过"用手投票"和"用脚投票"，形成对经理人的制约，影响经理人的行为，防止他们从事高碳经营。第三，完善资本市场的重组功能。一旦某些上市公司存在经营低效率的情况，就为其他企业开展兼并和接管创造了机会（王龙康等，2012）。资本市场的并购机制，可以强制性纠正企业经营的低效率（赵昌文等，2002）。这些情况表明，高效率的低碳企业不仅可以收购低效率的低碳企业，也可以收购低效率的高碳企业，这样就从整体上提高了低碳投资的效率。

除此之外，资本市场还可以通过提升创新能力的方式提高低碳投资效率。从是否有利于环境保护和资源节约的角度，有价证券可以分为绿色证券和非绿色证券两种类型。所谓绿色证券，是指有利于环境保护和资源节约的有价证券。根据已有的研究成果可知，资本市场对技术创新具有明显的促进作用（胡海峰等，2004）。其中，资本市场中的绿色证券能够对低碳产业中的技术创新产生促进作用，为低碳产业的发展带来技术升级的支持，导致低碳产业向高端化转型。与此同时，资本市场中的绿色证券也能够对高碳产业中的低碳技术创新产生促进作用，为高碳产业的节能减排提供技术改造的支持，导致高碳产业向低碳化转型。综合上述两种情况，资本市场能够促进实体产业的低碳转型。

在以上分析的基础上，我们可以构造出资本市场促进实体产业低碳转型的模型，来表示资本市场与实体产业低碳转型之间的关系，具体模型如图4-4所示。

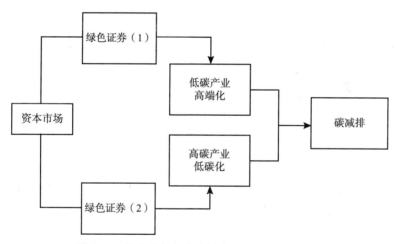

图4-4 资本市场促进实体产业低碳转型的模型

资本市场促进实体产业低碳转型的内在作用机理，包括转型升级效应、空间聚合效应、资源配置改进效应和优胜劣汰效应等。

一是转型升级效应。资本市场促使实体产业发生了变革。它不仅使低碳产业的技术层级得到提升，而且使非低碳产业的非低碳技术更新为低碳技术，也就是使非低碳产业产生了转型升级效应。但为何会发生这种变革？我们认为，根源在于资本市场的能量。假设资本市场的总能量为 E，其中，绿色证券促进低碳技术创新，发生能量转移 E_1。显然，在 $E_1 > 0$ 时，E_1 可以使实体产业的技术层级（技术势）得到提升（陈国宏等，1995）。同样，资本市场作用于非低碳产业，发生能量转移 E_2。在 $E_2 > 0$ 时，E_2 可以使非低碳产业的非低碳技术更新为低碳技术（Randjelovic et al.，2003）。而且，E_1/E 的数值越大，实体产业的技术层级（技术势）提升的幅度就越明显，资本市场对实体产业低碳转型的促进作用就越明显。假设资本市场规模与能量成正比，那么资本市场总量中绿色证券所占的份额越高，则资本市场对实体产业低碳转型的促进作用就越强。

二是空间聚合效应。如果某家上市公司向低碳项目投资，那么在项目取得成功后，借助于"示范效应"和"技术溢出效应"，该上市公司和其他企业会在该产业链条上继续开发新的低碳项目，这样就可以形成了完整的低碳产业链。同时，如果多家上市公司将多笔投资集中投向某一区域的低碳产业项目，构成低碳产业投资集群，就有利于低碳技术创新集群的产生。低碳产业投资集群与低碳产业投资个体相比，具有信息共享、易于进行知识传播等诸多优越性，尤其是低碳产业投资集群在空间上不断集中，更有利于企业之间的知识转移，为低碳技术创新集群的产生奠定了知识生产的基础。另外，多家上市公司还可以形成战略联盟，形成网络化的投资方式，其作用会更加显著。这种低碳产业投资在空间上的"繁殖"，能够形成具有创新放大效应的"创新乘数"，大大提升了低碳技术创新能力，最终促使低碳产业的高端化转型。

三是资源配置改进效应。如果某家上市公司决定向高碳产业的低碳项目投资，则上市公司与被投资企业的博弈就不可避免。为防范"信息不对称"，上市公司的资本参与是分批进行的。当第一笔投资支出之后，上市公司要对项目进行评估，如果项目按照原定计划运转，上市公司就会根据需要支出第二笔投资。否则，就会中止后来的投资。为了保证该项目的顺利开展，当遭遇来自被投资企业的阻力时，上市公司往往会对被投资企业采取控股的形式。这种方式的优势是上市公司可以利用控股地位，对被投资企业进行组织结构的调整和人员的整合，以实现创新资源配置的最优化。此外，上市公司还会运用多方面的资源促进被投资企业的技术创新，比如利用自己的专业管理才能帮助企业整合资源、提升管理水平。尤其是会通过各种途径帮助被投资企业收集人才信息、招募人才，并通过技术入股、管理才能入股、股票期权等多种激励机制，吸引高层次的人才进入创新项目。这种资源配置改进效应的产生，会加快高碳产业低碳化的进程。

四是优胜劣汰效应。图4-4简单表示了资本市场促进实体产业低碳转型的内在作用机理，但就深入考察而言，还需要考虑上市公司的演进情况。如果以碳减排程度和盈利能力划分象限，则资本市场中的上市公司可认为是由四类组成的（见图4-5）：第一类是碳减排程度较高、盈利能力较强的上市公司；第二类是碳减排程度较高、盈利能力较弱的上市公司；第三类是碳减排程度较低、盈利能力较强的上市公司；第四类是碳减排程度较低、盈利能力较弱的上市公司。从长期来看，第四类上市公司由于对环境不友好和竞争能力较弱，终将会被资本市场淘汰；第三类上市公司随着投资者生态文明意识的增强和资本市场环境规制力度的加大，必然升级为第一类上市公司，否则也会被淘汰。这样一来，资本市场中的上市公司就只剩下两类上市公司：一类是处于成长阶段或成熟阶段的低碳上市公司（即第一类上市公司），主要分布在主板市场；另一类是处于起步阶段的低碳上市公司（即第二类上市公司），主要分布在创业板市场等。这样，通过资本市场的优胜劣汰，那些创新能力强的上市公司得以生存和发展，而那些创新能力弱的上市公司则被逐出资本市场。

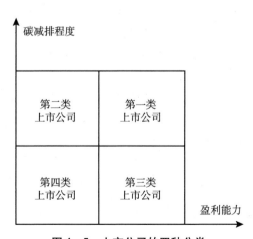

图4-5　上市公司的四种分类

三、环境资源产权低碳融资机制的运作机理

环境资源产权低碳融资机制的实质是企业将产生的碳减排量作为一种商品在碳市场进行交易，以此弥补低碳项目的资金不足。在低碳项目开发成功后，企业又可以得到更多的碳减排量，企业将这部分碳减排量出售之后，又可以支持新的低碳项目，以此形成良性循环。

由于企业的能源利用情况以及利用技术的不尽一致，导致不同企业之间的减排成本也存在着很大的差异，如果要实现相同的减排目标，那些能源利用效率较低、利用技术较为落后的企业容易以较低成本达到减排目标，甚至可以超额完成减排目标；而那些能源利用效率较高、利用技术较为先进的企业反倒需要付出更高的成本来达到减排目标。如果让一部分企业出售多余的配额给超额排放企业，这样既能促使有能力减排的企业以较低成本产生更多减排额，开发新的减排技术，又能让减排成本高、减排潜力不大的企业以更低的成本完成减排目标，从而以最经济的方式达到控制碳排放总量的目标①。发达国家在推行该项制度之后取得了较好的效果。据统计，1990～2006 年，美国电力行业在发电量增长 37% 的情况下，二氧化硫排放总量下降了 40%②。

作为一种减排机制，碳排放权交易方式与单纯的行政手段相比，更能避免对经济运行的冲击，同时也保护了企业的经营自主权，是一种更为适合市场经济的方式。企业可以根据成本的比较，来决定是进行技术改造，还是购买碳排放额度。政府仅通过发布行业碳排放总量，以经济手段进行调节，来逐步淘汰高污染、高耗能企业，从而实现碳减排的目标③。

要考察不同国家碳排放权交易的情况，必须引入国际贸易理论。资源禀赋理论告诉我们，国家之间不同的某种要素相对丰裕程度决定了以这种要素生产的产品具有不同的相对成本，这是国际贸易中比较优势的来源和决定因素。对于参与国际贸易的国家来说，与其他国家进行贸易的基本原则是出口密集使用其相对丰裕的要素生产的产品，而进口密集使用其相对稀缺的要素生产的产品。

---

① 我国碳排放交易制度及未来发展动向，中国行业研究网.
② 应推行碳排放配额制度［N］.21 世纪经济报道，2010－4－22.
③ 深度分析中国道路的碳排放交易制度，中国环境能源资本交易中心网站.

　　国际上的碳排放权交易以要素禀赋理论为指导。国际上的碳排放权交易通常在发达国家与发展中国家之间进行，两类国家拥有不同的生产要素禀赋。由于发达国家节能治污技术比较先进，其能源利用效率高而温室气体单位排放比率低，节能减排的潜力已被充分挖掘，进一步减排成本很高。发展中国家节能减排水平差，能源利用效率低，拥有十分可观的减排潜力。据估计，发达国家减排二氧化碳的成本，平均要比发展中国家高出5~20倍，所以一些发达国家及其企业在强制减排的压力下，更愿意利用相对低成本的资金和技术，帮助发展中国家减排而获得相应的排放指标（李旸，2010）。另外，发达国家环境规制和监管力度很强，环境保护成本日益升高，而发展中国家面临的最迫切问题是摆脱贫穷，迅速发展经济，环境规制和监管力度较弱，环境保护成本较低。因此，从这两个方面看，环境是发展中国家的丰裕生产要素，是发达国家的稀缺生产要素。为换取发展中国家以环境要素生产的减排量，发达国家需付出资金和技术。经过长期的发展，拥有更强大创新能力的发达国家积累起大量的资金和先进技术，密集使用这两类生产要素的产品是发达国家具有相对优势的产品。因此，在国际上的碳排放权交易，应该是发达国家提供资金和技术，而发展中国家提供相应的碳减排量。而事实上，国际碳排放权交易市场正是按照此模式运转的。

　　发达国家与发展中国家依据要素禀赋理论参与碳排放权交易的具体机制如图4-6所示。在不存在国际贸易的情况下（见图4-6（a）），两类

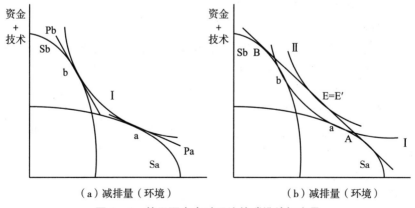

（a）减排量（环境）　　　　　　（b）减排量（环境）

图4-6　基于要素禀赋理论的碳排放权交易

国家共同的无差异曲线Ⅰ与发展中国家和发达国家的生产可能性曲线Sa、Sb分别相切于a、b两点，这两个切点确定两类国家在不存在贸易时均衡的相对价格，分别记为Pa、Pb。Pa＜Pb，发展中国家具有比较优势的为减排量，而发达国家具有比较优势的为资金和技术。两类国家开展贸易后（见图4-6（b）），发展中国家在A点组织生产，以减排量交换资金和技术，最终达到E点的消费组合；发达国家在B点组织生产，以资金和技术交换减排量，最终达到E'点（与E点重合）的消费组合。此时，两类国家达到更高的无差异曲线水平Ⅱ，表明两类国家在此贸易中均能获利。

本章主要参考文献

[1] 陈国宏，王吓忠. 技术创新、技术扩散与技术进步关系新论 [J]. 科学学研究，1995（4）.

[2] 冯晓青，吕莹. 知识产权证券化：创新型国家建设的重要推手 [N]. 证券日报，2013-05-06.

[3] 胡海峰，黎江帆. 试论创业资本在经济增长过程的作用 [J]. 证券市场导报，2004（7）.

[4] 兰艳泽，周雪峰. 债权治理功效研究现状及其评述 [J]. 会计之友，2009（4）.

[5] 李旸. 我国低碳经济发展路径选择和政策建议 [J]. 城市发展研究，2010（2）.

[6] 刘建中，张小会. 公司治理：基于债权人视角的分析 [J]. 会计之友，2008（18）.

[7] 牛建高，李义超，王明吉. 民营企业融资：基于产权视角的博弈分析 [J]. 上海交通大学学报（哲学社会科学版），2006（5）.

[8] 王龙康，信玉红. 美国资本市场及对我国公司治理的启示 [J]. 中国经贸导刊，2012（28）.

[9] 王兆星. 实施绿色金融战略　促进绿色发展 [N]. 人民日报，2012-05-12.

[10] 张秀生，余爱军. 现代融资理论与中小企业融资问题 [N]. 光明日报，2008-05-20.

[11] 赵昌文，蒲自立. 资本市场对公司治理的作用机理及若干实证检验 [J]. 中国工业经济，2002（9）.

［12］朱崇实. 经济法［M］. 北京：北京大学出版社，2011.

［13］Berger A. N. , Udell G. F. The Economics of Small Business Finance：The Roles of Private Equity and Debt Markets in the Financial Growth Cycle［J］. Journal of Banking and Finance，1998，22（6－8）：613－673.

［14］Coase R. The Nature of the Firm［J］. Economica，1937，4（16）：386－405.

［15］Coase R. The Problem of Social Cost［J］. Journal of Law and Economics，1960，3（1）：1－44.

［16］Modigliani F. , Miller M. H. Corporate Income Taxes and the Cost of Capital：A Correction［J］. American Economic Review，1963，53（3）：433－443.

［17］Modigliani F. , Miller M. H. The Coast of Capital，Corporation Finance，and Theory of Investment［J］. American Economic Review，1958，48（3）：261－297.

［18］Myers S. C. , Majluf N. Corporate Financing and Investment Decisions When Firms Have Information Investors Do Not Have［J］. Journal of Financial Economics，1984，13（2）：187－221.

［19］Randjelovic J. , O'Rourke A. R. , Orsato R. J. The Emergence of Green Venture Capital［J］. Business Strategy and the Environment，2003，12（4）：240－253.

［20］Williamson O. E. Transaction－Cost Economics：The Governance of ContractualRelations［J］. Journal of Law and Economics，1979，22（2）：233－261.

第五章 低碳城市建设投融资的演化博弈机制探讨

传统的博弈分析方法对参与者和参与条件的要求很高，假设参与者是完全理性的且是在完全信息条件下进行的。这种严格的要求使传统的博弈分析方法难以在现实生活中得到应用。与传统博弈分析方法不同，演化博弈分析方法并不要求参与者是完全理性的，也不要求完全信息的条件。作为一种把博弈理论分析和动态演化过程分析结合起来的理论，演化博弈分析方法曾经成功解释了生物进化过程中的某些现象。近年来，经济学领域运用该方法分析一些经济问题，也取得了显著的进展（Smith et al.，1973；Friedman，1991；乔根，2006；李富荣等，2007）。这里运用演化博弈分析方法分析低碳城市建设投融资的博弈问题，期望能够得到若干有益的结论和启示。

第一节 低碳城市建设投融资演化博弈的基本假设

本章从政府、企业、银行三个重要参与主体出发，运用演化博弈的方法分析低碳城市建设的投融资机制。为方便研究，本章提出一些基本假设：

第一，关于政府作用的假设。由于环境的负外部性，政府作为低碳城市的重要参与者，政府主要采取财政和税收的手段加快低碳城市建设步伐。不妨设政府对企业从事节能减排的财政补贴为 S_1，$S_1 > 0$；政府为鼓励银行积极投身节能环保事业，对银行从事低碳信贷业务给予财政补贴 S_2，$S_2 > 0$。政府通过征收碳税来约束企业的碳排放行为，当企业碳排放超标时，政府征收的碳税额度为 M，M > 0。为了简化起见，本研究假定企业将银行贷款投资到碳减排项目，企业的碳减排量就达到标准，反之，则没有达标，需要向政府缴纳碳税。

第二，关于企业融资的假设。企业融资之前凭借自身实力可以获取的

收益为 R_F，$R_F > 0$，企业通过银行贷款获得的收益为 R_1，$R_1 > 0$，企业通过风险投资等其他渠道获得的收益为 R_2，$R_2 > 0$；银行通过低碳信贷获得的收益为 R_B，$R_B > 0$。

第三，关于企业成本的假设。假设企业加大环保力度，减少碳排放带来的成本为 C_{F1}，$C_{F1} > 0$，企业如果没用从银行得到贷款，由此而产生的机会成本为 C_{F2}，$C_{F2} > 0$；银行没有实现对企业贷款，由此产生的机会成本为 C_B，$C_B > 0$。

第四，关于银行信贷行为的假设。银行和企业发生信贷业务的过程中，由于彼此之间信息不对称，双方在合作过程中难免会产生机会成本。银行对企业实力、信用情况等的审查，所花费的信息成本为 a_1，$a_1 > 0$，银行为确保企业及时还贷，所付出的监督成本为 a_2，$a_2 > 0$；企业为了获得贷款往往需要与银行不断交涉，由此而产生的沟通成本为 b_1，$b_1 > 0$，企业如果无法及时还贷，产生违约成本 b_2，$b_2 > 0$。

第二节　低碳城市建设投融资的演化博弈分析

假定博弈的主要参与方为企业和银行，企业的策略为减排、不减排，银行的策略为贷款、不贷款。由此，我们可以构建低碳城市投融资的静态博弈模型，如表 5-1 所示。

表 5-1　　　　　　　　低碳城市投融资静态博弈矩阵

企业策略	银行	
	贷款	不贷款
减排	$R_F + R_1 + R_2 - C_{F1} + S_1 - b_1$ $R_B + S_2 - a_1 - a_2$	$R_F + R_2 + S_1 - C_{F1} - C_{F2} - C_B$
不减排	$R_F + R_1 + R_2 - M_1 - b_1 - b_2$ $R_B + b_2 - a_1 - a_2$	$R_F + R_2 - C_{F2} - M - C_B$

假设企业选择减排策略的概率是 x，选择不减排策略的概率是 1-x；银行选择贷款策略的概率是 y，选择不贷款策略的概率 1-y。

据此可以求得，企业选择减排策略的期望收益 E_{F1}、选择不减排策略

的期望收益 E_{F2} 和群体的平均收益 E_F 分别为：

$$E_{F1} = y(R_F + R_1 + R_2 - C_{F1} + S_1 - b_1) + (1 - y)(R_F$$
$$+ R_2 + S_1 - C_{F1} - C_{F2}) \qquad (5-1)$$

$$E_{F2} = y(R_F + R_1 + R_2 - M_1 - b_1 - b_2) + (1 - y)(R_F$$
$$+ R_2 - C_{F2} - M) \qquad (5-2)$$

$$E_F = xE_{F1} + (1 - x)E_{F2}$$
$$= xy(R_F + R_1 + R_2 - C_{F1} + S_1 - b_1) + x(1 - y)(R_F + R_2 + S_1 - C_{F1} - C_{F2})$$
$$+ (1 - x)y(R_F + R_1 + R_2 - M_1 - b_1 - b_2) + (1 - x)(1 - y)(R_F$$
$$+ R_2 - C_{F2} - M) \qquad (5-3)$$

由式（5-1）、式（5-2）、式（5-3）求得企业方的复制动态方程：

$$\frac{d(x)}{d(t)} = x(E_{F1} - E) = x(1 - x)(E_{F1} - E_{F2})$$
$$= x(1 - x)(b_2 y + S_1 - C_{F1} + M) \qquad (5-4)$$

同理，银行选择贷款策略的期望收益 E_{B1}、选择不贷款策略的期望收益 E_{B2} 和群体的平均收益 E_B 分别为：

$$E_{B1} = x(R_B + S_2 - a_1 - a_2) + (1 - x)(R_B + b_2 - a_1 - a_2) \qquad (5-5)$$

$$E_{B2} = x(-C_B) + (1 - x)(-C_B) = -C_B \qquad (5-6)$$

$$E_B = xy(R_B + S_2 - a_1 - a_2) + y(1 - x)(R_B + b_2 - a_1 - a_2)$$
$$- (1 - y)C_B \qquad (5-7)$$

由式（5-5）~式（5-7）求得银行方的复制动态方程：

$$\frac{d(y)}{d(t)} = y(E_{B1} - E_B) = y(1 - y)(E_{B1} - E_{B2})$$
$$= y(1 - y)(xS_2 - xb_2 + R_B + b_2 - a_1 - a_2 + C_B) \qquad (5-8)$$

由式（5-4）和式（5-8）的企业和银行的复制动态方程，运用 Friedmam 提出的方法，求得低碳城市投融资演化博弈的 Jacobian 矩阵：

$$J = \begin{bmatrix} (1-2x)(b_2 y + S_1 - C_{F1} + M) & x(1-x)b_2 \\ y(1-y)(S_2 - b_2) & (1-2y)(xS_2 - xb_2 + R_B + b_2 - a_1 - a_2 + C_B) \end{bmatrix}$$
$$(5-9)$$

令 $\eta = \dfrac{C_{F1} - S_1 - M}{b_2}$，$\psi = \dfrac{a_1 + a_2 - C_B - R_B - b_2}{S_2 - b_2}$，根据 Jacobian 矩阵的局部稳定性，可以得到博弈有 5 个均衡点，分别为 $W_1(0, 0)$、$W_2(1, 0)$、$W_3(0, 1)$、$W_4(1, 1)$ 和 $O(\eta, \psi)$。

由此可以得到低碳城市"企业—银行"博弈的演化相图，如图 5-1

所示。由低碳城市的演化相图可以发现：$\theta_{w_3w_1w_2o}$部分收敛于W_1点，此时，企业和银行无法达成一致，银行对企业的贷款业务无法完成。$\theta_{w_3w_1w_2o}$部分收敛于W_4点，此时，企业和银行之间的信贷业务顺利完成，且两部分图形面积之和为1。由低碳城市投融资的演化相图可知，多边形$\theta_{w_3w_1w_2o}$的面积可以表示为：

$$\theta_{w_3w_1w_2o} = \frac{1}{2}(\eta + \psi) = \frac{1}{2}\left(\frac{C_{F1} - S_1 - M}{b_2} + \frac{a_1 + a_2 - C_B - R_B - b_2}{S_2 - b_2} \right) \quad (5-10)$$

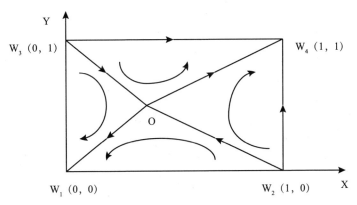

图 5-1 低碳城市投融资的演化相图

O 点的位置决定了企业和银行双方投融资博弈过程中，选择合作策略的概率大小。多边形 $\theta_{w_3w_1w_2o}$ 的面积越小，系统向 W_4 点收敛的概率越高，企业和银行之间达成一致的可能性越大，此时，企业更有可能获得银行贷款；当 $\zeta_{E_3E_4E_2o}$ 的面积越大时，系统向 W_1 演化的概率越大，企业和银行之间往往很难达成一致，企业从银行获得贷款的困难不断增加。

第三节　低碳城市建设投融资演化博弈的政府策略及其模拟仿真

一、政府对企业的财政补贴策略

政府作为低碳城市建设的重要推动者，对企业从事节能减排的财政补

贴为 S_1，$S_1 > 0$。多边形 $\theta_{W_3W_1W_2O}$ 的面积可以表示为：

$$\theta_{W_3W_1W_2O} = \frac{1}{2}(\eta + \psi) = \frac{1}{2}\left(\frac{C_{F1} - S_1 - M}{b_2} + \frac{a_1 + a_2 - C_B - R_B - b_2}{S_2 - b_2}\right)$$

其面积大小决定了系统演化的趋势。不难看出，变量 S_1 与多边形 $\theta_{W_3W_1W_2O}$ 的面积之间存在一元函数关系。利用一元函数的相关性质，对 $\theta_{W_3W_1W_2O}$ 求关于 S_1 的偏导数，得到 $\frac{\partial \theta_{W_3W_1W_2O}}{\partial S_1} < 0$，揭示了 $\theta_{W_3W_1W_2O}$ 是关于 S_1 的递减函数。政府加大对企业发展低碳经济的财政补贴力度，也就是说当 S_1 不断增大时，$\theta_{W_3W_1W_2O}$ 由于是减函数，此时 $\theta_{W_3W_1W_2O}$ 的面积会不断减少，使得系统不断向 W_4 演化。由此可见，政府加大对企业发展低碳经济的扶持力度，能够对银行释放出明显的信号，低碳产业成为未来的朝阳产业，从而引导银行加大对企业的贷款力度，有利于打破企业减排的融资瓶颈。

为了深入探究政府加大对企业发展低碳经济的财政扶植力度，有利于加快企业和银行合作步伐，从而为企业发展碳减排项目融资铺平道路的作用机理，本章采用软件 Matlab 7.0 分别对政府政策进行模拟仿真。假定博弈的相关参数如下：$b_2 = 2$，$y = 0.7$，$S_1 = 1.5$，$C_{F1} = 3$，$M = 1.5$。通过 Matlab 7.0 相关程序可以得到模拟仿真图，如图 5-2 所示。

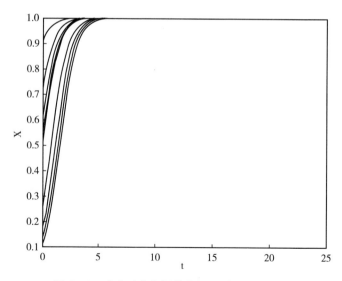

图 5-2 政府对企业提供小幅度财政补贴策略

为了分析政府对企业的财政政策的有效性，在其他参数不变的情况下，加大政府财政补贴力度，不妨设 $S_1 = 5$，可以得到模拟仿真图，如图5-3所示。

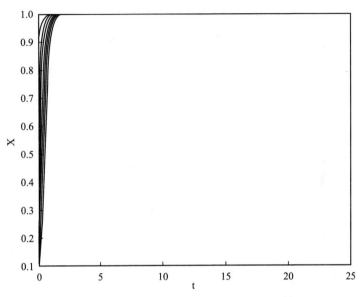

图5-3 政府对企业提供较大幅度财政补贴策略

通过图5-2、图5-3的对比可以发现，当政府加大对企业发展低碳经济的财政扶持力度时，企业能够更快地获得银行贷款，从而有效破解企业发展低碳经济的融资难题。

二、政府对银行的财政补贴策略

政府对银行从事节能减排的财政补贴为 S_2，$S_2 > 0$。显然变量 S_2 与多边形 $\theta_{w_3 w_1 w_2 O}$ 的面积之间存在一元函数关系。利用一元函数的相关性质，对 $\theta_{w_3 w_1 w_2 O}$ 求关于 S_2 的偏导数，得到 $\dfrac{\partial \theta_{w_3 w_1 w_2 O}}{\partial S_2} < 0$，可知 $\theta_{w_3 w_1 w_2 O}$ 是关于 S_2 的单调递减函数。政府加大对银行低碳信贷的财政补贴力度，即当 S_2 不断增大时，$\theta_{w_3 w_1 w_2 O}$ 由于是减函数，此时 $\theta_{w_3 w_1 w_2 O}$ 的面积会不断减少，使得系统不断向 W_4 演化。由此可见，政府加大对银行低碳信贷的财政补贴力

度，有利于引导银行加大对企业的贷款力度，有利于缓解企业开展碳减排项目的融资难题。

为了深入探究政府加大对银行低碳信贷的财政补贴力度，有利于加快企业和银行合作步伐，有利于企业发展碳减排项目的作用机理，本章采用软件 Matlab 7.0 分别对政府政策进行模拟仿真。假定博弈的相关参数如下：$S_2 = 1$，$b_2 = 2$，$x = 0.7$，$R_B = 5$，$C_B = 6$，$a_2 = 1$，$a_1 = 2$。通过 Matlab 7.0 相关程序可以得到模拟仿真图，如图 5 - 4 所示。

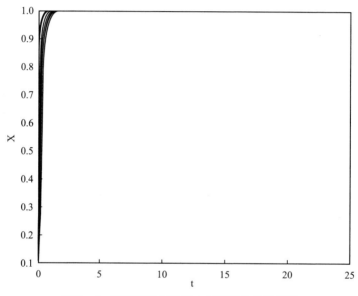

图 5 - 4　政府对银行提供小幅度财政补贴策略

为了分析政府对银行的财政政策的有效性，在其他参数不变的情况下，加大政府财政补贴力度，不妨设 $S_2 = 5$，可以得到模拟仿真图，如图 5 - 5 所示。

通过图 5 - 4、图 5 - 5 的对比可以发现，政府加大对银行的财政扶持力度，对企业获得银行贷款的影响不显著。这说明，尽管从理论上说，政府加大对银行财政补贴的力度，有利于引导银行加大对企业贷款力度，但实际效果并不理想，政府应谨慎实施该政策。

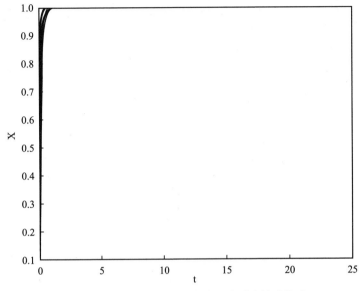

图 5 – 5　政府对银行提供较大幅度财政补贴策略

三、政府对企业征收碳税的策略

政府对碳排放超标企业征收碳税的额度为 M，M > 0。显然变量 M 与多边形 $\theta_{w_3w_1w_2O}$ 的面积之间存在一元函数关系。利用一元函数的相关性质，对 $\theta_{w_3w_1w_2O}$ 求关于 M 的偏导数，得到 $\frac{\partial \theta_{w_3w_1w_2O}}{\partial M} < 0$，可知 $\theta_{w_3w_1w_2O}$ 是关于 M 的单调递减函数。政府加大对碳排放超标企业征收碳税力度，即当 M 不断增大时，$\theta_{w_3w_1w_2O}$ 由于是减函数，此时 $\theta_{w_3w_1w_2O}$ 的面积会不断减少，使得系统不断向 W_4 演化。因此，政府加大对碳排放超标企业征收碳税力度，有利于迫使企业加大低碳项目投入力度，并积极拓展融资渠道，积极向银行贷款。

为了深入分析政府为迫使企业加大减排力度，对碳排放超标企业征收碳税的作用机理，本章采用软件 Matlab 7.0 分别对政府的碳税政策进行模拟仿真。假定博弈的相关参数如下：$b_2 = 2$，$y = 0.7$，$S_1 = 1.5$，$C_{FI} = 3$，$M = 0.5$。通过 Matlab 7.0 相关程序可以得到模拟仿真图，如图 5 – 6 所示。

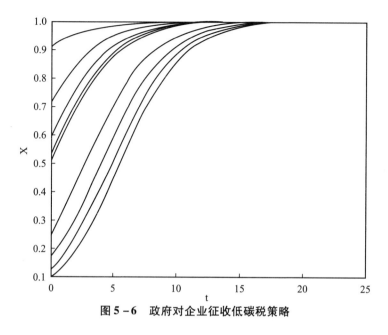

图 5 − 6 政府对企业征收低碳税策略

为了分析政府对企业征收碳税政策的有效性，在其他参数不变的情况下，不妨设 M = 8，可以得到模拟仿真图，如图 5 − 7 所示。

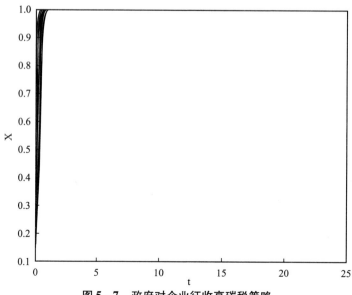

图 5 − 7 政府对企业征收高碳税策略

通过对比图 5-6、图 5-7 可以发现，当政府加大对碳排放超标企业征收碳税力度时，企业往往为了缓解碳减排的资金压力，积极拓展融资渠道，加强与银行的联系，积极争取银行贷款。

第四节 低碳城市建设投融资演化博弈的企业策略及其模拟仿真

一、低碳项目投资成本

企业发展低碳项目投资的成本为 C_{F1}（$C_{F1}>0$）。显然变量 C_{F1} 与多边形 $\theta_{w_3w_1w_2O}$ 的面积之间存在一元函数关系。利用一元函数的相关性质，对 $\theta_{w_3w_1w_2O}$ 求关于 C_{F1} 的偏导数，得到 $\dfrac{\partial\theta_{w_3w_1w_2O}}{\partial C_{F1}}>0$，可知 $\theta_{w_3w_1w_2O}$ 是关于 C_{F1} 的单调递增函数。企业在低碳项目的投入不断增加时，即当 C_{F1} 不断增大时，$\theta_{w_3w_1w_2O}$ 由于是增函数，此时 $\theta_{w_3w_1w_2O}$ 的面积会不断增加，使得系统不断向 W_1 演化。由此可见，企业发展低碳项目投资的成本越高，由于低碳投资的风险性较高，企业要争取银行贷款的难度就较大。

本章采用软件 Matlab 7.0 分别对企业策略进行模拟仿真。假定博弈的相关参数如下：$b_2=2$，$y=0.7$，$S_1=1.5$，$C_{F1}=3$，$M=0.5$。通过 Matlab 7.0 相关程序可以得到模拟仿真图，如图 5-8 所示。

为明确企业低碳项目投资成本高低对企业融资的影响，在其他参数不变的情况下，不妨设 $C_{F1}=0.3$，可以得到模拟仿真图，如图 5-9 所示。

对比图 5-8、图 5-9 可以发现，当企业发展低碳项目的投资成本较低时，尽管低碳项目带有一定的风险性和不确定性，但由于投资额度较小，企业可以相对较容易地获得银行贷款的支持。

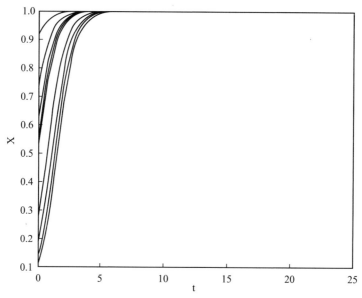

图 5 - 8　高成本的低碳项目投资策略

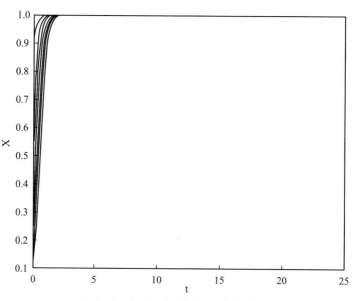

图 5 - 9　低成本的低碳项目投资策略

二、企业的违约成本

企业如果无法及时还贷，产生违约成本 b_2，$b_2 > 0$。显然变量 b_2 与多边形 $\theta_{w_3w_1w_2o}$ 的面积之间存在一元函数关系。利用一元函数的相关性质，对 $\theta_{w_3w_1w_2o}$ 求关于 b_2 的偏导数，得到 $\dfrac{\partial \theta_{w_3w_1w_2o}}{\partial b_2} < 0$，可知 $\theta_{w_3w_1w_2o}$ 是关于 b_2 的单调递减函数。企业因无法及时还贷产生的违约成本越高，即当 b_2 不断增大时，$\theta_{w_3w_1w_2o}$ 由于是减函数，此时 $\theta_{w_3w_1w_2o}$ 的面积会不断减少，使得系统不断向 W_4 演化。因此，加大对企业违约的惩罚力度，增加违约成本，能够提高企业的信用度，从而有利于企业获得银行贷款。

本章采用软件 Matlab 7.0 分别对企业策略进行模拟仿真。假定博弈的相关参数如下：$b_2 = 0.1$，$y = 0.7$，$S_1 = 1.5$，$C_{F1} = 3$，$M = 0.5$。通过 Matlab 7.0 相关程序可以得到模拟仿真图，如图 5-10 所示。

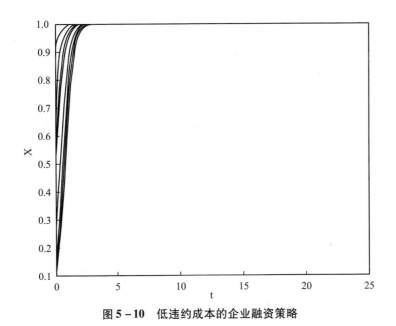

图 5-10　低违约成本的企业融资策略

为明确违约成本对企业融资的影响，在其他参数不变的情况下，不妨设 $b_2 = 5$，可以得到模拟仿真图，如图 5-11 所示。

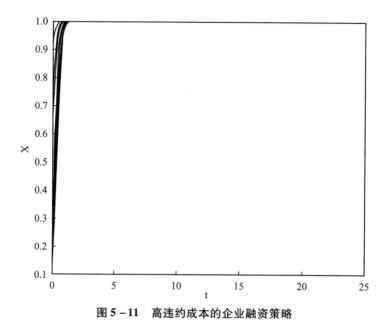

图 5-11 高违约成本的企业融资策略

对比图 5-10、图 5-11 可以发现，当企业受到高额的违约成本约束时，银行给企业贷款的风险较低，此时，企业可以获得银行贷款的支持，提高企业发展低碳项目的融资效率。

第五节　低碳城市建设投融资演化博弈的银行策略及其模拟仿真

一、贷款收益

银行通过低碳信贷获得的收益为 R_B，$R_B > 0$。显然变量 R_B 与多边形 $\theta_{w_3 w_1 w_2 O}$ 的面积之间存在一元函数关系。利用一元函数的相关性质，对 $\theta_{w_3 w_1 w_2 O}$ 求关于 R_B 的偏导数，得到 $\dfrac{\partial \theta_{w_3 w_1 w_2 O}}{\partial R_B} < 0$，可知 $\theta_{w_3 w_1 w_2 O}$ 是关于 R_B 的单调递减函数。银行通过低碳信贷获得的收益不断增加时，即当 R_B 不断增大时，$\theta_{w_3 w_1 w_2 O}$ 由于是减函数，此时 $\theta_{w_3 w_1 w_2 O}$ 的面积会不断变

小，使得系统不断向 W_4 演化。由此可见，如果银行投资低碳项目的回报较高，银行从事低碳信贷业务的积极性较高，进而有利于企业获得银行贷款。

本章采用软件 Matlab 7.0 分别对银行策略进行模拟仿真。假定博弈的相关参数如下：$S_2 = 1$，$b_2 = 2$，$x = 0.7$，$R_B = 1$，$C_B = 6$，$a_2 = 1$，$a_1 = 2$。通过 Matlab 7.0 相关程序可以得到模拟仿真图，如图 5-12 所示。

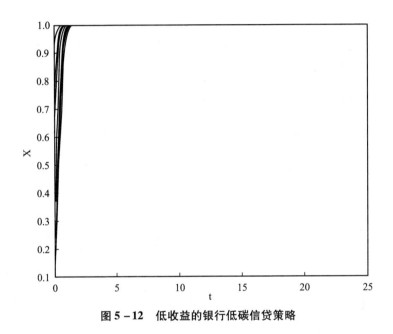

图 5-12　低收益的银行低碳信贷策略

为了探明银行低碳信贷策略的有效性，在其他参数不变的情况下，不妨设 $R_B = 8$，可以得到模拟仿真图，如图 5-13 所示。

通过比较图 5-12、图 5-13 可以发现，高回报的低碳贷款更能够调动银行的积极性，但效果不甚明显。由于银行对低碳产业相对陌生，缺乏相关专业人才对其风险进行合理评估，导致银行高估了低碳信贷的风险，使得银行开展低碳信贷业务较为谨慎。

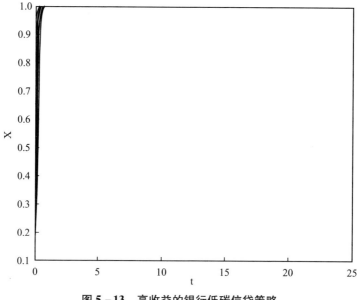

图 5 – 13   高收益的银行低碳信贷策略

二、交易成本

银行开展信贷业务的过程中产生的信息成本为 a_1，$a_1 > 0$，监督成本为 a_2（$a_2 > 0$）。显然变量 a_1、a_2 与多边形 $\theta_{W_3W_1W_2O}$ 的面积之间存在一元函数关系。利用一元函数的相关性质，对 $\theta_{W_3W_1W_2O}$ 求关于 a_1、a_2 的偏导数，得到 $\dfrac{\partial \theta_{W_3W_1W_2O}}{\partial a_1} > 0$，$\dfrac{\partial \theta_{W_3W_1W_2O}}{\partial a_2} > 0$，可知 $\theta_{W_3W_1W_2O}$ 是关于 a_1、a_2 的单调递增函数。银行在贷款时的交易成本不断增加，即当 a_1、a_2 不断增大时，由于 $\theta_{W_3W_1W_2O}$ 是关于 a_1、a_2 的增函数，此时 $\theta_{W_3W_1W_2O}$ 的面积会不断增加，使得系统不断向 W_1 演化。因此，银行为了防范贷款时的风险，往往对企业的贷款非常谨慎。

本章采用软件 Matlab 7.0 分别对银行的策略进行模拟仿真。假定博弈的相关参数如下：$S_2 = 1$，$b_2 = 2$，$x = 0.7$，$R_B = 1$，$C_B = 6$，$a_2 = 3$，$a_1 = 5$。通过 Matlab 7.0 相关程序可以得到模拟仿真图，如图 5 – 14 所示。

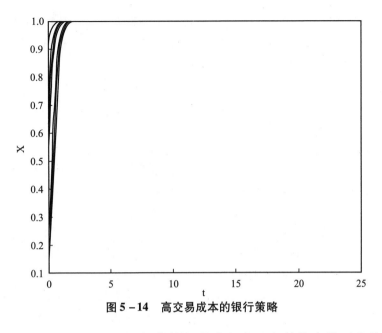

图 5 - 14　高交易成本的银行策略

为了分析交易成本对银行贷款的影响程度，在其他参数不变的情况下，不妨设 $a_1 = 0.5$，$a_2 = 0.3$，可以得到模拟仿真图，如图 5 - 15 所示。

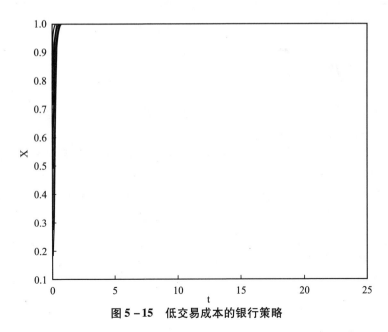

图 5 - 15　低交易成本的银行策略

对比图 5-14、图 5-15 可以发现，低交易成本的贷款更能够调动银行的积极性。较低的信息成本和监督成本，能够降低银行贷款的风险，从而使得企业能够更容易的获得银行贷款。

第六节 简要的结论

本章通过构建政府、企业、银行的演化博弈模型，运用仿真模拟的方法分析低碳城市投融资的机制，得到以下主要结论：

第一，政府出台的相关财税政策是低碳城市建设投融资机制的重要组成部分。通过演化博弈策略及其模拟仿真结果可知，政府通过对企业加大财政扶持力度，对碳排放超标企业征收碳税，能够引导银行加大对企业贷款的力度，有利于打破企业减排的融资瓶颈。

第二，投资风险是影响企业融资能力的关键所在。由演化博弈策略仿真结果可知，当企业发展低碳项目的投资成本较低时，企业可以获得银行贷款的支持；企业的违约成本较高时，更容易获得银行贷款。

第三，投资回报率和交易成本是左右银行贷款策略的重要影响因素。由于银行对低碳产业认识不足，导致银行开展低碳信贷业务较为谨慎；较低的信息成本和监督成本，能够调动银行的积极性。

本章主要参考文献

[1] 李富荣，张景华. 一个经济学的新领域：演化博弈理论 [J]. 统计与决策，2007 (5).

[2] 乔根·W. 威布尔. 演化博弈论 [M]. 王永钦，译，上海：上海人民出版社，2006.

[3] Friedman D. Evolutionary Games in Economics [J]. Econometrica, 1991, 59 (3).

[4] Smith J. M., Price G. The Logic of Animal Conflicts [J]. Nature, 1973, 246 (5427).

第六章　低碳经济财政融资方式探讨

地方政府投资于低碳经济的依据是，低碳经济具有公共属性，需要地方政府弥补"市场失灵"。地方政府可以通过财政支出为低碳经济提供直接支持，也可以通过补贴、担保等，引导国内外企业投资于低碳经济。

第一节　财政介入碳排放的现代经济学原理

一般来说，人的需求通常可分为两种：一种是以个人或家庭为单位提出的私人个别需要，另一种是以社会为单位提出的社会公共需要。前者可以通过购买私人物品而得以实现；后者可以通过征税等方式集聚财力，向人们提供公共物品而得以实现（高培勇，2004）。所以，作为社会管理者的政府，应当同时致力于满足私人个别需要与社会公共需要，应当同时关注私人物品的提供与公共物品的提供。私人物品具有盈利性，私人愿意提供，可以通过市场交易购买；公共物品具有外部性，私人不愿意提供，只能运用非市场的力量即政府来提供。

然而，在私人物品和纯公共物品之间还存在一种准公共物品，人们称之为"俱乐部物品"。桑德勒和奇查特（Sandler and Tschirchart, 1981）认为，俱乐部物品是"一个群体自愿共享或共担以下一种或多种因素以取得共同利益：生产成本、成员特点或具有排他利益的产品"。在提供方式上，这种物品作为公共物品，但又具有排他性，可以通过一定的运作机制，由私人有限提供。当然，这一方式需要在社会公众监督和政府监管下进行，否则申请者难以公正选拔、物品质量难以得到保证、收费价格难以合理控制。

生态环境是内涵较为丰富的物品，既包括纯公共物品，也包括俱乐部物品，其中一部分可以由私人提供。戈尔丁、布鲁贝克尔、史密兹、德姆塞茨以及科斯等或从理论或从经验方面论证了公共物品私人提供的可能性。彭海珍等（2004）基于一个俱乐部物品模型，对发生在生态环境领域中这一似乎有悖常理的现象进行了经济学分析，选取 ISO14001 环境管理体系作为研究对象，进一步论证了生态环境公共物品私人提供的可能性。但是，政府的引导作用不可忽视。生态环境保护活动具有较强的外部性和较高的风险，如果没有政府的政策支持，国内外私人投资者就不愿或不敢向俱乐部生态环境保护项目投资。所以，根据现代经济学原理的要求，生态环境供给在注意发挥市场机制作用的同时，也要注意体现政府的职能，发挥财政的作用，解决"市场失灵"问题。

第二节　低碳财政收入的经常性来源

应对气候变化，政府负有不可推卸的责任。政府参与应对气候变化的一个重要途径是直接向应对气候变化的项目投资。从过去中国生态环境保护存在的问题看，政府投入不足是重要原因。而增加政府应对气候变化的支出，需要建立长期稳定的财政资金来源，开征碳税就是一个主要途径。碳税是指政府为了实现减少二氧化碳（CO_2）排放的环境保护目标，对纳税人大量排放 CO_2 而征收的一个税种以及所采取的配套措施。

一、开征碳税的积极效应

碳税的开征，势必对经济社会发展产生一定的影响。其积极效应在于，碳税有利于减少碳排放，充分体现公平、效率原则，可以增加政府的财政收入、提升国家污染治理的资金投入能力等（李斌等，2003）。

如图 6-1 所示，图 6-1（a）表示市场供求关系的变化情况，横轴 Q 表示需求与供给的数量，纵轴 P 表示价格；图 6-1（b）表示单个企业产量的变化情况，横轴 q 表示单个企业的产量，纵轴 p 表示价格、MR 表示企业的边际收益、MC 表示企业的边际成本等。

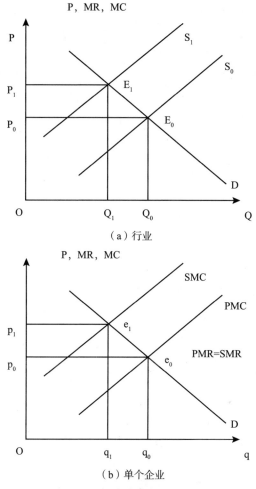

图 6 – 1　不完全竞争条件下的碳税

　　完全竞争条件下的情况比较简单，这里不再详述。在不完全竞争的条件下，企业的边际收益曲线位于需求曲线的左下方，并且是向右下方倾斜的。在没有征税的情况下，企业的生产是按照私人边际收益等于私人边际成本的原则（即 PMR = PMC）确定的。企业最优的产量由 e_0 决定，数量为 q_0，与此相对的行业产量为 Q_0，这是引致污染排放的产出水平。碳税的开征，使得边际损害成本（MDC）由企业以税收的方式支付，企业不得不移动其边际成本曲线，直到与社会边际成本曲线重合为止。此时，企业的产量发生了变化，由原来的 q_0（为了满足 PMR = PMC）减少到 q_1（为了满足 SMR = SMC）。这样，企业产量的减少不可避免地会导致整个行业的均衡价格发生变化，即由原来的 p_0 上升到 p_1；均衡数量由原来的 Q_0减少到 Q_1。在新的均衡状态下，生产者利用消费者支付的货币数量足以弥补全部资源成本和企业造成的损害成本，说明 q_1 的产出是有效率的。由于单个企业的边际成本曲线加总之后，就形成了行业供给曲线，因而单个企业的边际成本曲线向左上方移动必然导致行业供给曲线向左上方移动，使均衡价格上升（沈满洪，2001）。所以，通过征收碳税，可以达到抑制大气污染的目的。

二、开征碳税的消极效应

当然，开征碳税也有其负效应。魏涛远和格罗姆斯洛德（2002）运用 CNAGE 模型采用不同税率进行了模拟，结果显示，与不征税时比较，征税后国内生产总值分别下降了 0.4% 和 0.9%，劳动力需求（就业）下降了 0.4% 和 0.8%，总能源消费也大幅度减少。

王灿、陈吉宁等（2005）运用 CGE 模型，分析了在中国实施碳减排政策的经济影响。结论表明，在中国实施 CO_2 减排政策将有助于能源效率的提高，但同时也将对中国经济增长和就业带来负面影响。其中，对煤炭、电力、天然气、石油等部门就业的影响较大。

由此可见，征收碳税将导致 CO_2 排放量显著下降，但征收碳税的短期成本较高。从这个方面来看，征收碳税是应对气候变化的一个长期战略。如果在近期征收碳税，为了降低其不利影响，可以在征收碳税的同时减少其他税的征收，使总体税收负担变化不大。也可以先执行较低税率，然后再逐步调高税率，同样可以"消化"征收碳税带来的不利影响。在当前发达国家酝酿对进口商品征收碳关税的背景下，我们征收碳税有利于变被动为主动，还可以将征收的资金部分用于支持我们的节能减排[1]。另外，征收碳税有利于新能源的开发，因为这样可以降低新能源企业的相对成本。所以，征收碳税尽管会产生一定的不利影响，但仍然是非常必要的。

---

① 樊纲. 美征碳关税不合理，中国应自己先征碳税［N］. 经济参考报，2009 – 9 – 9.

三、开征碳税的策略和具体措施

自 20 世纪 70 年代起，不少国家为了保护环境，纷纷把环境税引入其税收制度中。目前在部分经济发达国家征收的环境税主要有碳税、水污染税、噪声税、固体废弃物税和垃圾税等。借鉴国外经验，中国有必要开征碳税。短期来看，在资源税、消费税和环境税之外单独开征碳税，虽然有利于碳税制度的独立性和调控目标的明确性，但需要新设一个税种，实施起来阻力较大。在设立了环境税的新税种后，就没有必要再独立开征碳税，可以将碳税与硫税等都作为环境税的一个税目。从长远来看，可以考虑将现有对化石燃料征收的税种全面改革为碳税①。即将现有对化石燃料征收的资源税和消费税，以及可能实施的碳税，合并调整为按照碳含量或碳排放量作为计税依据进行征收的单独税种。

开征碳税需要解决以下问题：一是纳税人的确定。根据"谁污染谁付费"的原则，凡是与化石燃料的生产、分配或使用有关的单位和个人均应作为碳税的纳税人对待。二是税基的确定。碳税根据化石燃料燃烧后排放 CO_2 量的多少，通过其产品与排放量的一定关系按产量收税。这种方式管理方便，费用较低。另外，化石燃料燃烧后的污染是跨区域的，但以本地为主，所以碳税应由中央与地方共享。三是关于税率的确定。为了减少企业的负担，税率的制定不宜一步到位，可先进行欠量征收，规定一定时期逐步达到等量征收。考虑到各地经济发展的不平衡与环境状况的差异，可在各地实行差额税率，国家可按照经济发展水平和大气污染状况把全国划分为若干个等级，不同等级采用不同的税率。四是碳税征收和使用的确定。在碳税的征收上，应明确由税务部门和环境保护主管部门联合征收，以税务部门为主的方式。如果由税务部门单独征收，税务部门会由于无法充分了解排污者的信息而存在工作上的难题；还会因技术性问题影响工作的开展。在碳税的使用上，应明确碳税的专款专用原则，即专项用于碳排放的治理。不能视同一般性财政收入，不能用于弥补财政赤字。否则，碳税将演变成为一个财政增收的手段，就会导致"排放有理"的悖论。

---

① 财政部财政科学研究所碳税研究小组. 中国开征碳税的可行性［N］.21 世纪经济报道，2009 – 7 – 16.

第三节　低碳财政收入的补充性来源

当常规性的财政预算资金和其他专项资金不足以满足需求时，政府可以通过发行碳公债的形式为应对气候变化筹集资金。碳公债是以中央政府或地方政府及其下属机构为发债主体，面向社会公众公开发行的债券。其中，由中央政府发行的碳公债为碳国债，由地方政府及其下属机构发行的碳公债为地方政府碳债券（地方碳公债）。在中国，国债发行历史较长，发行经验比较丰富，可以在适当时机推出碳国债品种。所以这里主要探讨地方碳公债的发行问题。

在发达的市场经济国家，环境公债是地方政府环境保护的专门融资工具，其发展已有较长的历史。在美国的水务公共事业领域，每年的建设性投资需求约为2300亿美元，其中85%来自公债。在日本，市政债券在城市生活污水处理设施建设方面的投资占相关设施建设总投资的20% ~ 40%。从美国的情况看，市政债券不仅可以直接为城市环境设施建设融通社会资金，而且产生了一定的引导和挤出效应，吸引更多的社会资金用于投资回报高或回报不高但利润稳定可靠的城市环境设施项目，这样政府可以将节省出的财政资金用于回报率较低的城市环境设施项目（课题组，2003）。在应对气候变化问题上，我们也可以借鉴美国、日本的经验，发行地方碳公债。

一、中央政府在发行地方碳公债中的作用

（一）为发行地方碳公债扫清法律障碍

在现有的法律框架下，发行地方碳公债显然存在法律障碍，但并非不可逾越。对于中央政府来说，一是可以提请全国人民代表大会对现行的《中华人民共和国预算法》（以下简称《预算法》）进行修改，赋予地方政府以发债的权利。二是在对《预算法》进行修改的时机尚不成熟时，可以考虑由全国人民代表大会授权，由国务院制定地方政府发债的具体办法，对发债主体资格、发债申请审查、发债方式、地方发债的适用范围及偿债机制等给予规定，为地方政府发行地方碳公债提供法律依据（何德旭，

2002）。三是由中央政府代理地方政府发行地方碳公债，但地方政府需要偿还债务本息，并承担相应的风险。

（二）进一步理顺与地方政府在发行地方碳公债方面的关系

在发行地方碳公债方面，需要进一步理顺与地方政府的关系。第一是要约束地方政府发行地方碳公债，防止地方政府因此造成财政支出的失控，从而将风险转嫁给中央政府。第二是处理好与地方政府的关系，对发行地方碳公债实行审查和风险评级制度，既要充分调动地方政府的积极性，又要进行适当的宏观调控。第三是加快分税制改革，进一步明确地方政府的财权和事权范围，完善转移支付制度，为经济欠发达地区发行地方碳公债提供基本的偿还资金来源。

（三）增强地方碳公债的流动性，防范因发行地方碳公债而带来的地区发展失衡

中央政府应当出台政策大力发展现有交易所的交易网络，建立柜台交易市场，规范并促进交易所的证券交易，增强地方碳公债的流动性。为避免发行地方碳公债导致资金从经济欠发达地区向发达地区流动，加剧地区发展失衡，可以出台一些法律和法规，使地方碳公债发行范围主要限于本地区，比如规定发达地区所发行的地方碳公债利率不得过高，以降低对外地资金的吸引力；或者给予经济欠发达地区地方碳公债持有者利息免税的优惠等。

二、地方政府在发行地方碳公债中的作用

（一）地方政府应当建立有效的地方碳公债约束体系

首先，针对目前地方债务管理较为分散的状况，建议地方政府完善地方债务管理体系，统筹规划本地区的债务活动。其次，针对目前地方债务信息披露机制不健全和过程约束不力的问题，建议地方政府加强发债的信息披露要求，加强监督管理，防止资金挪用和"暗箱操作"，保证债券资金用于经过批准的项目建设。最后，全方位推进政务公开和民主决策，让人民群众真正享有知情权和发言权。地方政府发行碳公债要充分听取社会各阶层的意见，要切实接受社会各方面的监督（文胜，2004）。

(二) 地方政府应当加强自身信用体系建设

碳公债对于地方政府来说，发挥的是一种"未来财政资金提前使用"的作用。这就要求地方政府把应该用于这方面的预算资金和项目的现金流作为还贷来源，恪守信用，使碳公债能够通过严格的债权约束机制，支持低碳经济的开展。如果地方政府不能成为良好的信用主体，银行就不愿意提供贷款，即使发行债券，投资者也不会踊跃购买（文胜，2004）。所以，地方政府在推进工业化和城市化的同时必须加强地方信用体系建设。

(三) 开征财产税，作为地方碳公债的偿债资金来源

一般来说，碳公债的偿债资金来源有两部分：一是项目本身产生收益，大多数收益债券的设计就是以此为基础的。但是，对于一些盈利能力低或不盈利的项目，债务的偿还主要依靠政府本身的税收收入。在税收收入一定的情况下，一个可行的措施是逐步开征财产税，并将其作为地方主力税种。地方政府发行地方碳公债投资的一些项目，有些不会产生足够的收益，但可以通过增加城市的土地价值而间接产生收益。通过开征财产税，政府就可以享受由于环境改善带来的城市财产升值的好处，也为地方碳公债的偿还形成了可靠的税收来源（赵卿，2009）。另外，以财产税作为地方主力税种，还能够促使地方政府关心环境保护，抑制短期行为，形成正确的发展观。

三、利用金融创新降低碳公债的发行成本

有学者指出，市政债券由政府财力作担保，信用等级高，投资风险较低。政府可以通过金融创新降低市政债券的发行成本（金雪军等，2003）。同样，政府也可以通过金融创新降低碳公债的发行成本。

(一) 发行可赎回的碳公债

可赎回的碳公债是指在发售出去之后，当市场利率下降并低于债券的息票率时，政府可随时行使赎回权，将债券从投资者手中收回。尽管债券的赎回价格高于债券的面值，但是赎回价格的存在缩小了债券市场价格的上升空间，降低了投资者的收益率。为此，可赎回的碳公债一般规定赎回

保护期，在保护期内，政府不得行使赎回权。

（二）发行混合利率的碳公债

混合利率的碳公债是指债券发行是按浮动利率计算，但是在市场利率下降到某一规定的利率水平时，可以自动改为以所规定的利率为基准的固定利率债券。即使以后市场利率逐步上升，混合利率的碳公债也无法重新改为浮动利率债券，这样可以降低政府的融资成本。

（三）发行定向筹集的碳公债

定向筹集的碳公债是指地方政府将发行的碳公债直接向商业银行等金融机构销售，由这些金融机构利用吸收的储蓄存款购买。这样，既解决了碳公债的购买问题，又解决了金融机构的储蓄存款出路问题，还降低了政府的销售成本。

（四）发行利息收入免税的碳公债

利息收入免税的碳公债是指投资者在购买碳公债以后所获取的利息收入可以免缴所得税。美国法律规定，地方政府债券的利息收入可以免缴联邦收入所得税，所以地方政府债券的名义到期收益率往往比没有免税待遇的债券低20%～40%。美国的这一做法，取得了良好的效果。中国的地方政府在发行碳公债时，可以借鉴这一经验，对债券的利息收入免征所得税。

（五）发行与税收相联系的碳公债

在应对气候变化的活动中，一些项目的公益性较强，盈利性较弱，为这类项目发行碳公债，其偿付必须依靠税收。因此，可以在债券上嵌入一个以当地税收增长率为基准的或有债权。如果当年的税收增长率超过某一界限，该年的债券利率就可以定在较高的水平上；如果当年的税收增长率低于某一界限，该年的债券利率就可以定为零。这也有利于地方政府降低融资成本。

第四节　低碳型生态转移支付制度

所谓生态转移支付制度，是指通过财政的转移支付，对生态环境服务的供给者进行补偿，以增加其收益，使其逐步恢复或增强服务功能的制度。所谓低碳型生态转移支付制度，就是能够实现碳减排的生态转移支付制度。

生态转移支付包括纵向生态转移支付和横向生态转移支付两种类型。前者是中央政府向地方政府就生态补偿而进行的转移支付；后者是生态环境受益区域（流域）政府向生态环境供给区域（流域）政府就生态补偿而进行的转移支付。

一、建立生态转移支付制度的必要性

1994 年的分税制改革，建立了市场经济条件下中央与地方财政分配关系的基本框架。通过此次改革，中央政府的可支配财力得到明显加强。但是由于缺乏调整，导致基层财政的困难，表现为财权重心上移而事权重心下移。据统计，地方财政收入占比从 1993 年的 78% 降至 2011 年 52.1% 的水平，而地方财政支出从 1993 年的 72% 升至 2011 年的 84.8%，中央和地方政府的"财政收支倒挂"现象比较严重（张茉楠，2013）。

在分税制格局下，地方政府的环境事权难以得到履行。国有大中型企业利润上缴中央，生态修复和污染治理包袱留给地方，许多历史遗留环境问题、企业破产后的生态环境恢复和污染治理问题都要由事发多年后的当地政府承担，贫困地区、经济欠发达地区财力更难以承担治污治理和生态恢复工程的投入，财政环境保护科目在相当一部分地方处于"有渠无水、有账无钱"状态，地方政府环境责任和财税支持条件不对等（苏明等，2008）。

二、现行生态转移支付制度存在的问题

"退耕还林""退耕还草""天然林保护工程"等中央财政通过纵向转移开展的生态补偿，是以项目建设方式对特定地区的专项支出，没有形成制度化，补偿的覆盖范围也很有限，从实际效果看，还存在许多不合理之处，如补偿数额不足，时间过短等（李齐云等，2008）。

现行的纵向转移支付制度仍将主要目标放在调节地区间财政收入的差异上，体现的是公平的功能，对效率和资源配置优化等调控目标则很难兼顾。即使从调节地方财政收入的角度来考虑，其作用也相当有限。虽然近

年来中央转移支付的规模在逐渐增加，但总量仍然偏小，不能根本改变地方财政尤其是经济落后地区财政困难的局面，更何况，中央转移支付的规模是由当年中央预算执行情况决定的，随意性大，数额不确定，而且资金拨付要等到第二年办理决算时才实行，满足不了经济建设和环境保护的即期需求（李齐云等，2008）。

与纵向生态补偿相比，横向生态补偿在中国几乎处于空白状态，目前只是少数经济发达的省份如广东、浙江等在本省范围内进行了实施和探索，从全国情况看，生态环境服务基本还是"免费的午餐"。而横向生态补偿机制的缺失，恰恰是造成中国许多地方环境保护进展乏力，生态破坏、环境污染难以遏制的主要根源，同时也严重影响了社会公平和资源配置效率（郑雪梅等，2006）。

三、低碳型生态转移支付制度的完善路径

（一）立法先行

应当制定有关生态转移支付的法律法规，明确生态转移支付的目标和原则，就生态转移支付资金的来源、规模和资金分配计算方法做出详细具体的规定。通过立法，使生态转移支付实践有法可依，能够保证在生态转移支付的实际操作中公正公开（刘强等，2010）。

（二）在技术层面建立生态补偿机制的框架

作为一项保障性的公共财政政策，财政转移支付是生态补偿资金的最重要来源，因此，必须明确以转移支付为核心的生态补偿体系。涉及财政转移支付，就要明确转移支付的对象、转移支付的规模以及转移支付的结构（李小萍等，2013）。

一是确定转移支付的对象。借鉴巴西生态补偿机制的经验，接受转移支付的对象应为为保护生态环境而受到损失的个人、企业和政府，根据各地的实际情况，确定哪些区域是重点扶持的对象，哪些区域是次要扶持的对象。

二是确定转移支付的规模。在确定规模时，应考虑两个方面的问题：首先如果转移支付的规模过小，没有足够的资金来弥补当地居民企业因生态保护所遭受的损失，就会削弱当地居民、企业开展环境保护的

积极性,而且还会继续加大区域间的贫富差距,形成新的不稳定因素;其次如果安排资金规模过大,会降低财政转移支付的效率,从而造成公共财力的浪费。

三是确定转移支付的结构。在制定转移支付政策时,应就不同的区域功能,在已有的转移支付规模下,合理确定转移支付的结构,使转移支付对当地产业发展起到导向和示范作用,对当地居民的生活方式起到引导作用。

四是改变现有的转移支付计算方法。长期以来,中国采取"基数法"作为测算转移支付的手段,易受到人为因素干扰。借鉴巴西转移支付的方法,采取"因素法"替代"基数法",实现财政转移支付资金的计算公式化。合理分析影响各地政府财政收支的主要因素,选取能够反映当地需要的转移支付规模,同时又不易受到人为干扰的客观因素,如该地区的自然保护区面积、人均 GDP、自然条件是否适宜人类居住等因素,合理分配各因素的权重,科学化、公式化确定其财政转移支付的规模。

四、技术合作型生态转移支付

传统的行政一元化生态转移支付只具有"输血"功能,缺乏"造血"功能,不能解决贫困地区脱贫致富问题,存在着不可持续性。为此,生态转移支付需要由行政一元化补偿向行政和市场并存的多元化补偿转变。在行政和市场并存的多元化补偿方式中,二者可以单独使用,也可以结合使用。其中,二者结合使用既能体现生态环境的公共产品属性,又能发挥市场机制的调节作用,可以成为生态补偿的主要实现模式。二者结合使用的一个重要的模式就是技术合作型生态转移支付。

虽然生态补偿领域和技术合作领域已经形成了较多的研究成果,但在二者的交叉领域即技术合作型生态补偿领域的研究却很薄弱。个别学者虽然提及了技术是生态补偿的一种,但并没有展开研究。迄今为止,关于技术合作型生态补偿的内涵、特征、构成、相关理论、作用机理、问题与对策等,还缺乏研究,从而难以发挥其对生态补偿的指导作用。在当前生态补偿方式单一、生态补偿刻不容缓的背景下,利用技术合作手段进行生态补偿是对生态补偿方式的丰富与发展,是对我国生态补偿机制的重要补充。正因为如此,有必要对技术合作型生态补偿机制进行分析,以期为生态补偿实践提供借鉴。

　　技术合作型生态补偿与技术扶贫的区别是：技术合作型生态补偿中的技术是绿色技术，因为是生态补偿，所以对环境没有污染。而技术扶贫中的技术没有这种限制，可能是污染技术。技术合作型生态补偿与技术转移的区别是：技术合作型生态补偿具有一定的公益性，并非纯粹的商业行为。而技术转移是纯粹的商业行为，没有公益性的要求。技术合作型生态补偿的具体实现方式包括：政府服务平台 A—政府服务平台 B—企业 B 模式、政府服务平台 A—企业 A—企业 B 模式、企业 A—政府服务平台 B—企业 B 模式、企业 A—企业 B 模式。

第五节　低碳财政预算制度

一、财政部门关于环境预算支出的探索

　　长期以来，中国财政对环境保护的支持力度不足。这主要与中国长期推行的"经济建设型财政"有关，不少地方政府急于使当地"脱贫致富"，常常把有限的财力用于当地的经济发展。近年来，这种现象有所改观，政府对环境保护的重要性有所认识，财政也正在向"公共财政"转型。但是，由于种种原因，这一问题并未得到根本解决，相反还有"恶化"趋势。比如，在工业污染治理投资来源中，财政预算支出所占的份额逐年下降，2000 年为 20.7%，2004 年降为 4.4%，这固然是工业污染治理项目资金来源多样化造成的，但财政预算支出绝对额的大幅缩减却是不应该的（由 2000 年的 49.63 亿元缩减为 2004 年的 13.71 亿元）。

　　2006 年财政部正式把环境保护纳入政府预算支出科目，为建立环境财政制度创造了条件。财政部在推行公共财政改革过程中，正式使用新的政府支出功能分类，增加了"211 环境保护"科目，包括 10 大款 50 小项。10 大款的具体条款是环境保护管理事务、环境监测与监察、污染防治、自然生态保护、天然林保护、退耕还林、风沙荒漠治理、退牧还草、已垦草原退耕还草及其他。这个支出分类科目基本涵盖了污染防治和生态保护的全部活动，它使环境保护在政府预算支出科目中有了户头，是环境财政体系的一项基本制度（马中等，2006）。在中央政府设立环境预算科目的带动下，地方政府也开始参照中央政府的做法，单独设立环境预算科目。

二、设立碳财政预算支出项目可行性的探索

在环境预算科目中，从长期来看，增设低碳预算支出项目很有必要。因为未来环境治理的重点要从水污染、固体污染转移到大气污染方面，所以设立低碳预算支出项目是一种战略性措施。

但是，设立低碳预算支出项目，并非就能有效地应对气候变化。如果低碳预算支出项目中包含有许多与应对气候变化非直接相关的项目，或者低碳预算支出资金不能得到高效率地使用，那么这种改革的作用也是非常有限的。这些假设其实是有"前车之鉴"的。比如，在城市环境设施建设投资的统计中，包括城市排水、集中供热、燃气、园林绿化、市容环境卫生等方面的投资，其中大部分投资与环境污染治理关系不大。从表面上看，近年来城市环境设施建设投资逐年增加，目前已占环境保护总投资的60%左右。然而事实并非如此。"十五"期间，城市环境基础设施建设投资总额4888.1亿元，其中燃气工程建设投资、集中供热工程建设投资、园林绿化工程建设投资占环境设施投资总额的57.8%，占环境保护投资总额的33.7%。2004年，以人工景观建设、风景名胜区建设为主体内容且投资高达300余亿元的园林绿化建设投资甚至还高于城市污水处理和垃圾处理投资总和。大部分投资用于与污染治理关系较为间接的燃气、集中供热、园林绿化等方面①。如果剔除这些不相关的部分，城市环境设施建设投资占环境保护总投资的真实比重，应该不会超过30%。

即使是近年来，中国地方财政生态环保支出也仍然存在问题。如图6-2所示，在2012年地方财政生态环保支出的分布中，节能（可再生能源）和生态建设项目支出严重不足，特别是节能（可再生能源）项目支出为负。如图6-3所示，地方财政节能环保支出占总支出的比例自2009年开始逐渐下降，与中央财政逐渐上升形成"反差"。为此，建议严格界定低碳预算支出项目范围，确保低碳预算支出真正用于发展低碳经济。同时，建议将低碳预算支出项目分为基本支出项目和其他支出项目两部分，基本支出项目是低碳预算支出项目的主要单元，用于满足国民经济和民生对重大节能项目的资金需求。明确划分基本支出项目，是为了能够集中使用财力，防止"撒胡椒面"，实现财政资金使用的规模效益。

---

① 吴舜泽等. 环保投资口径不清统计不实急需规范［N］. 中国环境报, 2007 - 2 - 2.

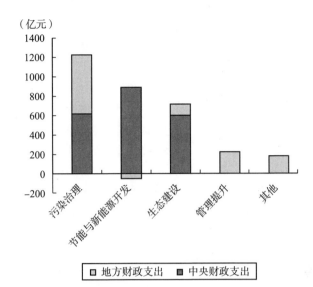

图 6 – 2　中央财政生态环保支出与地方的比较（2012 年）

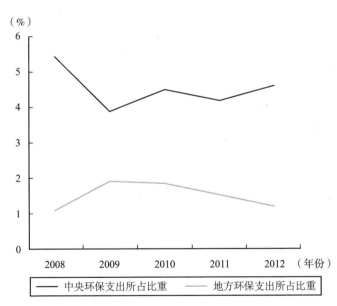

图 6 – 3　节能环保支出占财政支出的比例

在低碳预算支出项目方面，我们可以借鉴发达国家的经验。发达国家政府依靠财政资金参与节能工作，所采取的投资政策措施包括奖励、公共贷款、创业投资基金、补贴审计等形式。根据 2008 年统计结果，经济合作与发展组织（OECD）各国均采用了多种节能公共投资形式，其被采用的比例大小依次为：奖励（64%）、公共贷款（52%）、创业投资基金（50%）和补贴审计（46%）。比如，政府以固定金额或按其投资比例给予开发节能项目的企业以资金奖励，其典型代表为美国宾夕法尼亚州政府设立的可持续发展基金（SDF）。该基金资本额约 3200 万美元，针对处于规划阶段的节能项目，按其总投资成本给予最高 75% 的奖励。针对一些节能技术研发企业缺乏抵押品和效益具有不确定性而难以获得商业贷款的情况，美国马萨诸塞州政府设立了"可持续能源经济发展基金（SEED）"。该基金为处于产品研发与市场化之间阶段的、从事节能技术的企业提供优惠的浮动利率贷款，额度在 5 万 ~50 万美元之间。在贷款的前两年，贷款企业不需偿还利息，第三年和第四年按季度缴纳利息，第五年缴纳剩余的利息并偿还本金。另外，政府还以股权参与的方式联合私人投资建立创业投资基金，为节能项目提供资金支持，等等（赵建，2009）。应该看到，发达国家的这些方式，已被实践检验是非常有效的。我们可以引入这些方式，为低碳经济服务。

本章主要参考文献

［1］高培勇. 公共经济学视野中的科学发展观［N］. 人民日报，2004 - 06 - 10.

［2］何德旭. 关于开放地方债券市场的几个问题［J］. 财政研究，2002（5）.

［3］金雪军，方好，陈骥. 金融创新在基础设施融资中的应用［J］. 统计研究，2003（4）.

［4］课题组. 中国环境保护投融资机制课题组总结报告［R］. 2003.

［5］李斌，裴真. 浅谈中国实施环境税的必要性［J］. 上海综合经济，2003（9）.

［6］李齐云，汤群. 基于生态补偿的横向转移支付制度探讨［J］. 地方财政研究，2008（12）.

［7］李小萍，时喆. 我国财政转移支付制度存在的问题与完善对策［J］. 经济问题，2013（8）.

［8］刘强，彭晓春，周丽璇. 巴西生态补偿财政转移支付实践及启示

[J]. 地方财政研究, 2010 (8).

[9] 马中, 王耀先, 吴健. 建立环境财政体系, 增加环保投入是落实国务院《决定》的关键 [N]. 中国环境报, 2006 - 9 - 10.

[10] 彭海珍, 任荣明. 环境保护私人供给的经济学分析——基于一个俱乐部物品模型 [J]. 中国工业经济, 2004 (5).

[11] 沈满洪. 环境经济手段研究 [M]. 北京: 中国环境科学出版社, 2001.

[12] 苏明, 刘军民. 我国环保投资不足的原因分析 [N]. 中国经济时报, 2008 - 07 - 18.

[13] 王灿, 陈吉宁, 邹骥. 基于 CGE 模型的 CO_2 减排对中国经济的影响 [J]. 清华大学学报 (自然科学版), 2005 (12).

[14] 魏涛远, 格罗姆斯洛德. 征收碳税对中国经济与温室气体排放的影响 [J]. 世界经济与政治, 2002 (8).

[15] 文胜. 准市政债券的形成机理、运行与发展 [J]. 改革, 2004 (5).

[16] 张茉楠. 完善分税制化解"土地财政" [N]. 中国证券报, 2013 - 03 - 25.

[17] 赵建. 国外节能公共投资政策和对我国的启示 [J]. 中外能源, 2009 (7).

[18] 赵卿. 中国开放地方政府债券的风险及其防范 [J]. 经济与管理, 2009 (10).

[19] 郑雪梅, 韩旭. 建立横向生态补偿机制的财政思考 [J]. 地方财政研究, 2006 (1).

[20] Sandler T., Tschirchart J. T. The Economic Theory of Clubs: An Evaluative Survey [J]. Journal of Economic Literature, 1981, 18 (4): 1481 - 1521.

第七章　绿色金融支持低碳经济发展探讨

　　绿色金融是金融机构以可持续发展为准则，积极支持低碳环保项目融资的行为。在提出绿色金融之前，尽管金融机构也有向节能环保项目融资的行为，但那是偶然的、不经常的，并且单纯以商业化为经营准则。绿色金融作为一种政策导向和社会责任理念，可以影响、引导更多的金融机构为低碳环保项目提供更好的融资服务。绿色金融发端于20世纪90年代，是金融介入低碳环保问题的产物。它与传统金融的区别在于，它更强调经营活动的生态效益，注重金融与低碳环保的协调，追求经济效益与生态效益的统一。有基于此，在绿色金融发展的初期，需要一定的政策支持。近年来，中国先后出台了一系列发展绿色金融的政策。其中，1995年国家环境保护总局和中国人民银行出台了促进环保与银行信贷相结合的政策，拉开了发展绿色信贷的序幕。2007年国家环境保护总局与中国人民银行等联合出台了《关于落实环境保护政策法规防范信贷风险的意见》，提出要严格控制对不符合环境保护政策的企业和项目的信贷支持，以降低银行机构信贷资金的环境风险。2007年中国银监会推出了《节能减排授信工作指导意见》，2012年中国银监会又推出了《绿色信贷指引》。由此可见，中国政府在低碳经济融资中对绿色金融的作用非常重视，为其他国家低碳经济融资发挥了引领作用。

第一节　低碳经济发展的融资困境

　　2009年，世界银行在其发布的一份报告中指出，当前发展中国家用于应对气候变化与减排的资金存在巨大缺口。发展中国家每年的气候融资仅为100亿美元，而2030年预计每年所需的应对气候变化资金为750亿美元，减排资金为 4000 亿美元。如果考虑新技术的研发，则每年还需要 1000 亿 ~ 7000 亿美元①。由此可见，发展中国家需要及早建立促进低碳经济发展的融资体系（汪陈等，2010）。

中国作为最大的发展中国家，向低碳经济转型同样面临着巨大的资金缺口。根据斯特恩报告测算，如果用全球每年 GDP 总额的 1% 进行低碳经济投资，可以避免将来每年 GDP 5% ~ 20% 的经济损失。以中国 2013 年 GDP 总额为基数计算，中国向低碳经济转型所需要的投资约为每年 5688.45 亿元人民币，目前这方面的资金缺口非常大。按照国际经验，政府应当承担低碳经济的大部分投入，而 2012 年中国地方财政收入只占全国财政收入的 52.1%。事实上，中国许多地方政府财力非常有限，难以承担为低碳经济融资的重任。据国家审计署披露，截至 2012 年底，36 个地方政府共累积了 3.85 万亿元债务，比 2010 年底上升了 13%②。由此可见，发展市场导向的绿色金融为低碳经济融资势在必行。

另据测算，预计 2015 年和 2020 年，为了实现中国既定的应对气候变化目标，中国每年气候变化融资总量需要分别达到 19632 亿元和 24646 亿元。这就意味着到 2015 年，中国将不得不面临 12219 亿元的气候变化资金缺口，这一缺口相当于 2015 年中国 GDP 总量的 1.88%③。显然，要弥补这一缺口，不开拓市场化融资渠道是难以实现的。

第二节　绿色金融对碳排放权交易的促进作用

碳排放权交易是以市场手段促进企业节能减排的方式。与强制性的行政手段相比，碳排放权交易对经济发展的影响较小且有利于企业的技术进步，所以碳排放权交易具有较多的宏观积极效应。

2011 年国务院印发的《国务院关于加强环境保护重点工作的意见》指出，"开展排污权有偿使用和交易试点，建立国家排污权交易中心，发展排污权交易市场"。2012 年国务院印发的《节能减排"十二五"规划》中，要求"开展碳排放交易试点"。2013 年国务院印发的《国务院关于加

---

① 2010 年世界发展报告：发展与气候变化 [M]. 北京：清华大学出版社，2010.
② 一线城市房价超纽约伦敦　收入不及发达国家 1/10 [N]. 新京报，2013 – 8 – 30.
③ 低碳发展面临资本困境与技术瓶颈 [N]. 南方日报，2013 – 6 – 21.

快发展节能环保产业的意见》提出，"稳步发展碳汇交易"。为了实现"十二五"节能减排的目标，中国决定在北京市、天津市、上海市等地开展碳排放权交易试点，逐步建立碳排放权交易市场。

碳排放权交易对于碳减排具有重要的促进作用。碳排放权交易的理论基础是科斯定理，其前提是碳排放权具有强制性和经济价值。如果碳排放权不具有强制性，就不能保证排放的外部成本内部化，也就难以到期实现减排目标。同样，碳排放权不具有经济价值，也就不会形成交易。碳排放权具有经济价值离不开碳排放的总量控制。碳排放总量控制是政策制定者以环境容量为限按照一定的标准所确定的强制性区域碳排放总量目标。如果总量目标设置的较为严格，配额的稀缺性就越高，配额就越有经济价值，就越能吸引买方和卖方进入市场进行交易。由于不同排放者（企业）技术水平的差异，技术水平较高的排放者（企业）因为排放较少就可以节省较多的配额，从而能够在市场中获利；技术水平较低的排放者（企业）因为排放较多、配额不足则只能在市场中购买配额进而增加成本。这一机制在微观上激发了排放者（企业）采用先进技术的积极性，在宏观上降低了减排的总成本，并且避免了对经济的直接冲击，是排放限额、环境税等环境手段所无法比拟的。

随着碳排放权的日益稀缺和交易的不断发展，碳排放权的价值属性越来越突出，有望成为继石油之后的新价值符号（乔海曙等，2011）。对此，金融机构可以成为投资者或做市商，例如在市场中低买高卖进行套利等，也可以围绕碳排放权交易开发金融衍生产品，一是开发以拓宽融资渠道为目的的碳金融衍生产品，例如碳质押、碳保理等；二是开发以吸引社会资本和外资参与为目的的碳金融衍生产品，例如碳债券、碳基金等；三是开发以碳资产管理为目的的碳金融衍生产品，例如碳存储、碳借贷、碳回购、碳托管等；四是开发以管控交易风险为目的的碳金融衍生产品，例如碳期货、碳期权等。这些金融产品同碳排放权一样，也具有价格发现、风险管理、资产优化配置和增强市场流动性等功能，对于发展市场和活跃交易举足轻重。例如，碳金融衍生产品的开发，能够吸引大批包括金融机构在内的投资者参与交易，他们对市场的深入研究和专业性操作有利于市场的良性发展，能够促进市场真实价格的形成，也有利于市场规避、分散、化解非系统性风险。同时，投资者参与交易目的、预期和策略的不同，导致相同的市场信息将产生多样化的市场反应，从而促使资产在市场上以多种方式配置，为市场提供了有效缓冲。另外，碳金融衍生产品解决了需求不足、投资者少、交易清淡等问题，有利于增强市场流动性。总之，金融机构在碳排放权交易中大有可为。

随着对碳交易机制的不断探索和完善，中国有可能超越欧盟建成全球最大的碳排放权交易市场。这不仅有助于中国乃至全球的碳减排，也为金融机构发展碳金融提供了很好的实践场所。金融机构可以不断积累发展碳金融的经验并在全球推广应用这些经验。自国际金融危机爆发之后，许多国家希望通过发展低碳经济，达到既保护生态环境、又促进经济繁荣之目的，而碳金融恰好可以充当这一抓手。

第三节 绿色金融对产业结构低碳化的支持作用

产业结构低碳化包括高碳产业改造和发展低碳新兴产业。高碳产业改造是指运用先进的低碳技术对传统的高碳产业进行改造，以达到低碳排放的目的。低碳新兴产业是指依靠低碳新技术形成的新产业。

已有的研究表明，产业结构低碳化需要技术的支撑，是技术创新的产物。高碳产业不仅扩大一国的碳排放，而且也会削弱自身的竞争力。传统的高碳产业技术水平较低，造成产业的生产成本较高、浪费严重，这就导致自身的竞争力较弱，市场占有率不高。同时由于利润率较低，缺乏研发资金，抵御风险能力不强，人力资本大量外流，重大技术创新难以推进，其后果是难以持续发展。对于低碳新兴产业来说，其本身就是技术创新的结果，更需要技术的支撑。所以，无论是高碳产业改造，还是发展低碳新兴产业，都必须大力加强技术创新，这当然离不开绿色金融的支持。

根据理论研究可知，一个区域高效的金融配置能够降低宏观福利成本和微观交易成本，并通过"资本投入""知识生产""知识溢出"等路径对区域技术升级产生全方位的支持作用。同时，金融资金使用的定向性对区域技术创新提出了绿色化的要求，这种要求往往通过对项目的选择体现出来。而且，由于银行机构难以承受技术创新带来的高风险，使得银行机构主导的间接融资体系对技术创新具有一定的抑制作用，需要发展各类资本市场、加大股权融资比重来推动技术创新。其中，追求高风险下高收益的创业资本与技术创新比较匹配，因而对技术创新非常重要。在这种情况下，发展绿色资本市场和绿色创业投资基金就成为产业结构低碳化融资的必然选择。

发展绿色资本市场可以采取以下路径：一是积极支持可持续发展企业

在各类股票市场上市融资和再融资；二是大力发展绿色债券市场，鼓励可持续发展企业或金融机构发行绿色企业债券或绿色金融债券；三是对资本市场中各类企业实行强制性环境信息披露制度，促使企业行为绿色化；四是培育社会责任投资理念，发展绿色责任投资基金，引导投资者开展绿色投资。支持开发绿色股票指数、绿色债券指数等，提高资本市场绿色化程度。鼓励金融机构在绿色证券指数基础上开发公募基金、私募基金等绿色金融产品，满足投资者的不同需要。

为发展绿色创业投资基金，同时提高绿色创业投资基金运作效率，可以考虑由政府出资设立绿色创业投资引导基金，再由引导基金与民间资本或外资合资设立绿色创业投资基金。如果有必要，还可以再由绿色创业投资基金与民间资本或外资合资设立绿色创业投资子基金。这样经过多次扩张，不仅绿色创业投资基金规模得到了扩大，具有乘数效应，能够满足企业对绿色创业投资的需求；而且引入了民间资本或外资，极大地改善了基金的治理结构，使经营活动能够更加符合市场的要求。在必要时，政府可以将绿色创业投资基金中的国有股权转让出去，通过设立特殊制度保证经营的绿色化。这种资本运作方式，既盘活了国有资本，能够提高国有资本的运作效率；又有利于引进民间资本或外资，能够扩大绿色创业投资基金规模；还可以解决国有企业普遍存在的"机制僵化、效率不高"等问题，能够以灵活的机制提高经营效率。

第四节　中国发展绿色金融的相关政策

近几十年来，随着环境问题的日益严重，一系列具有里程碑意义的纲领性文件和国际公约不断问世，标志着全球各国对走可持续发展之路已达成共识。早在京都议定书签署之后，发展中国家就面临着为实现可持续发展目标筹集资金的任务。中国作为发展中国家的一员，为解决这一问题，中国积极探索以绿色金融满足低碳经济发展资金需求的路径，先后出台了一系列的相关政策。

一、中国对绿色金融需求的拉动政策

一是通过发展规划拉动绿色金融需求。2011 年国务院印发了《国家

环境保护"十二五"规划》，提出了"十二五"需要实现的重要环境保护目标，要求化学需氧量排放总量、氨氮排放总量、二氧化硫排放总量、氮氧化物排放总量 2015 年比 2010 年分别下降 8%、10%、8%、10%。2012 年国务院印发的《节能减排"十二五"规划》，也提出了"十二五"需要实现的重要节能减排目标，要求 2015 年与 2010 年相比，全国万元国内生产总值能耗下降 16%。分析这些目标，可以看出任务是非常艰巨的。如果没有充足的资金支持，这些目标将难以实现。

二是通过政府指导意见拉动绿色金融需求。近年来政府先后出台了诸多指导意见，要求不断加强环境治理和节能减排，这为扩大对绿色金融的需求创造了条件。例如，2011 年国务院印发了《国务院关于加强环境保护重点工作的意见》，强调加强主要污染物总量减排、重视重点领域污染综合防治、积极发展环境保护产业、加大生态保护力度等。2013 年国务院印发了《国务院关于加快发展节能环保产业的意见》，强调在市场应用空间大、节能减排潜力大、需求拉动效应显著的领域，积极推动相关技术装备的研发、推广和产业化，以此全面提升节能环保产业的发展水平"。不难看出，这些指导意见都在强化环境治理和节能减排，给生产企业带来了压力，使它们不得不接受政府的指导，从而产生对绿色金融的需求。

二、中国对绿色金融供给的推动政策

一是通过发展规划推动绿色金融供给。2011 年，在国务院印发的《国家环境保护"十二五"规划》中，对如何发展绿色金融提出了相应的规划。例如，在绿色信贷方面，要求加大对符合环境保护政策的企业和项目的信贷支持；建立银行绿色评级制度，将绿色信贷成效与银行工作人员履职评价等挂钩；探索排污权抵押贷款融资模式等。在绿色证券方面，支持符合条件的环保企业发行债券或股票融资，鼓励符合条件的环保上市公司再融资。另外，探索发展绿色融资租赁业务，鼓励建立绿色产业发展基金，引导各种来源的社会资金向环境保护领域投入等。2012 年，在国务院印发的《节能减排"十二五"规划》中，也对如何发展绿色金融提出了相应的规划。例如，在绿色信贷方面，要求探索建立绿色银行评级制度，建立企业节能环保水平与企业信用等级评定、贷款联动机制；在绿色证券方面，要求发挥多层次资本市场融资功能，多渠道引导企业、社会资金积极投入节能减排。此外，还要求推进绿色金融创新，改进节能减排金融服务，推行重点区域涉重金属企业环境污染责任保险等。

二是通过政府指导意见推动绿色金融供给。2011 年，在国务院发布的《国务院关于加强环境保护重点工作的意见》中，要求加大对符合环境保护政策的企业和项目的信贷支持，鼓励符合条件的企业发行环保债券，开展环境污染强制责任保险试点。2013 年，国务院陆续发布了《国务院关于化解产能严重过剩矛盾的指导意见》和《关于金融支持经济结构调整和转型升级的指导意见》，要求对产能严重过剩行业实施从严从紧的信贷指导政策，密切关注并积极化解高耗能、高污染、产能过剩行业的信贷风险。2013 年，在国务院发布的《国务院关于加快发展节能环保产业的意见》中，要求积极推行绿色信贷政策，建立绿色银行评级制度，探索将特许经营权等纳入贷款抵（质）押担保物范围。同时，继续支持符合条件的节能环保企业发行企业债券等债务融资工具，开展非公开发行企业债券试点。

第五节　中国发展绿色金融的具体实践

一、中国金融业发展绿色金融的政策导向

近年来，中国高度重视绿色金融的发展，先后出台了一系列的支持政策，例如《节能减排授信工作指导意见》《绿色信贷指引》《绿色信贷统计制度》等。

2007 年，银监会推出《节能减排授信工作指导意见》，要求各银行机构充分认识节能减排的重要性，增强社会责任感，不断改进和加强对节能减排领域的金融服务。

2012 年，银监会推出《绿色信贷指引》，明确了银行机构绿色信贷支持方向和重点领域，要求实行有差别、动态的授信政策，特别是利用绿色信贷等手段加大对落后产能淘汰力度，引导资金向节能减排领域转移，发展节能减排服务市场。

2013 年，银监会印发《绿色信贷统计制度》，明确了绿色信贷统计范畴，并对其形成的年节能减排能力进行了统计，包括标准煤、二氧化碳减排当量、化学需氧量、氨氮、二氧化硫、氮氧化物、节水等 7 项指标。

2013 年，中共十八届三中全会通过的《中共中央关于全面深化改革若干重大问题的决定》中指出，"发展环保市场，推行节能量、碳排放权、排污权、水权交易制度"。

二、中国金融业发展绿色金融的具体成效

据银监会统计，截至 2013 年 6 月末，国内 21 家主要银行机构绿色信贷余额达 4.9 万亿元，占其全部贷款余额的 7.1%。这些贷款项目预计年节约标准煤 3.2 亿吨，节水 10 亿吨，减排二氧化碳 7.2 亿吨、二氧化硫 1013.9 万吨、化学需氧量 464.7 万吨、氮氧化物 256.5 万吨、氨氮 42.8 万吨[①]。其中，兴业银行通过运用多种金融工具，在节能环保领域累计为上千家企业提供了绿色融资近 3000 亿元，绿色融资余额达到 1641 亿元[②]。

在节能环保产业 IPO 融资和 VC/PE 融资方面，中国 2007～2013 年 IPO 企业数量分别为 3、0、3、15、8、2、1，融资金额分别为 299.2 百万美元、0 百万美元、298.7 百万美元、1861.7 百万美元、1399.9 百万美元、263.7 百万美元、64.9 百万美元。中国 2007～2013 年 VC/PE 案例数量分别为 34、37、35、48、64、41、29，融资金额分别 221.6 百万美元、290.9 百万美元、1051.2 百万美元、416.4 百万美元、835.2 百万美元、549.4 百万美元、341.6 百万美元[③]。从趋势看，节能环保产业 IPO 融资和 VC/PE 融资呈现增长的势头，但近年来出现波动，主要是受制于大环境的影响，例如经济形势低迷、A 股 IPO 暂停、机构退出渠道收窄等。但这只是暂时的，随着宏观经济企稳回升、A 股 IPO 重启、机构退出渠道拓宽等，节能环保产业 IPO 融资和 VC/PE 融资将走上快速发展的轨道。

自 2007 年环保部与保监会联合发布了《关于环境污染责任保险工作的指导意见》之后，全国环境污染责任保险试点工作在江苏、湖北、湖南、重庆、深圳、宁波等地展开，并初步确定以生产、经营、储存、运输、使用危险化学品企业，易发生污染事故的石油化工企业等作为主要对象开展试点[④]。截至 2012 年底，开展环境污染责任保险试点的区域扩展到

① 有效化解产能过剩积极促进产业结构调整 [N]. 金融时报，2013 - 11 - 5.
② 中小银行绿色战略深度推进 [N]. 金融时报，2013 - 12 - 27.
③ 2013 年中国环保行业 VC/PE 融资情况分析，中商情报网，2014 - 2 - 28.
④ 环保部拟推高风险企业强制环责险 [N]. 经济参考报，2012 - 7 - 9.

14 个省份，投保企业达 2000 多家，承保金额达 200 亿元。2013 年 2 月环保部与保监会又联合印发了《关于开展环境污染强制责任保险试点工作的指导意见》，指导各地在涉重金属企业和石油化工等高环境风险行业推进环境污染强制责任保险试点。在新政的推动下，环境污染责任保险业务呈现出加速发展的态势。

在碳减排的融资方面，中国金融业也做出了显著的贡献。据学者估算，2010 年中国的银行为能源效率项目提供的贷款约为 200 亿美元，是 2004 年的十几倍[①]。据国家发改委能源研究所等估算，"十一五"期间，中国绿色信贷资金的 24.9% 用于节能和提高能源效率项目[②]。据《2013 中国气候融资报告》统计，2008 ~ 2012 年间，中国平均气候资金供给规模为 5256 亿元，其中清洁能源为主的企业直接投资是气候资金的主要来源，占 56.69%；其次为银行债务融资，占 21.19%；第三为国内公共资金，占 11.53%[③]。

三、中国金融业发展低碳金融的作用及案例

（一）中国金融业发展低碳金融的作用

中国金融业发展低碳金融，具有多个方面的作用。第一，可以结合碳排放权交易发展多种融资工具，有利于拓宽企业绿色融资渠道，解决企业尤其是中小企业融资难融资贵的问题，更好地支持实体经济。第二，可以拓展自身的业务经营空间，开发利润的新增长点。因为金融业的传统业务已经进入到一个高度竞争的格局，盈利能力不断下降已成为一个不争的事实，亟须通过创新进入到新的领域。第三，可以作为碳排放权交易市场的中介，活跃交易市场，扩大交易规模，促进信息披露和传播，降低交易成本，调控市场价格，防止市场价格大起大落。事实上，不论是欧洲还是美国的碳排放权交易市场，各类金融机构都是参与碳排放权交易的主要机构，也是价格发现者，扮演着重要的角色。

---

① 潘家华等主编. 低碳融资的机制与政策 [M]. 北京：社会科学文献出版社，2012.
② 中国能效投资进展报告 2010，国家发改委能源研究所等，2011.
③ 中国气候融资年缺口超 2 万亿 [N]. 21 世纪经济报道，2014 – 2 – 9.

（二）中国金融业发展绿色金融的案例

兴业银行早在 2005 年就开始研究如何为节能减排提供融资服务，并针对中小企业的融资担保难题，根据节能项目的现金流特点和融资期限，引入了损失分担等风险管理工具。2006 年该行推出了能效贷款，为广大节能中小企业提供融资服务。2012 年，该行又推出了标准化合同能源管理未来收益权质押融资产品。2012 年，该行同国际金融公司合作重点为中小企业节能减排提供融资服务。迄今为止，该行围绕绿色金融业务逐步形成了节能减排融资和排放权金融两大特色产品系列，成为中国金融机构绿色金融服务的领先者①。

在节能减排融资方面，兴业银行根据节能减排项目特点和用户类型，将传统融资手段与金融创新结合起来，为用户先后提供了节能减排技改项目融资模式、CPI 项下融资模式、EMC 融资模式，以及发债结构化融资模式、信托融资模式、租赁融资模式等。在排放权金融方面，兴业银行根据碳排放权交易的特点，将国际碳排放权交易与国内企业需求结合起来，为用户先后提供了清洁发展机制项目开发咨询、购碳代理、碳资产质押授信等产品。另外，为了帮助企业进行碳资产管理，该行还独立开发了碳资产评估工具，为国内企业运营碳资产提供了方便。兴业银行的这些探索，对于解决中小企业融资困难和弥补 CDM 交易机制不足等具有重要的实用价值②。

截至 2013 年 9 月末，兴业银行累计为 2350 家企业提供绿色融资达 3200 多亿元，余额近 1700 亿元。据估算，其发展绿色金融所支持的项目每年可节约标准煤 0.23 亿吨，年减排二氧化碳 0.67 亿吨，年综合利用固体废弃物 0.15 亿吨，年节水 2.55 亿吨③。

第六节　中国绿色金融模式对低碳经济融资的启迪

2013 年 11 月，联合国环境规划署发布的《2013 年碳排放缺口报告》

---

① 兴业银行：支持节能减排探索"由绿到金"发展道路，人民网 – 银行频道，2012 – 2 – 24.
② "绿色金融"的湖北实践 [N]. 湖北日报，2012 – 4 – 11.
③ 中国首家赤道银行 5 周年　兴业银行由"绿"到"金"阔步向前，人民网，2013 – 11 – 4.

披露，在 21 世纪内全球将面对升温控制在 2 摄氏度以内的严峻形势，即使各国严格遵守自己的减排承诺，2020 年温室气体排放量仍将超出预期目标 80 亿 ~ 120 亿吨[①]。如何解决这一难题？可行的路径是大力发展绿色金融，以此促进能源效率的提高和碳减排技术的研发和应用。

尽管美国、欧盟等发达国家或地区在绿色金融方面起步较早，在某些方面制度比较完善，规模比较可观，但总体来看，中国在绿色金融方面已经走在了全球前列，并逐步发挥出对全球的引领作用。尤其是在绿色金融模式方面，中国具有一些独到的经验，可以供全球其他国家在低碳经济融资时参考借鉴。

不同的国家可以选择不同的绿色金融发展模式，不同的绿色金融发展模式具有不同的特点。可供选择的模式有多种，例如政府主导型、市场主导型、技术引进主导型、自主研发主导型、传统金融手段主导型、金融创新手段主导型、技术主导型、制度主导型等。但是，上述单一模式各有利弊，如能形成适当的组合，则可以最大限度地扬利除弊。

一是政府引导、市场主导组合模式。中国既重视政府在绿色金融发展中的作用，也重视市场在绿色金融发展中的作用。与财政不同，绿色金融支持的不是纯粹的公共产品，所以不能完全由政府提供。但有一些绿色金融支持的是纯粹的私人产品，即收益比较可观，同时风险也不很高，所以可以由市场提供。然而更多的绿色金融支持的是公共产品中的俱乐部产品，它可以由市场提供，但政府需要提供一定的帮助，例如贴息、担保等。除此之外，政府还需要提供相关制度和金融基础设施供给、降低"信息不对称"、加强对金融机构的监管等。所以，在绿色金融发展过程中，政府不是无为的，但也要"有所为有所不为"，注意防止"政府失灵"，例如对绿色金融提供过度的政策支持等。

二是技术引进与自主研发并重模式。中国既重视技术引进在绿色金融中的作用，也重视自主研发在绿色金融中的作用。虽然自主研发的原始创新难度很大，但形成的竞争能力也会更强。所以，有条件的国家可以进行绿色金融的自主研发。不过对于多数发展中国家来说，难以承受研发的成本。而且有可能重复别人的老路，从而浪费宝贵的时间。绿色金融的技术引进可以缩短发展绿色金融的时间、降低发展绿色金融的成本，这符合经典的后发优势理论。但技术引进未必适合本国国情，需要在立足国情的基

---

① 绿色融资：发展绿色经济 ［N］. 经济观察报，2013 – 11 – 16.

础上对技术进行选择或改进。同时，为避免进入"后发优势怪圈"，即在技术上总是跟在别人后面受制于人，从而缺乏竞争力，还需要对引进的技术进行消化—吸收—再创新，以培养自身的创新能力。待积聚到一定的知识、经验和人才后，再进行难度较大的原始创新。另外，与国外技术先进的金融机构进行合作研发也是一条可行之路。合作研发可以节省时间、分担成本，弥补自身技术力量不足的缺陷，有利于增强自身的金融创新能力，比较适合于发展中国家。

三是传统金融与金融创新并重组合模式。中国既重视传统金融手段在绿色金融中的作用，也重视金融创新手段在绿色金融中的作用。有人认为，绿色金融就是一种类型的金融创新，这实际上是把传统金融排除在绿色金融之外。中国的实践证明，对于发展中国家而言，金融创新能力不强，而且监管滞后，单靠金融创新是发展不了绿色金融的。依靠传统金融手段发展绿色金融，具有很大的空间。像中国这样间接融资居金融体系主导地位的国家，全球不在少数。通过传统银行信贷支持可持续发展，只要符合银行的经营原则和信贷条件，其实并不存在什么障碍。学术研究表明，间接融资主导型金融体系与直接融资主导型金融体系各有长短，并非间接融资就一定落后而直接融资就一定先进。当然，可持续发展不同于一般的经济发展，一些项目难以满足通常的融资要求，例如节能服务企业大量投资形成的资产归客户使用，只有分享效益后才能置换出来，银行机构一般不承认这种资产的实在性，也就不同意把这种资产作为抵押品①。环境治理企业的资产更多地表现为划拨土地、无房产证的泵房、设备、管网等，这些也不能被银行机构视为合格的抵押品。所以，要解决这类企业的融资问题，必须进行金融创新，例如开发绿色融资租赁业务、开发收益权质押贷款业务等。

四是技术与制度并重组合模式。中国既重视技术在绿色金融中的作用，也重视制度在绿色金融中的作用。显而易见，技术是绿色金融发展的支撑力量。例如，如何控制绿色金融的风险，过去缺乏相应的技术手段。现在借助于大数据、云计算等，能够部分解决这一问题。这说明，技术的创新有利于绿色金融发展。但是，制度是绿色金融发展的重要保障。例如，当绿色信贷的贴息和担保制度缺位时，银行机构就缺乏发展绿色信贷的动力。因为银行机构发展绿色金融不能背离其商业化的经营原则，否则

---

① 节能服务企业融资难有望缓解 [N]. 中国能源报, 2011 - 4 - 18.

银行机构就难以持续经营。

第七节　中国发展低碳金融的相关探讨

近年来，随着金融市场的逐步开放，中国金融业的竞争越来越激烈。金融机构要想形成竞争优势，就必须开拓新领域、开发新产品、激发新动力。作为关系到人类可持续发展且前景广阔的低碳金融，自然就被纳入中国一些金融机构的发展战略之中。所谓低碳金融，是指减少碳排放的各种金融服务和金融交易活动，主要包括低碳项目开发的投融资、碳排放权及其衍生品的交易和投融资等。与一些发达国家相比，中国发展低碳金融起步较晚，但中国发展低碳金融所进行的探索很有价值，存在的问题是一些发展中国家所共有的，值得发展中国家借鉴。

一、中国金融业发展低碳金融的商业模式

中国金融业发展低碳金融的商业模式包括：①碳减排项目融资模式。即金融机构为碳减排项目开发提供融资及相关服务的模式。②低碳企业融资模式。即金融机构为低碳企业发展提供固定资产贷款、流动资金贷款、发行债券、发行股票等融资服务的模式。③买方贷款模式。即金融机构为碳排放权交易的买方企业提供贷款，以解决买方企业购买资金不足的模式。④抵质押贷款模式。即金融机构在企业经营资金短缺时，允许企业把碳排放权抵质押给金融机构以获得贷款的模式。⑤托管模式。即金融机构接受企业的委托，帮助企业经营碳排放权，并允许企业分享收益的模式。这种模式有利于企业专注于自身的主营业务，同时又兼顾了碳排放权的经营。⑥保理模式。即碳排放权交易的卖方企业将其应收账款转让给金融机构，由金融机构向其提供资金融通、买方资信评估、信用风险担保、账款催收等一系列服务的模式。⑦承销证券模式。即金融机构参与承销政府或企业所发行的碳减排收益债券或资产支持证券的模式。⑧先购后售模式。即金融机构在企业缺乏资金时，主动向企业购买碳排放权配额，然而在一定时期内按约定的价格再向原企业出售相同配额的模式。⑨租赁模式。即金融机构先收购企业的碳排放权，然后再租给原来的企业或其他需要碳排放权的企业的模式。⑩投资

基金模式。即金融机构出资发起设立碳减排投资基金的模式。该基金将通过国内外融资，从事碳减排项目的股权投资。⑪财务顾问模式。即金融机构为参与碳排放权交易的企业提供投融资决策咨询、资本运作分析、债务重组设计等服务的模式。

二、中国金融业发展低碳金融存在的制约因素

近年来，中国一些金融机构为了拓展生存空间，率先开展了一些低碳金融业务。例如兴业银行、浦东发展银行先后开发了相关业务等。但是，对于多数金融机构来说，低碳金融业务开展的较少，有些金融机构虽然名义上开展了相关业务，但不深入、不系统。不仅影响了我国低碳经济的发展，也影响了这些金融机构的发展。究其原因，主要来自五个方面。

一是多数金融机构缺乏对低碳金融业务的了解。一些金融机构对金融发展趋势和前沿动态缺乏把握，对低碳金融业务不清楚，既不了解碳排放权的价值，也不熟悉碳排放权交易的有关情况，不敢贸然涉足低碳金融业务。

二是一些金融机构缺乏低碳金融创新能力。低碳金融业务具有正外部性且往往收益不高，这与金融机构的经营目标存在矛盾。一些金融机构长期固守于传统业务，受专业人才和技术水平等的限制，依靠创新提升盈利水平的能力薄弱，导致金融机构经营成本的上升，盈利能力下降，使得金融机构缺乏发展低碳金融业务的动力。

三是一些金融机构缺乏低碳金融业务的专业合作。低碳金融业务不仅涉及金融活动，也涉及碳减排技术研发和碳减排项目建设及运营等一系列问题。金融机构要从事低碳金融业务，必须对碳减排技术研发和碳减排项目建设及运营等一系列问题具有较为深入的研究，至少应当具有一定的知识储备。但是，对于一般金融机构来说，专业性决定了它对金融业务比较擅长，至少对宏观经济政策有所了解，但对可持续发展、工程技术等领域却往往知之甚少，所以金融机构开展低碳金融业务会受到知识局限的制约。为了弥补这一缺陷，金融机构可以与专业的资产管理公司、资产评估机构、信息咨询公司等中介机构合作，增强自己在这些领域的知识储备。目前国内金融机构与专业中介机构的合作较少，不能用专业中介机构的碳减排专业知识之"长"补自身碳减排专业知识之"短"，这显然不利于金融机构对低碳金融业务的开拓。

四是一些金融机构缺乏低碳金融业务的国际合作。低碳金融是一项新业务，对技术和管理要求较高，而国内金融机构恰恰缺乏与低碳金融相关的新技术和管理经验，这就需要向国外大型金融机构学习先进的技术和管理经验。但是，除兴业银行、北京银行、浦东发展银行与国际金融公司等开展合作之外，其余国内金融机构基本上与国外大型金融机构缺乏合作。

五是一些金融机构缺乏低碳金融业务的风险防范措施。低碳金融作为新业务，风险一般比较高。一些金融机构对创新型金融业务的风险防范不够，导致不良贷款迅速增加。调查显示，一些地方的林权抵押贷款和土地经营权抵押贷款，由于缺少风险防范措施，其不良贷款的比率在短时间内迅速上升。这些不良贷款的迅速增加挫伤了金融机构发展低碳金融业务的积极性。

三、促进中国金融业发展低碳金融的政策建议

针对中国金融业发展低碳金融存在的问题，政府可以通过经济利益手段、政策法规手段、经营监管手段等引导金融机构积极发展低碳金融业务。

一是引导金融机构及时转变观念，把低碳金融业务纳入经营范围。政府有必要通过引导让金融机构认识到，开拓低碳金融业务，不仅可以增加盈利空间，也有利于良好社会形象的确立，进而增强自身的竞争力。这样有利于金融机构及早把低碳金融业务纳入经营范围。

二是引导金融机构加强对低碳金融业务的研究，有针对性地提供金融服务。面对国际金融业近年掀起的低碳金融创新浪潮，政府有必要通过引导让金融机构认识到，在低碳经济上升为国家竞争战略、低碳金融将成为国内外金融热点的大背景下，我国金融机构要想抓住发展机遇，必须对低碳金融业务密切跟踪，加强研究，提前布局。例如，结合当地相关发展规划，积极参与当地碳排放权交易的规则制定和市场建设等，并根据当地碳排放权交易的运作流程设计金融服务的切入点和实施方案，为业务开展"架桥铺路"。

三是引导金融机构大力引进人才，增加研发和设备投入，增强金融机构的创新能力。政府有必要通过引导让金融机构认识到，创新能力是金融机构获得持续竞争力的重要手段，一流的人才是增强创新能力的基础。具有国际视野和尖端技术的金融专业人才可以帮助金融机构提升服务层次、

开展高端技术研发，进而推动业务流程创新、产品创新和机制创新，甚至是金融机构整体的"脱胎换骨"。所以大力引进人才对于金融机构开拓低碳金融业务是非常重要的。同时，金融机构还需要增加研发和设备投入，为创新低碳金融服务提供资金支撑。通过增强创新能力，金融机构可以运用先进的技术改造业务流程，可以利用云计算、信息化、智能化等工具，提升金融机构的成本控制能力和经营风险管控能力，以降低金融机构开展低碳金融业务时的经营成本和经营风险。

四是引导金融机构加强与专业中介机构的合作。政府有必要通过引导让金融机构认识到，低碳金融业务是一项综合性很强的金融业务，单靠金融机构的专业知识和能力难以满足需求，必须与专业中介机构开展合作。例如，金融机构需要与生态文明高端智库合作，提高对低碳经济发展政策的理解水平和决策的科学化水平；需要与无形资产评估机构合作，提高碳排放权资产的评估和定价水平；需要与资本经营机构合作，提高碳排放权资产的运营水平；需要与保险机构合作，提高碳排放权资本化的风险识别和控制水平。

五是引导金融机构加强与国外金融机构的合作。政府有必要通过引导让金融机构认识到，低碳金融业务是一项国内陌生而国外具有一定经验的业务，况且一些国外金融机构具有较强的产品研发能力并立足国际技术前沿，国内金融机构要想增强竞争能力，与国外金融机构开展合作是非常必要的。例如，荷兰银行凭借其广泛的全球性客户基础，为客户提供碳排放权交易代理服务和咨询服务，还设计并推出了一系列与基于环保上市公司的气候指数和水资源指数等挂钩的气候和水资源理财产品，取得了良好的社会反响。在这种情况下，如果与荷兰银行等开展合作，国内金融机构就可以开展碳排放权交易代理服务、咨询服务以及开发碳排放权理财产品等。

六是引导金融机构注重风险识别，多方位加强风险防范。政府有必要通过引导让金融机构认识到，由于低碳金融业务属于新的业务领域且风险极为复杂，金融机构应该事前准确识别风险、积极防范风险，降低和转移风险。对于市场风险，金融机构可以运用碳排放权期货、期权等衍生工具进行必要的风险规避。对于信用风险，要通过比较和评价，为选择出的优质项目和客户提供服务。对于操作风险，要建立相关内部控制制度，对业务全过程实施跟踪与监控，通过制度约束、外出培训、在岗学习等方式切实提高相关人员的责任心和业务操作水平。

本章主要参考文献

［1］汪陈，金利娟，何圣财. 构建低碳经济创新型金融支持体系研究［J］. 西南金融，2010（8）.

［2］乔海曙，刘小丽. 碳排放权的金融属性［J］. 理论探索，2011（3）.

第八章　低碳经济常规
融资方式探讨

与一般城市建设的融资机制不同，低碳城市建设的融资机制既包括常规融资机制，也包括特殊融资机制。常规融资机制，包括间接融资、直接融资和创业投资融资；特殊融资机制，包括合同节能服务、碳排放权交易和碳基金等。

第一节　低碳产业及其融资概述

所谓低碳产业，按照我们前面对低碳经济的界定，是指以清洁技术为支撑的、低能耗、低污染、低排放的各类产业，包括节能产业、清洁能源产业、循环利用产业、环境服务业、低碳能源业、低碳交通运输业、低碳建筑业等。近年来，低碳产业得到了政府的重视，取得了较快发展。但是，目前低碳产业存在投入不足等问题，制约着低碳产业的发展。所以，需要加强对低碳产业的金融支持，完善融资服务体系。

在低碳产业融资领域，国内外学者进行过一些相关的研究。例如，怀泽等（Wiser et al.，1998）研究了可再生能源技术应用和融资的关系，发现可再生能源技术应用成本与融资成本联系密切。如果能源政策不能考虑融资问题，就会造成融资成本上升，从而影响可再生能源技术的应用。所以，需要出台有效的能源政策，综合考虑融资问题。潘纽力等（Painuly et al.，2003）通过对发展中国家能源效率的研究，指出发展中国家提升能源效率的潜力很大，但缺乏必要的融资机制。应当借鉴发达国家的经验，大力发展节能服务企业。另外，还需要在金融机构开设节能融资窗口，开发节能评价工具和相关金融衍生产品。廖茂林（2012）总结了融资体系推进低碳产业发展的国际经验，指出中国应建立以碳交易体系为核心的低碳产业发展融资支持体系。杜莉等（2013）认为，中国的碳金融刚刚起步，存在许多制约因素，如大力发展需要借助已有的各种力量，特别是开发性金融。为此需要通过制度设计和供给，推进开发性金融产品创新，加强风险预警和防控，发挥开发性金融对碳金融的信息溢出、风险过滤和信用增进作用。

第二节　低碳产业发展的前景、现状及资金约束

低碳经济发展模式作为对传统"高碳经济发展模式"的扬弃，蕴含着某种新兴产业革命的机遇（吴垠，2009）。低碳经济的发展必然要求降低化石能源消耗，积极推广清洁能源，提高能源利用效率。低碳技术在未来的利用十分广泛，能够催生一批以新型节能技术和减排技术为基础的战略性新兴产业（尹政平，2012）。不过，并非所有的战略性新兴产业都是低碳产业。比如，如果电动汽车的动力来源于火电，那么这种电动汽车产业就不是低碳产业（尹政平，2012）。所以，只有低碳的新兴产业才符合可持续发展的要求。

一、低碳产业发展的前景

低碳产业既能够促进节能减排，又能够促进经济发展，加之是新兴产业，因而具有广阔的市场前景。

2012年6月国务院发布的《"十二五"节能环保产业发展规划》中指出，力争到2015年，节能环保产业总产值达4.5万亿元，增加值在GDP的占比达2%左右①。2012年7月国务院发布的《"十二五"国家战略性新兴产业发展规划》也指出，到2020年使新能源产业成为国民经济的先导产业、节能环保产业成为国民经济的支柱产业②。

根据国家发改委的测算，到2015年，节能服务业总产值将达3000亿元，环境服务业总产值将达5000亿元；符合技术经济要求的节能潜力将超过4亿吨标准煤，可带动上万亿元投资；城镇污水垃圾处理、脱硫脱硝

---

① "十二五"节能环保产业发展规划 [EB/OL]. http：//www. gov. cn/zwgk/2012 – 06/29/content_2172913. htm，2012 – 6 – 28.

② "十二五"国家战略性新兴产业发展规划 [EB/OL]. http：//www. gov. cn/zwgk/2012 – 07/20/content_2187770. htm，2012 – 7 – 20.

设施建设投资将超过 8000 亿元①。根据有关规划的要求，中国非化石能源生产量在当年能源消费总量的占比将在 2010 年 9.6% 的基础上 2020 年将达到 15%②。这些情况表明，中国目前乃至未来一个时期，低碳产业的市场空间是非常巨大的。

二、中国低碳产业发展的现状

进入 21 世纪以来，中国政府大力支持低碳产业的发展。先后出台了一系列的规划、政策促进低碳产业的发展。据统计，国家已出台 4 大类 30 余项促进能源资源节约和环境保护的税收政策。同时，国家有关部门相继推出了一些资金扶持计划或专项发展基金，以满足国家节能减排方面巨大的资金需求以及引导全社会的资金参与节能减排项目③。

在政府多项政策的支持下，低碳产业得到了迅速发展。据测算，"十一五"期间，中国节能环保产业保持 15%～20% 的年复合增长率，大大超过了工业增速。2010 年总产值达 2 万亿元，约占 GDP 的 5%，带动就业人数 2800 万④。与此同时，新能源产业也得到了迅速发展。2011 年，全国水电装机容量达到 2.3 亿千瓦，居世界第一。已投运核电机组 15 台、装机容量 1254 万千瓦，在建机组 26 台、装机容量 2924 万千瓦，在建规模居世界首位。风电并网装机容量达到 4700 万千瓦，居世界第一。光伏发电增长强劲，装机容量达到 300 万千瓦⑤。2010 年，水电、风电、生物液体燃料等计入商品能源统计的可再生能源利用量为 2.55 亿吨标准煤，在能源消费总量中约占 7.9%⑥。

在节能减排政策的引导下，近年来中国节能服务产业取得了快速的发展。据统计，"十一五"期末，中国节能服务产业从业人员为 17.5 万人，是"十五"期末的 10 多倍。"十一五"期间，中国合同能源管理项目投资累计为 683.95 亿元，是"十五"期间合同能源管理项目投资总量的 15 倍（张颖熙，2013）。

---

① "十二五"国家战略性新兴产业发展规划 [EB/OL]. http：//www. gov. cn/zwgk/2012 - 07/20/content_2187770. htm，2012 - 7 - 20.
② 节能环保产业将带动万亿投资，潜力巨大前景广阔 [N]. 人民日报，2012 - 7 - 5.
③④ 盘点汇总分析中国节能服务产业系列优惠扶持政策措施 [EB/OL]. 易碳家网站，2013 - 6 - 18.
⑤ 节能环保"起飞"仍需加油 [N]. 人民日报，2011 - 8 - 2.
⑥ 中国的能源政策 2012 白皮书 [N]. 2012 - 10 - 24.

三、低碳产业发展存在的资金短缺问题

如前所述，中国在发展低碳产业方面取得了明显的进步，但也存在一些问题，一个重要表现是资金短缺，导致资金投入严重不足。据统计，中国绿色创新资金投入不到国民生产总值的 1%，远低于欧、美、日等国的资金投入力度[1]。

究其原因，不外存在于以下方面：一是财政支持有限。中国于 2006 年在财政预算支出中开列了环保科目，但环保财政支出占 GDP 的比重一直低于 1%[2]。另外，目前尚没有节能支出科目，也没有建立独立的节能发展专项资金，政府对节能的投入只是暂时的、不稳定的。二是商业银行支持有限。银行业拥有大量的可贷资金，可以用于对低碳产业的融资。但低碳产业的高风险性，往往使追求短期利益和规避经营风险的商业银行"退避三舍"。

应当看到，低碳产业资金短缺只是表面现象，深层次的问题是良性运作机制缺损。财政由于力量所限和职能所限，对低碳产业发展作用有限，但金融业支持低碳产业发展具有很大的空间。虽然部分商业银行对支持低碳产业兴趣不大，但具有前瞻性眼光的商业银行能够从中发现商机。更何况，在得到担保或抵押时商业银行可以降低经营风险。尤为关键的是，创业投资对支持低碳产业能够发挥重要作用。所以，要解决低碳产业的资金短缺问题，必须形成低碳产业的良性融资机制。这样既能解决低碳产业的资金投入不足问题，也能解决低碳产业运作效率不高等其他问题。根据美国能源基金会和中国国家发改委的联合预测，中国节能、新能源和环境治理产业每年的资金缺口大约在 2000 亿元，到 2020 年，至少有 2 万亿元左右的资金缺口需要弥补（课题组，2009）。由此可见，如果不积极构建相关融资机制，将无法促进节能、新能源和环境治理产业对资金的需求，从而难以促进低碳创新。

第三节　对低碳产业常规融资机制作用的理论分析

所谓常规融资机制，是指适用于所有产业的融资机制，包括间接融

---

① 国家能源局. 可再生能源发展"十二五"规划，2012 – 8 – 13.
② 绿色创新、低碳发展将成为未来五年全球经济发展的推动力 [EB/OL]. http：//www. nengyuan. net/201111/24 – 669671. html，2011 – 11 – 24.

资、直接融资和创业投资融资，间接融资即通常所说的银行贷款融资，直接融资即通常所说的证券市场融资。显然，低碳产业可以利用常规融资机制解决资金不足问题。根据融资的啄食顺序理论可知，企业在融资时应首先考虑内部未分配利润，其次是债权融资，最后是股权融资（Mirrlees，1976）。也就是说，在银行贷款融资和证券市场融资的先后顺序上，先有银行贷款融资，后有证券市场融资。当然，不同的融资方式发挥的作用也各有不同，其出发点是为了保证资金提供者的资金安全。

一、低碳产业银行贷款融资方式的作用

银行贷款融资方式对低碳产业企业的作用有二：一是能够形成企业预算的"硬约束"效应。相对于其他融资方式，银行贷款融资是一种预算"硬约束"，这种约束要求企业必须具有一定的担保或抵押条件、到期必须归还贷款本金和利息以及企业破产后应优先偿还贷款等。这种约束可以抑制经营者的过度投资行为，同时，可以给经营者带来经营压力，迫使其努力工作（张双才等，2002）。二是能够形成股东的监督激励效应。由于破产威胁的存在，经营状况不佳的企业不敢贸然申请银行贷款，以免增加经营风险。所以，企业负债率的高低，是股东考察企业经营者经营信心和业绩的信号。如果企业敢于申请银行贷款，股东就有理由相信企业经营状况良好。当然，股东对企业不会袖手旁观，会更加关注企业的经营状况，会更有动力监督企业的经营。因为如果企业因经营不善进入破产程序，那么股东投入企业的资产会首先被用来抵偿企业债务（张双才等，2002）。具体到低碳产业，由于经营风险较高，银行贷款融资的要求更高。比如，担保或抵押条件会更加苛刻，贷款利息会适当上浮。总之，企业预算的"硬约束"效应会更加明显。

二、低碳产业证券市场融资方式的作用

证券市场融资方式对低碳产业企业的作用有二：一是能够形成"用手投票"效应。投资者（股东）形成股东大会作为企业的最高权力机构，通过行使投票权，也即"用手投票"，决定企业的发展战略和重大事宜。股东大会选举董事会作为其利益代表，由董事会负责决策和监督经营者（范文燕等，2002）。二是能够形成"用脚投票"效应。一旦企业发生不利事件和经营状况不佳时，会面临股票的大量抛售，也即"用脚投票"，

从而导致股票价格的下跌，不仅给经营者带来极大的声誉压力，而且为其他企业的兼并收购创造了条件。这些情况迫使现任经营者不断改进企业经营，以迅速扭转目前的困境（范文燕等，2002）。所以，证券市场融资使得大股东存在监督企业运作的动力，同时小股东的"免费搭车"行为也使企业决策向大股东的意见倾斜，从而形成股东从内部对企业的经营管理进行监督的机制。如果内部控制机制失灵，股东还可以通过转让股权改变经营者，以达到控制企业的目的。另外，在有效的资本市场中，投资者可以根据股票价格评判企业经营者的经营管理水平，降低了对企业的监督成本（赵昌文等，2002）。具体到低碳产业，可以通过设立相关董事、监事、专职机构以及对经营者建立低碳薪酬激励等制度来形成独特的低碳企业治理结构。

三、低碳产业创业投资融资方式的作用

与前述融资方式不同，创业投资对低碳产业能够发挥前述融资方式所难以发挥的重要作用。创业投资追求"高风险、高收益"的特征，与低碳产业的特征比较吻合，表明创业投资是比较适合低碳产业的融资方式。

创业投资促进低碳产业发展的过程，包括五个方面（见图8－1），分别为创新强化效应、资金聚合效应、外部提升效应、风险分担效应和生态责任效应。

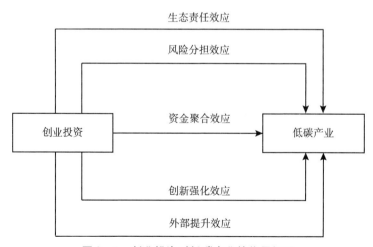

图8－1　创业投资对低碳产业的作用机理

（一）创业投资对低碳产业的创新强化效应

在低碳产业的企业中，如果出资者全部为一般投资者（相对于创业投资而言），则经营者得到的报酬主要是工资和奖金。但是，工资、奖金并不能充分体现经营者承担的风险价值（马骉，2009）。经营者往往选择规避风险，不会将资金投向具有高风险和高成长性的绿色技术创新项目。一旦创业投资进入企业，为了获得可观的收益，势必会对企业的机制和战略进行调整，通过股票期权计划等使经营者愿意承担风险，这对具有高成长性的低碳技术创新项目的实施是有利的。

（二）创业投资对低碳产业的资金聚合效应

创业投资对低碳产业的企业不是全过程提供融资服务，而是分阶段进行的。正式的创业投资机构一般倾向投资于技术较为成熟的企业。在创业投资机构进行投资后，随着企业规模的扩大、实物资产的增加和经营效益的逐步提升，银行资金等开始介入。在企业达到一定标准后，企业可以利用证券市场筹集资金（韩思远等，2010）。由此可见，创业投资机制不仅对低碳产业提供了直接的资金支持，而且也能带动其他资金的进入，从而形成一套与低碳产业不同阶段相匹配的、梯次分明的融资支持系统。在一家创业投资机构的"示范"下，其他创业投资机构为了追求高额回报，也会向低碳产业进行投资，从而能够带动更多的资金进入产业，形成资金的聚合效应。

（三）创业投资对低碳产业的外部提升效应

从国际经验来看，有限合伙制是创业投资主要的制度形式。有限合伙制在内部设置了一种与普通合伙制完全不同的机制：有限合伙人投入绝大部分货币资本（比如98%），获得一定比例的资本收益（比如80%），但不参与具体经营活动，并且只以其投资为限承担有限责任；普通合伙人作为真正的经营者，只投入极少部分货币资本（比如2%），但全权负责经营活动，其报酬是获得一定份额的资本收益（比如20%）外，还收取管理费用，并要承担无限责任（刘瑞波等，2006）。

有限合伙制的制度安排，可以大大降低"信息不对称"和委托—代理成本（鲍志效，2003）。它放大了投资者对企业经营者的产权激励作用，把普通合伙人的利益与付出的劳动联系起来，能够促使普通合伙人加强对被投资企业的重视程度，通过资产重组、资金注入、管理经验注入、研发协同、文化植入、人才引进、市场开拓、品牌推广等途径，提升被投资企业的价值，以实现投资收益。

（四）创业投资促进低碳产业的风险分担效应

低碳产业需要借助市场机制，将风险社会化、分散化。创业投资机制可以实现低碳新兴产业的风险分担，主要体现在以下三个方面：

一是能够分散和控制投资风险。创业投资机制资金来源的多元化，使其投资风险由多个投资主体承担，这样就避免了风险高度集中于一个主体的情形（张伟，2011）。同时，与商业银行相比，创业投资机构能够参与被投资企业的治理，能够较好地解决企业的委托—代理问题，从而可以控制资金风险。

二是能够化解项目风险。创业投资机构能够通过严格的项目审慎评价降低风险。而且，创业投资机构不仅自己进行评价，还充分利用社会的人才资源，对其评价结果进行再评价，提出改进建议，确保决策的科学合理性（肖昊泽，2008）。

三是能够抵御"道德风险"。针对被投资企业存在的"道德风险"，创业投资机构完善了各种约束机制，比如参与董事会制度和独立董事制度、特别表决权制度、可转换证券制度和分阶段投资制度等（劳剑东等，2001）。

（五）创业投资促进低碳产业的生态责任效应

并非所有的创业投资机构都愿意向低碳产业投资。但也有一些创业投资机构具有较强的生态责任意识，积极倡导生态责任投资，能够做到经济利益与生态责任兼顾。《基业长青》的作者发现：那些基业长青的企业，不但通过创新获得可观的利润，而且都很好地履行了自己的社会责任（赵立新，2012）。这个道理，具有前瞻眼光的创业投资机构是能够明了的。

第四节 常规融资机制与低碳新兴产业

如果按照技术的新旧程度划分，低碳产业可分为低碳传统产业和低碳新兴产业两类。低碳传统产业是指以传统技术为主导的、劳动密集型的产业，如林业、生态农业等；低碳新兴产业是指以新兴技术为主导的、知识和技术密集型的产业。如清洁能源产业、节能产业、低碳服务业等。相比而言，低碳传统产业资金门槛低、技术成熟，所以融资风险低，低碳新兴产业资金门槛高、技术不太成熟，所以融资风险高。但是发展低碳新兴产业是世界各国抢占科学技术制高点的有效途径，也是中国应对经济衰退、实现可持续发展的重要手段。而且，低碳新兴产业的市场空间巨大。据了解，我国计划在 2050 年将可再生能源占全部能源的比重从目前的 9% 提高到 40% 左右①。预计到 2015 年，我国节能环保产业总产值将达 5.3 万亿元，相当于同期 GDP 的 8% ~ 10%，年均增长率达到 20%②。另外，中国低碳核心技术缺乏，在低碳经济发展上受制于他国，不利于竞争力的提高，亟须自主研发新技术。联合国开发计划署发布的《2010 年中国人类发展报告》指出，中国要实现未来低碳经济的目标，至少需要 60 多种骨干技术的支持，但有 42 种核心技术中国目前没有掌握。这意味着中国发展低碳经济需要引进 70% 的核心技术③。所以，要发展低碳经济，必须在发展低碳传统产业的同时，积极发展低碳新兴产业。在以上分析的基础上，我们可以构造出常规低碳融资机制促进低碳新兴产业发展的模型，来表示常规融资与低碳新兴产业发展之间的关系，具体作用模型如图 8－2 所示。

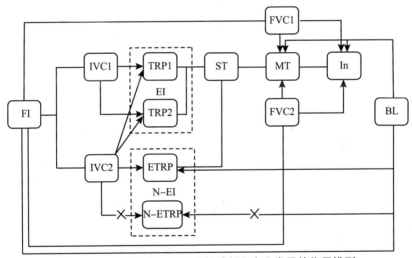

图 8－2　常规融资机制促进低碳新兴产业发展的作用模型

注：FI = 融资机构；IVC1 = 非正式创业投资 1；IVC2 = 非正式创业投资 2；TRP1 = 技术研发项目 1；TRP2 = 技术研发项目 2；ETRP = 低碳技术研发项目；N－ETRP = 非生态技术研发项目；ST = 小型试验；MT = 中性试验；FVC1 = 正式创业投资 1；FVC2 = 正式创业投资 2；IN = 产业化；BL = 银行贷款；EI = 低碳产业；N－EI = 非低碳产业。

---

① 国家能源局：力争 2050 年将可再生能源占比提到 40%，新华网，2009－5－8.
② 政策利好频出　节能产业有望步入发展快车道 [N]. 上海证券报，2010－3－18.
③ 中国 70% 低碳核心技术需进口 [N]. 南方日报，2010－6－9.

一、常规融资机制促进低碳新兴产业发展的渠道和过程

由图 8 - 2 可知，常规融资机构（FI）通过三个渠道促进低碳新兴产业发展：一是为低碳新兴产业项目提供非正式创业投资（IVC），既向低碳产业（GI）的创新项目提供非正式创业投资（IVC1），也向非低碳产业（N - gI）的低碳创新项目提供非正式创业投资（IVC2）；二是为低碳创新项目提供正式创业投资（FVC），该投资主要支持中型试验和产业化阶段；三是为低碳创新项目提供银行贷款（BL），该贷款也主要支持中型试验和产业化阶段。

在这个过程中，创业投资发挥了重要的作用，银行贷款只是在后期才能发挥有限的作用。因为银行贷款需要规避风险，常常要求项目提供抵押品，而作为技术含量较高的低碳创新项目很难提供足够的抵押品。另外，创业投资促进低碳新兴产业还存在联动、耦合等机制，进一步放大了创业投资的作用。例如，非正式创业投资与正式创业投资存在着联动关系，通过联动，可以满足低碳新兴产业在不同阶段对资金的需求。创业投资与低碳新兴产业也存在着耦合关系，通过耦合，形成了创业投资的良性循环，即"低碳创新项目孕育期（非正式创业投资进入）→低碳创新项目成长期（正式创业投资进入）→低碳创新项目收获期（回收投资）→新低碳创新项目孕育期（非正式创业投资进入）→……"。

二、常规融资机制促进低碳新兴产业发展的前提条件

首先，常规融资机制之所以能够对低碳新兴产业发展发挥促进作用，生态文明建设是非常关键的。在全社会普遍建立生态文明理念或出台相关政策的背景下，消费者普遍偏好低碳产品，倒逼生产者提供低碳产品，进而倒逼生产者开展低碳技术研发，于是就产生了对低碳融资机制的需求。作为资金的供给方，具有生态文明理念的金融机构在同等条件下，势必会把服务对象转向低碳创新项目，而对非低碳创新项目持排斥态度。反之，如果全社会缺乏生态文明理念或相关政策，消费者对产品的属性不予区分，生产者就缺乏进行低碳创新的动力，融资机构也没有必要支持低碳创新项目。其次，市场的竞争和规范也很重要。在产品市场竞争较为激烈和比较规范的情况下，生产者无法通过生产质量低劣的产品或仿制其他产品

获取竞争优势，只能通过开展低碳创新活动占领市场。同样，融资机构在融资市场竞争较为激烈和比较规范的情况下，也无法通过不正当竞争手段获取竞争优势，只能把服务对象转向具有广阔发展前景的低碳创新项目，以提升其低碳软实力。所谓低碳软实力，是指由低碳理念、意识以及文化等要素构成的，并以此获得政治影响力、产业竞争力、社会进步推动力等的能力。由此可见，生态文明建设与市场的竞争和规范，体现了政府作用与市场作用的发挥，二者缺一不可。如果仅有生态文明建设，生产者未必有足够的动力开展低碳创新活动，未必会产生对低碳融资机制充分的需求，融资机构也未必会有足够的动力向低碳创新项目提供资金。同样，如果仅有市场的竞争和规范，虽然融资机构可能为了获取竞争优势向低碳创新项目提供资金，但生产者不会开展低碳创新活动，进而不会产生对低碳融资机制的需求。可以说，生态文明建设与市场的竞争和规范，是使普通融资机制转化为低碳融资机制的前提条件，更是常规融资机制促进低碳新兴产业发展的前提条件。

图 8-3 反映了生态文明建设与市场竞争和规范对常规融资机制的作用。在图 8-3 中，政府部门在全社会倡导生态文明理念，实现过程①；又可以通过出台鼓励低碳消费的政策，引导消费者开展低碳消费，实现过程②；也可以通过出台鼓励低碳创新的政策，引导生产者开展低碳创新，实现过程③；还可以通过出台鼓励低碳融资机制的政策，引导融资机构发展低碳融资机制，实现过程④；在生态文明理念的支配下，消费者由普通消费者转变为低碳消费者，实现过程⑤；又要求生产者由普通创新者转变为低碳创新者，实现过程⑥；还要求融资机构进行低碳转型，实现过程⑦；同时，低碳消费者也要求生产者由普通创新者转变为低碳创新者，实现过程⑧；进而低碳创新者又要求融资机构进行低碳转型，实现过程⑨；在这种倒逼机制和竞争机制下，融资机构为了培育竞争优势，会有充分的动力向生产者提供低碳融资机制，实现过程⑩；生产者在生产出低碳产品后，向消费者提供低碳产品，实现过程⑪，完成这一循环过程。所以，这一过程既是生态文明理念支配的结果，也是市场竞争和规范的结果，是政府作用和市场作用有效的结合。

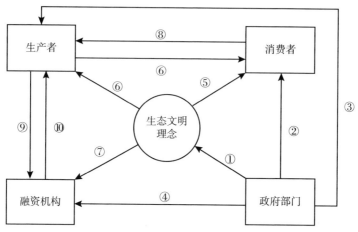

图 8－3　常规融资机制促进低碳新兴产业发展的前提条件

第五节　完善低碳产业常规融资机制的对策探讨

由前面的分析可知，现行常规融资机制能够促进低碳产业的发展，但支持力度有限。总体来看，由于专业的局限性和宣传不够，全社会对低碳产业仍然缺乏认知，对低碳理念和技术的接受需要较长的时间，加之当前低碳产业刚处于起步阶段且不确定性因素较多，导致市场风险较高（倪丽丽，2013）。同时低碳产品目前价格尚未能准确反映供求关系和能源环境成本，投资回收期拉长，不确定因素增加，导致经营风险较高；在初始研发阶段需要以雄厚资金为基础，进行技术研发，由于不能马上投入生产，收益水平较低，回报不确定（张媛，2013）。所以，要加大支持力度，必须完善现行常规融资机制。完善常规融资机制是一项复杂的系统工程，必须按照现有条件逐步推进。同时，不能简单照搬发达国家的经验，必须认真研究中国的现实情况，形成适合中国国情的常规融资机制。

一、加强节能环保领域与金融服务领域的多层次合作

加强节能环保领域与金融服务领域的多层次合作是非常必要的。首先，加强节能环保主管部门与金融服务监管部门的合作，通过联席会议、业务协同、首脑沟通、信息共享等方式，共同进行规划和政策的制定、低

碳金融示范区的建设和低碳金融产品的开发等。其次，借鉴国际经验，节能环保主管部门需要适当延伸职能，将金融机构的经营行为纳入监管范围，并协助金融服务监管部门对金融机构进行低碳绩效考核。最后，在节能环保产业的企业中设立金融运营总监职位，在金融机构中设立低碳事务总监职位，并在各自的机构内建立工作制度，推动低碳金融服务的开展。

二、积极发挥政策性金融和国有金融的带头作用

一是积极发挥政策性金融为低碳城市建设融资的带头作用。政策性金融机构作为贯彻国家产业政策的金融机构，在国家政策信息和抗御风险能力方面比商业性金融机构具有优势。政策性金融机构应当发挥带头作用，带动商业性金融机构支持低碳产业的项目。当商业性金融机构进入后，政策性金融机构需要向其他低碳产业项目转移，避免与商业性金融机构进行竞争。

二是积极发挥国有金融为低碳城市建设融资的带头作用。虽然政府不能对国有金融机构的经营进行行政干预，但可以通过国有股权的代表影响董事会的决策，只要这种影响不与现行法律抵触。所以，从公司治理结构来看，国有金融机构完全可以带头响应国家节能减排的政策，为低碳产业提供金融服务。

三、出台支持低碳融资的政策体系

要让金融业在低碳产业发展中发挥作用，必须由政府提供政策的支持，通过形成合理的机制，使金融业能够得到合理的利益回报，并能规避风险、分散风险。金融机构毕竟是追求商业利益的企业，单纯依靠行政力量推动低碳金融服务势必违背金融机构的经营原则，很难得到金融机构的配合。所以，提供政策法规支持比依靠行政力量推动更有效率。

政府可考虑出台以下政策：一是出台低碳贷款风险准备金和低碳贷款贴息办法，由中央财政和地方财政分别拨出专款设立低碳贷款风险准备金和低碳贷款贴息基金，对提供低碳贷款的金融机构形成的经济损失给予补偿。二是对低碳贷款、低碳创业投资的收益给予减免税待遇，解决低碳创业投资机构的双重所得税税负问题；对低碳创业投资机构实行再投资收益的税收减免，支持节能环保企业的优先上市，健全低碳创业投资的退出机

制。三是出台低碳证券、低碳保险、低碳信托等的政策优惠办法，充分利用证券市场、保险机构、信托机构等资源，为开展节能减排、发展低碳新兴产业提供金融服务。

四、在金融机构内部培育低碳文化，形成低碳内驱力

金融机构对气候变化和环境污染问题的漠视，根源于其自身低碳文化的缺失。国内金融机构普遍将环境与社会问题的解决看作是一种慈善活动，而非核心商业元素，对环境、社会因素所带来的潜在风险与收益的认识也停留在较低的水平。为此，需要在金融业认真培育低碳文化，形成低碳内驱力。中国金融业低碳文化的培育，可以通过生态文明理念的灌输、企业社会责任意识的增强和赤道原则的恪守等步骤来实现。通过生态文明理念的灌输，使员工从思想上、行为上以节约、环境友好的准则要求自己；通过企业社会责任意识的增强，使金融机构明确自己的生态责任；通过赤道原则的恪守，使管理者在业务的决策和运作上能够控制环境风险。

五、设立低碳融资担保机构

低碳产业发展是风险较高的技术经济活动，由此也为商业银行的经营带来较高的风险，所以需要担保机构提供担保。在商业性担保机构不感兴趣的情况下，需要设立政策性的担保机构。与设立政策性节能环保银行相比，这一方式比较经济合理。因为它不仅节省了设立政策性节能环保银行的成本，而且还发挥了商业银行的作用，促使更多的贷款资金用于节能环保，优化了贷款结构，同时还可以提高节能环保项目融资的效率。

六、设立低碳创业投资引导基金

为促进低碳创业投资的发展，发挥财政的调控作用，可考虑由政府联合国内外机构、组织、企业等共同出资设立低碳创业投资引导基金。该基金以"母基金"方式运作，吸引国内外各类投资者共同设立多个低碳创业投资基金。低碳创业投资基金按照市场化方式运作和管理，主要投资于节能服务业、清洁能源产业、循环利用产业等项目。为提高引导基金的资金利用效率，引导基金可以对低碳创业投资基金采取阶段性持股的方式。

七、设立商业性的低碳银行

可以考虑由政府倡议，由国内外企业等共同出资设立商业性的低碳银行。该银行向社会提供低碳金融服务。在经过多年实践后，专业的机构、专业的人才和专业的水准将形成该银行的特色，构成该银行的核心竞争力，即低碳软实力，从而能够使该银行在激烈的同质化竞争中拥有发展空间。兴业银行数年前是一个地方性的小银行，通过积极开展绿色金融服务，如今在市场理念、社会影响、产品研发、技术规范、服务领域、组织保障等方面在同行业中均位居前列，并成为中国首家赤道银行，探索出了一条依靠特色成功经营的道路。兴业银行的经验告诉我们，设立商业性的低碳银行是可行的。为保证该银行的自主经营和自担风险，如果政府出资则应当规定政府不能控股，并且出资部分需要在设立成功后一次或分批退出。

八、利用证券市场为低碳产业融资

作为企业融资的重要渠道，中国证券市场的发展前景是非常广阔的。正因为如此，《环境服务业"十二五"发展规划》提出，积极支持符合条件的环境服务企业进入境内外资本市场融资，通过股票上市、债券发行等多渠道筹措资金①。《"十二五"节能环保产业发展规划》也提出，支持节能环保企业发行债券、短期融资券等，支持节能环保企业上市融资，设立产业投资基金等。所以，应当利用证券市场为低碳产业融资。必要时可以考虑设立节能环保板证券市场，专门接收低碳产业的企业上市融资，同时也有利于低碳创业投资的顺畅退出。

九、进行低碳金融服务的制度创新与产品创新

一是需要进行低碳金融服务的制度创新。制度创新包括健全低碳金融服务的法律制度、决策制度、业务运作制度和监管制度等。其中，低碳金融服务法律制度是开展低碳金融服务的前提和规则，应当完善低碳金融服

---

① 环境保护部办公厅. 环境服务业"十二五"发展规划（征求意见稿），2012－2－20.

务法律法规,在现行法律中增加有关低碳金融服务的条文,出台涵盖低碳金融服务的《绿色金融服务法》和《绿色金融实施条例》等。

二是需要进行低碳金融服务的产品创新。新型低碳金融服务产品包括原生类产品和衍生类产品。其中,原生类产品是新型低碳金融服务产品的基础,包括碳信用和碳现货,由此衍生出远期、期货、期权、互换和结构性产品等融资产品。商业银行可以开发碳排放权配额抵押、清洁发展机制预期收益抵押、合同能源管理保理、低碳股权质押、低碳技术专利权质押等新型贷款,也可以从贷款基金中划出一定比例,作为低碳创业贷款,支持低碳新创企业发展,利率可以适当上调。证券市场可以发行气候债券、节能债券、清洁能源债券以及低碳产业投资基金等。

本章主要参考文献

[1] 鲍志效.有限合伙制创业投资机构制度创新与应用思考 [J].中国软科学,2003 (7).

[2] 杜莉,张云,王凤奎.开发性金融在碳金融体系建构中的引致机制 [J].中国社会科学,2013 (4).

[3] 范文燕,刘宗华.论融资结构与治理结构的关系 [J].财经科学,2002 (5).

[4] 韩思远,黄卫国.风险投资在新药研发外包产业发展中的作用机制分析 [J].现代商业,2010 (2).

[5] 课题组.2050 中国能源和碳排放报告 [M].北京:科学出版社,2009.

[6] 劳剑东,郑晓彬,李湛.创业投资的治理结构与运行机制综述 [J].外国经济与管理,2001 (4).

[7] 廖茂林.融资体系推进低碳产业发展的国际经验 [J].银行家,2012 (5).

[8] 刘瑞波,贾晓云.产业投资基金:国际比较与我国运行机制的创新路径 [J].世界政治与经济论坛,2006 (6).

[9] 马矗.国有企业经营者激励与约束机制探讨 [J].技术经济与管理研究,2009 (1).

[10] 倪丽丽.构建适应低碳经济发展的金融支持体系的必要性分析 [J].当代经济,2013 (11).

［11］吴垠．低碳经济发展模式下的新兴产业革命［N］．经济参考报，2009 – 11 – 03．

［12］肖昊泽．风险投资机制对企业技术创新的作用分析［J］．科技创新导报，2008（1）．

［13］尹政平．低碳经济与中国战略性新兴产业的发展［J］．现代经济探讨，2012（5）．

［14］张双才，范新安．融资结构对公司治理的效应分析［J］．经济论坛，2002（2）．

［15］张伟．利用外资增强山东省城市绿色创新能力的路径与对策研究［J］．科学与管理，2011（3）．

［16］张颖熙．我国节能服务业发展的现状、问题和对策建议［J］．中国经贸导刊，2013（18）．

［17］张媛．战略性新兴产业财务风险及其控制［J］．人民论坛，2013（20）．

［18］赵昌文，蒲自立．资本市场对公司治理的作用机理及若干实证检验［J］．中国工业经济，2002（9）．

［19］赵立新．企业社会责任与投资者价值最大化［J］．资本市场，2012（5）．

［20］Mirrlees J. The Optimal Structure of Authority and Incenlives Within An Organization［J］. Bell Journal of Economics，1976，7（1）：105 – 131．

［21］Painuly J. P.，Park H.，Lee M. K. and Noh J. Promoting Energy Efficiency Financing and ESCOs in Developing Countries：Mechanisms and Barriers［J］. Journal of Cleaner Production，2003，11（6）：659 – 665．

［22］Wiser R.，Steven P. Financing Investments in Renewable Energy：the Impacts of Policy Design［J］. Renewable and Sustainable Energy Reviews，1998，2（4）：361 – 386．

第九章　完善贷款担保机制发展低碳经济探讨

近年来，虽然政府采取了多种措施，但中小企业的融资困境依然存在，低碳型中小企业也不例外。据调查，某市在影响中小企业节能减排的因素选项中，选择"融资困难，融资成本高"的占84%，是首位因素（庄佳晨，2012）。由于我国金融体系以银行为主体，且资本市场承载力有限，则低碳型中小企业贷款的重任就主要由银行来承担。然而中小企业的高风险性，决定了贷款担保制度是银行融资的重要前提。目前我国现行贷款担保制度还不适应中小企业的要求，严重制约着低碳经济的发展。由此可见，促进中小企业贷款担保已刻不容缓。促进中小企业贷款担保，包括中小企业贷款担保的合理定位、财政支持、经营运作、风险管理等，其目标是建立政府支持、国有资本为主体、民间资本和外商资本为补充，公益性定位与市场化运作相结合、加强风险管理的中小企业贷款担保体系。

第一节　促进中小企业贷款担保的合理定位

一、中小企业贷款担保机构定位的国际经验

中小企业贷款担保的特点是低收益、高风险，以3%左右的担保费用率去代偿100%的贷款损失，从理论逻辑上看是不可行的。而如果提高担保费用率，则中小企业承受不了。所以，中小企业贷款担保机构只能以公益性组织为主。从经济学原理看，中小企业贷款担保属于公共产品，原则上应由政府提供。绝大多数中小企业贷款担保机构只有以国家财政补贴为支撑才能够承受这类持续性亏损，没有国家财政支持的非国有中小企业贷

款担保机构只能作为补充，这也是发达国家的普遍做法。

二、我国中小企业贷款担保机构定位的问题与改进

我国过去在中小企业贷款担保机构定位上存在着偏差，即对中小企业贷款担保机构的公益性重视不够，将中小企业贷款担保机构一律按营利性组织对待，导致现今一些中小企业贷款担保机构已经放弃纯粹的贷款担保业务，转型为直接从事融资业务和高利贷的影子银行。其原因在于，贷款担保行业的利润率偏低，甚至亏损，使得这些中小企业贷款担保机构难以发展甚至难以生存，只能"暗度陈仓"，这显然会影响中小企业的融资。同时，虽然3%左右的担保费率不足以使营利型中小企业贷款担保机构覆盖资金成本，但中小企业已经难以承受。为分散风险，营利型中小企业贷款担保机构还会要求中小企业缴纳贷款总额20%～40%的保证金和风险准备金，进一步加大了企业的财务费用。如此昂贵的贷款成本，削弱了中小企业的自我发展能力，不利于中小企业的发展。

从现有的国有中小企业贷款担保机构来看，不仅数量较少，资金实力和经营能力不强，而且政府还要求其自负盈亏，这就背离了设立国有贷款担保机构的初衷，削弱了其公益性担保的职能。而非国有贷款担保机构普遍设立较晚，专业人才和从业经验严重不足，风险防控能力不强，缺乏对中小企业贷款担保公益性的认识，追求盈利的动机非常强烈，造成短期行为泛滥。所以，应当按照公益性的要求对国有和非国有中小企业贷款担保机构进行重新定位、重新明确经营方针。对于国有中小企业贷款担保机构，考核的主要指标不再是利润率，而是向中小企业提供的担保业务规模、户数、服务质量等。对于营利性中小企业贷款担保机构，可以通过严格监管和优胜劣汰等方式进行规制，违规经营和无法生存的营利性中小企业贷款担保机构将被逐步清出中小企业贷款担保市场。

第二节　促进中小企业贷款担保的财政支持

一、中小企业贷款担保财政支持的国际经验

发达国家中小企业贷款担保的特点是政府提供直接的财政支持，包括

原始出资、后续资金补充、风险补偿和税收优惠等，为其拥有强大的担保实力创造了条件。

一是资金支持。如美国的中小企业贷款担保计划的资金来源于联邦政府的直接拨款，当中小企业贷款担保规模扩大而资金不足时，联邦政府还会无限额地及时补充资金（包尧兴等，2003）。日本各地方政府将信用保证协会资本金纳入政府预算，成为信用保证协会的主要出资者，2010财年余额占比为76%（刘孟飞，2013）。早在1961年，韩国就设立了中央和地方二级担保机构。中央级担保基金由中央政府全额出资，地方级担保基金由中央政府和地方政府共同出资（李春根等，2011）。

二是风险补偿。德国联邦政府和州政府通常会承担中小企业贷款风险的60%～80%，相当于总贷款风险的48%～64%（傅勇，2014）。日本为中小企业贷款提供担保的是中小企业信用保证协会，中小企业信用担保会对中小企业贷款承担风险的70%～80%（文学舟等，2011）。但还有政府设立的中小企业信用保险公库为信用保证协会提供保险，保险金额为信用保证协会代替中小企业还款金额的70%～80%，其余由政府预算进行赔偿（李春根等，2011；刘孟飞，2013）。作为政府出资的中小企业贷款担保机构，芬兰专业融资公司承担50%～60%的贷款风险。其经营损失的一半由政府提供补偿。政府每年根据报告，直接将补偿金拨给该机构（文海兴等，2013）。在为中小企业贷款提供担保的过程中，韩国地方担保基金承担85%的贷款风险（课题组，2006）。

三是税收优惠。目前国外已形成了完善的税收优惠政策体系，大大减轻了担保机构的税收负担。日本政府依法免除了信用保证协会多种税收，包括法人税、所得税、事业税、事业所得税、都府县民税、市町村民税、印花税等。奥地利政府不仅免除了担保机构的收入税、财产税、营业税、资本交易税等联邦法律规定的税收，而且也免除了无政府补贴的、纯私营担保机构的所得税（李春根等，2011）。德国政府对公益性担保机构的企业所得税也给予了免除。德国规定，只要担保银行专注于担保业务不开展其他经营，就可以依法免税（李芙蓉等，2005）。

二、我国中小企业贷款担保财政支持的问题与改进

目前许多地方由财政设立了中小企业贷款担保基金，然而担保基金规模偏小，远远不能满足企业的需要。据统计，2013年底中小企业贷款性担

保贷款余额为 1.28 万亿元，仅占银行业全部贷款余额的 1.8%。需要中央政府加大支持力度，同时引导地方政府设立省级担保机构和市县级担保机构，逐步形成中央、省级、市县级在内的多层级中小企业贷款担保体系。

在贷款担保机构的风险补偿方面，财政的支持力度远远不够。近年来，尽管各级财政对担保机构补贴增长较快，但相比中小企业贷款的要求仍然差距很大。据统计，2012 年中央财政安排中小企业贷款担保资金 14 亿元，仅是 2012 年底中小企业贷款性担保贷款余额的 0.12%。如果把现有政府对中小企业的各种补贴转变为对中小企业贷款担保机构的风险补偿，则既能实现补贴的规模效益，又能解决中小企业贷款担保的风险补偿不足问题。

目前，国家已对贷款担保机构实施税收优惠。例如，符合条件的贷款担保机构从事中小企业贷款担保或再担保业务取得的收入，三年内免征营业税，期满仍符合条件的可以继续申请。但是，还需要进一步加大对中小企业贷款担保机构的税收支持力度。例如，对于公益性中小企业贷款担保机构，应当免去其一切税收。对于营利性中小企业贷款担保机构，需要给予所得税的优惠税率以及必要的减免政策。

三、中小企业贷款担保财政支持的新思路：资本金组合

据统计，截至 2013 年底，全国地方政府债务余额为 15.32 万亿元，债务率达 80.5%。加上庞大的隐性负债，则债务率会更高。如果考虑进一步减税降费、楼市调控后土地出让金收入萎缩等因素，地方财政收不抵支的形势将会更加严峻。面对这种情况，地方政府对于支持中小企业贷款担保机构难免是"心有余而力不足"。

如果转换思路，充分调动民间和外商的力量，则结果就会截然相反。可以由地方政府发起，动员民间和外商投资或捐赠，设立中小企业贷款担保资本金组合，地方财政提供一部分资金，国有企业、民营企业、外资企业和个人投资或捐赠一部分资金。地方财政可以通过年度预算支出提供一部分资金来源，投资收益部分也可以留在资本金组合内继续使用。国有企业、民营企业、外资企业出于履行社会责任的需要，也可以对资本金组合出资或提供专项捐款，其中国有企业由于其具有国有属性而需要发挥带头作用。另外，可以接受个人捐款。为鼓励捐赠，需规定捐赠部分可以抵免所得税。资本金组合由地方政府支配，主要用于对中小企业贷款担保机构

的财政支持。投资者可以要求分红，也可以放弃分红。据统计，2013 年底我国金融机构人民币各项存款余额为 104.4 万亿元，如果能够动员 1% 用于中小企业贷款担保资本金组合，则能够得到 1 万亿元的资本金，可以有效缓解地方政府的财政压力。如果按 1∶5 的杠杆率担保，则可以得到中小企业贷款担保贷款 5 万亿元，是 2013 年底中小企业贷款担保贷款余额的 3.9 倍。这当然是地方政府包揽中小企业贷款担保资金来源所难以达到的。

第三节　促进中小企业贷款担保的经营运作

一、中小企业贷款担保经营运作的国际经验

中小企业贷款担保机构离不开政府的支持，然而这并不代表政府直接提供中小企业贷款担保业务。虽然行政化运作（即政府直接提供）有其一定的优势，例如无须事先出资，可以减轻当期财政支出压力等（王召，2006），但其弊端也显而易见。例如，贷款担保机构经营易受地方政府干预，人情担保、指令担保难以避免，法人治理结构流于形式，内部控制没有得到有效实施，因此出现的担保代偿风险较高。

有基于此，德国、日本、加拿大等大多数国家采用的是市场化运作模式。这种模式要求中小企业贷款担保业务与政府隔离，完全由独立的法人实体运作。要么是设立一个专业的机构经营此项业务，要么是委托已有的机构经营此项业务。德国是设立担保银行经营中小企业贷款担保业务，日本是由信用保证协会经营中小企业贷款担保业务。而加拿大则是政府授权银行按照政府的要求进行运作，政府只负责检查和监督。

二、我国中小企业贷款担保经营运作的问题与改进

我国中小企业贷款担保经营运作存在的问题如下：一是经营效率低和逆向选择。国有贷款担保机构由于无法考核，所以难以进行激励和约束，经营效率偏低，例如审批手续繁多，等待时间冗长。二是不利于银行和企业改进经营。国有贷款担保机构虽然弥补了中小企业的信用不足，但可能

会带来道德风险。原因在于此类担保既容易使银行不认真决策和放松对企业的监控，又容易使企业在经营上消极怠工；三是缺乏可持续性。国有贷款担保机构由于单纯采用行政化运作，忽视经营风险，导致风险居高不下，加之自身缺乏应对风险的经验，化解风险的能力薄弱，往往亏损严重，给财政带来日益沉重的负担。须知，公益性不是不能营利，而是不以营利为唯一目的。否则，国有贷款担保机构就不能持续经营。

由此可见，中小企业贷款担保在保持公益性的同时，也有必要引入市场机制，开展市场化运作，这样既能坚持服务双创活动的定位，又能提高服务效率，还可以避免其他一些问题的发生。当然，公益性与营利性只是经营领域的不同，行政化运作与市场化运作也是运作方式的不同，与国有和非国有并没有必然的联系。所以，公益性并非是国有中小企业贷款担保机构的"专利"，对非国有中小企业贷款担保机构同样适用。市场化运作也并非由非国有中小企业贷款担保机构独享，对国有中小企业贷款担保机构也同样适用。开展市场化运作要求政府与中小企业贷款担保隔离，政府只承担有限责任，业务由独立的法人实体根据市场要求自主运作，政府通过考核和优选经营者提高中小企业贷款担保机构的经营效率、消除逆向选择、降低贷款风险等。

三、中小企业贷款担保经营运作的新思路：招标采购计划

中小企业贷款担保招标采购是政府通过招投标，择优确定中标人承担公益性中小企业贷款担保业务。这一路径避免了政府新设立国有中小企业贷款担保机构及维持运作的支出，促进了竞争，减少了行政干预和腐败，是一种经济合理的方式。

中小企业贷款担保招标采购的运作方式为：第一，政府部门向各担保机构发出中小企业贷款担保招标邀请，有意向的担保机构向政府部门投标，政府部门经过评审择优确定中标的担保机构。第二，企业出现资金短缺时向银行申请贷款。此时，银行要求企业提供实物抵押或担保。但企业缺乏实物抵押品，只能向中标的担保机构申请中小企业贷款担保。第三，中标的担保机构在接到申请后，对项目进行审查，然后确定是否为企业提供担保，并通知银行。第四，银行在接到担保机构愿意提供担保的承诺后，通知企业，同意发放贷款。

中小企业贷款担保招标采购的宏观意义如下：

第一，利用招投标方式采购中小企业贷款担保服务，在设定支持对象和范围后，中小企业贷款担保业务的承担资格，要通过公开竞争的方式决定由哪家机构获得，这样，只有那些对中小企业贷款担保业务深入研究进而能够有效控制成本的机构，才能够中标。所以，这种方式有利于降低中标担保机构的成本。同时，也节省了设立和运营新的专职中小企业贷款担保机构的成本。

第二，利用招投标方式采购中小企业贷款担保服务，打破了公益性担保机构与营利性担保机构的界限，使得公益性担保业务不再由公益性担保机构独家垄断，而是所有担保机构都可以参与的业务。这种方式便于挖掘营利性担保机构的潜力，有利于资源的优化配置。同时，采用招投标方式为公益性担保机构带来了竞争压力，有利于提高公益性担保机构的运作效率。专职公益性担保机构在开展公益性担保业务时，一般不会单纯从商业利益角度考虑问题，不能从中受益，所以缺乏动力机制，因而往往影响其运营效率。在招投标方式下，营利性担保机构仍然可以运用商业经营原则开展经营，能够从中受益，所以中标的营利性担保机构有足够的动力来提高其运营效率。

第三，利用招投标方式采购中小企业贷款担保服务，有助于减少行政干预和腐败的发生。专职公益性担保机构在开展公益性担保服务时，由于缺乏信息公开的程序，导致信息封闭，容易形成"批条担保"和"关系担保"。而招投标方式必须公开信息，扩大公益性担保业务的透明度，特别是中标的担保机构在实际运作过程中，要受到各方面的关注和有关部门的监督，在制度设计上有助于减少行政干预和腐败的发生。

当然，利用招投标方式采购中小企业贷款担保服务，也有一定的局限性。例如，其适用范围是有限的。一旦中标，则担保机构只能根据招标书中规定的方式和要求向相关的对象提供担保。所以，这种方式的边界虽然比较清晰，但不可能满足企业丰富多样、各具特色的担保需求。同时，它也不能完全取代公益性中小企业贷款担保机构，因为企业对公益性中小企业贷款担保的需求非常大，政府采购只能针对某些特殊的贷款担保需求，大额、连续性的贷款担保需求依靠政府采购成本也很高，所以招标采购中小企业贷款担保服务只能起到补充作用。

第四节 促进中小企业贷款担保的风险管理

一、中小企业贷款担保风险管理的国际经验

国外担保机构承担的担保风险程度各不相同，其共性是不为中小企业提供全额担保，由贷款银行分担一定的风险，这样既可防止担保机构经营风险过高，又可避免贷款银行的道德风险。

按照有关规定，美国中小企业管理局最多为中小企业提供100万美元的贷款担保，并且承担贷款风险的比例约为75%，贷款银行承担25%（王召，2006）。法国贷款银行根据对中小企业的风险评估结果，决定自担风险部分的贷款比例，其余部分由OSEO提供担保。一般来说，贷款银行承担贷款风险的比例为30%～60%，担保机构承担贷款风险的比例为40%～70%（迟凤玲等，2013）。在日本，中小企业贷款风险的20%～30%由贷款银行承担，其余风险由信用保证协会、中小企业信用保险公库等分担（曹凤岐，2001）。德国贷款银行至少承担贷款风险的20%，其余风险由担保银行和政府分担（傅勇，2014）。成立于1972年的马来西亚信用担保公司由中央银行和37家商业金融机构入股，中央银行股本占19%，商业金融机构股本占81%。在其"一般担保计划"中，只承担银行贷款60%的风险，其余风险由贷款银行承担（胡建生，2009）。

二、我国中小企业贷款担保风险管理的问题与改进

目前我国中小企业贷款担保风险管理的问题表现在：一是我国贷款担保机构的能力与风险承担程度不匹配。我国中小企业贷款担保机构资金普遍规模较小，1000万元注册资金的担保公司比比皆是。政府大都是一次性出资，缺乏补偿机制，且内部管理不规范，人员素质偏低，一旦发生代偿将难以应对。在缺乏银行、再担保机构、保险机构等分担风险机构的情况下，担保风险基本由担保机构独担。二是银行不承担贷款风险会导致银行玩忽职守。由于受传统计划经济的影响，成为银行业主体的国有银行产权不明晰，经营机制僵化，市场竞争的意识和动力不强。所以，银行与担保

机构并非平等关系，不是银行主动要求担保机构提供担保，而是担保机构开拓业务主动要求银行担保。这样一来，银行在贷款决策时会应付了事，在经营管理时会疏于对贷款资金使用的监控，这就可能会让那些"先天不足"或经营不善的企业得到贷款支持以及挪用、乱用贷款而难以发挥贷款应有的效益。

要解决上述问题，一是增强我国中小企业贷款担保机构的能力。应当按照国家对中小企业贷款担保的有关政策和具体要求定期补充资本金，建立损失补偿机制。同时，积极引进人才，提高从业人员素质，建立激励约束机制，加强内部管理，增强抵御风险的能力。二是发展再担保机构、鼓励保险机构分担中小企业贷款风险，降低中小企业贷款担保机构的担保风险。与贷款担保相比，再担保具有更强的公益性和杠杆作用，能够有效分担贷款风险和增强银行向中小企业贷款的信心，所以应当广泛设立地方再担保机构，建立健全国家再担保体系。在条件许可时，也可以设立贷款保险机构，为中小企业贷款担保机构提供保险。三是让银行适当承担贷款风险。按照国务院《关于促进贷款担保行业加快发展的意见》的要求，银行应对合作的贷款担保机构提供更多优惠，如风险分担、不收或少收保证金等。针对银行风险规避与提高贷款资金使用效率的矛盾心态，一个好的制度设计应当是，既要让银行尽其所能为中小企业提供贷款，也要让银行承担它们应当承担的风险。对此，可以借鉴日本的做法，规定担保机构应于事前将担保资金存入贷款银行的专用账户，一旦贷款无法偿还银行就可以将专用账户中的资金用来补偿（文学舟等，2011）。根据西方国家的经验，银行需要承担贷款风险的 20%～40%。低于 20%，银行缺乏加强贷前决策和贷后管理的动力；高于 40%，银行缺乏向中小企业贷款的积极性。安徽省在实践中形成的"安徽模式"值得推广，其实质是由担保机构、再担保机构、银行和地方政府共同分担风险。一旦银行贷款无法偿还，担保机构、省级再担保机构、银行、地方政府将按 4∶3∶2∶1 的比例分担风险。同时，银行对贷款担保机构收取的风险保证金，实质上是银行在名义利率之外向贷款担保机构收取的"价外税"，不仅增加了贷款担保机构的负担，而且通过贷款担保机构的"转嫁"，也增加了中小企业的负担。所以，应当取消银行对中小企业贷款担保机构收取保证金的规定，减少中小企业贷款担保机构的资金占用，扩大其资金可用量。

三、中小企业贷款担保风险管理的新思路：风险资产管理

风险资产管理是中小企业贷款担保机构对代偿后贷款形成的不良资产进行管理，以求损失最小化的方式。管理的方法是根据不良资产的状况，结合经营目标，区别对待，分类施策，具体可分为不良资产债权流转化、不良资产债权股权化和不良资产证券化等。

一是不良资产债权流转化。贷款担保，相当于担保机构向银行购买不良资产的债权。所以，担保机构既然为银行提供了代偿，就应当享有不良资产的债权。为了减轻负担，专心从事贷款担保业务，中小企业贷款担保机构可以将不良资产的债权流转给专业的资产管理机构。其优势是便于中小企业贷款担保机构集中精力经营中小企业贷款担保业务，缺陷是不能分享具有前景的高成长性中小企业发展的成果，收益比较低。中小企业贷款担保机构不良资产债权的流转，核心是不良资产价值评估。不良资产价值评估应以市场化为原则，既要考虑企业的厂房、设备、土地等有形资产因素，也要考虑企业的管理团队素质、研发能力、商誉等无形资产因素。

二是不良资产债权股权化。对于代偿后担保贷款形成的不良资产，可以采取债权转为股权的方式，由中小企业贷款担保机构持股或委托其他机构持股，通过参与公司治理或注资，改善企业的财务结构，降低企业的经营成本，提升企业的经营业绩，然后以股权回购、IPO 等途径回收担保资金，并享受投资红利。其优势是该方式把债权经营与股权经营联系起来，实现货币市场与资本市场的对接，有利于企业治理结构或融资结构的完善，形成了企业科学决策或经营的微观基础。同时该方式可以分享某些具有前景的低碳型高成长性中小企业发展的成果，收益可能比较高。如果有一项成功，就可以弥补许多项担保损失，符合小数定理的原理；缺陷是会分散中小企业贷款担保机构的精力，不利于做好主业。为保护创业者的激情，可以将不良资产的债权转化为优先股，中小企业贷款担保机构作为股东只享受收益，不参与企业决策。将中小企业贷款担保机构不良资产的债权转化为股权，核心是债权向股权的转化能力和股权退出。债权向股权的转化能力决定了债权转化为股权的数量及分红的比例，影响着企业未来的现金流。所以债权向股权的转化能力既要以债权的价值为基础，也要考虑转化后对其他股东权益的影响，例如会摊薄原有股东收益，会改变原有股东的表决权等，需要进行多次的博弈、磋商和谈判。股权退出需要考虑企

业未来的成长性。只有低碳型企业具有高成长性，只是存在暂时性的生产经营困难，那么债权转化为股权之后，中小企业贷款担保机构或其委托机构、创业投资机构等成为股东，改变企业的生产经营状况，股权退出才有保证。

三是不良资产证券化。不良资产证券化需要中小企业贷款担保机构或其代理机构作为发起机构，将不良资产委托给受托机构，由受托机构以资产支持证券的形式向投资者发行受益证券，以该财产所产生的现金支付资产支持证券收益。对于中小企业贷款担保机构来说，通过证券化将不良资产出售之后，可将缺乏流动性的不良资产提前变现，将风险转移给投资者。其优势是中小企业贷款担保机构可以提前收回担保资金，并且损失不大。同时，担保贷款形成的不良资产通常数量多、价值低，本身就具备风险分散的特征，是比较适合证券化的资产类型。另外，证券化形成了具有稳定现金流的金融产品，能够使资本市场中的投资品种得到丰富；缺陷是不能分享具有前景的高成长性中小企业发展的成果。发行中小企业贷款担保机构不良资产支持证券，核心是要做好基础资产的选择与现金流分析；拓展信用增级方式，内外结合、政担结合；建立健全信息披露制度，实现市场化的风险定价；提升二级市场的流动性，发展风险对冲工具，培育次级投资者等。

本章主要参考文献

[1] 包尧兴，郑可青. 国外财政支持信用担保机构发展的经验及启示 [J]. 浙江财税与会计，2003（10）.

[2] 曹凤岐. 建立和健全中小企业信用担保体系 [J]. 金融研究，2001（5）.

[3] 迟凤玲，张晶. 法国中小企业创新署支持融资的主要措施及对我国的启示 [J]. 科学管理研究，2013（3）.

[4] 傅勇. 德国中小企业融资体系 [J]. 中国金融，2014（4）.

[5] 胡建生. 亚洲国家（地区）支持中小企业融资的案例分析 [J]. 学习与探索，2009（4）.

[6] 课题组. 2006 年度中国担保业监管研究 [R]. 2006.

[7] 李春根，胡玮，罗丽. 国外财税政策支持信用担保机构发展的经验与启示 [J]. 中国财政，2011（4）.

[8] 李芙蓉，麻晓刚. 德国担保银行的运作对我国发展中小企业信用担保业的启示 [J]. 技术经济，2005（11）.

[9] 刘孟飞. 美国、德国和日本担保业发展及对我国的启示 [J]. 财务与金融，2013（4）.

[10] 王召. 借鉴国际经验　健全中小企业信用担保体系 [N]. 上海证券报，2006 – 05 – 24.

[11] 文海兴，李勇，许晓征. 芬兰担保业发展模式 [J]. 中国金融，2013（19）.

[12] 文学舟，梅强. 日美意三种模式信用担保机构的国际比较与借鉴 [J]. 经济问题探索，2011（7）.

[13] 庄佳晨. 中小企业节能减排制约因素分析及对策 [J]. 现代经济信息，2012（4）.

第十章 节能减排合同
服务方式探讨

中国节能减排服务业是一个前景广阔的产业。国家《节能减排"十二五"规划》明确指出，"十二五"期间要大力发展十大节能减排重点工程，为此所需的投资金额将高达 2.366 万亿元。《"十二五"节能环保产业发展规划》也提出，力争到 2015 年，节能环保产业总产值达 4.5 万亿元，年均增长 15% 以上，增加值占国内生产总值的比重为 2% 左右。由此可见，节能减排服务业未来将有一个快速的发展。

第一节　节能减排合同服务的提出背景、内涵与分类

20 世纪 70 年代世界性的能源危机引起了发达国家的经济衰退。一些西方发达国家的企业和政府机构，为了减少能源支出，降低生产成本和办公成本，纷纷对其生产场所和办公场所进行节能改造。根据这种需求，专业化的"节能服务公司"（ESCO）就应运而生，并且发展十分迅速。与此同时，随着环境污染的加剧，发达国家的环境质量也在不断恶化，为了降低污染治理成本，环境服务付费手段开始得到政府的重视，于是产生了对专业减排服务的需求。基于上述情况，一种专业的服务类型——节能减排合同服务正式诞生。

所谓节能减排合同服务，是指节能减排服务公司与用户签订节能减排合同，为用户提供节能减排诊断、节能改造、污染治理等服务，并通过分享因此产生的经济效益来回收投资和获取利润的服务类型[①]。节能减排合

---

① 关于"节能减排合同服务"，国内同类文献较多使用的是"合同能源管理"（"合同能源服务"）和"合同环境服务"（从"合同能源管理"引申而来）。"合同能源管理"作为一个外来词，并不如"节能合同服务"更加确切。同样，"合同环境服务"也不如"减排合同服务"确切。所以，我们在本报告中使用"节能减排合同服务"的概念。

同服务的核心是合同，节能减排合同服务以合同将节能减排服务公司与用户联系在一起，并约束二者的行为。同时，节能减排合同服务通过合同降低了筛选成本和讨价还价成本，有利于专业化的分工，从而为提高效率奠定了基础。另外，合同规定的期限是服务的有限期限，一旦超出该期限，合同就自动失去效力。

节能减排合同服务包括共享型节能减排合同服务、承诺型节能减排合同服务和托管型节能减排合同服务等形式。共享型节能减排合同服务，是指项目建设投资、运营和管理均由节能减排服务公司承担，项目经营期间节能减排服务公司与用户按照约定的比例共同分享项目产生的经济效益，项目经营期满节能减排服务公司将设施无偿移交给用户。承诺型节能减排合同服务，是指节能减排服务公司和用户共同出资进行项目建设（节能减排服务公司提供大部分资金，用户提供少量资金），项目的运营和管理由节能减排服务公司负责，节能减排服务公司向用户承诺完成一定的节能减排量，达不到目标者由节能减排服务公司承担成本，超额部分的收益由节能减排服务公司与用户共享。托管型节能减排合同服务，是指用户将设施委托给节能减排服务公司进行运营与管理，用户向节能减排服务公司支付托管费用，节能减排服务公司通过提高能源利用效率或污染治理效率取得经济效益，该效益由节能减排服务公司独享或与用户共享。

第二节　节能减排合同服务对于节能减排的促进作用

开展节能减排合同服务，可以大大降低用户的投资风险和技术风险，能够充分调动用户开展节能减排的积极性。国内外的实践证明，开展节能减排合同服务是行之有效的节能减排措施。

在传统的节能减排方式下，节能减排项目的所有风险都由实施节能减排投资的企业承担，这是许多企业对节能减排缺乏积极性的根本原因。而且大多数情况下，企业实施的节能减排投资并不一定能够达到预期的节能减排效果，往往存在节能减排投资的浪费，甚至项目的失败。开展节能减排合同服务，用节省的费用来支付节能减排投资和进行利益分配，减少了资金浪费，调动了各方的积极性。从企业角度来看，企业可以低风险地利用未来的经济效益进行节能减排；从行业角度来看，节能减排行业的投资既能确保"真正投在节能减排技术改造上",又能确保"达到充分的节能减排效果";从国家角度来看,规避了中国现存的管理体制的弊端,有利于走出"能源紧张—限制生产—放松管理—能源紧张"和"污染严重—限制生产—放松治理—污染严重"的"怪圈"(孙红,2010)。

位于特拉华州的 Catskill 流域,为人口达 900 万的纽约市提供了 90% 的水源。1993 年的美国清洁水法(Clear Water Act)要求水源满足联邦水环境质量标准。为达到这一标准,建设水净化处理厂的投资费用是 50 亿美元左右,这些水净化处理厂的年运转费用将达 2.5 亿美元。但是,纽约市没有建设水净化处理厂,而是实施了一个流域生态环境服务付费项目。在该项目中,处于下游的纽约市出资帮助上游的农场主进行农场污染的治理,同时帮助改善他们的生产和经营状况。该项目经过公开招标,由独立的第三方(专业机构)负责实施。纽约市负责支付污染治理的初始投资和运转费用等。经过 5 年的项目实施,目标流域中 93% 的农场主自愿加入到该项目中,超过原项目设计 85% 农场主加入的要求。经过核算,纽约市为该项目所支出的全部费用,只有建设水净化处理厂方案的 1/8(靳乐山等,2007)。

节能合同服务模式推进电机系统节能改造经济效益明显。电机作为各种设备的动力装置,广泛应用于工业、农业、交通、市政等多个行业和领域,是用电量最大的耗电终端设备。2011 年,中国电机保有量约为 17 亿千瓦,总耗电量约为 3 万亿千瓦时,电机耗电占全社会总用电量的 64%,占工业用电的 75%。与此同时,中国电机的效率平均水平比国外低 3～5 个百分点,电机系统运行效率比国外低 10～20 个百分点。据估算,电机能效每提高 1 个百分点,每年可节约用电 260 多亿千瓦时。另据测算,如果仅把低效电机换成高效电机,节电率不过 3% 左右,如果单纯一次性批量购买高效电机,投资回收期较长,一般在 8 年以上,企业积极性不高。如果利用适宜的技术,在高效电机替换低效电机的基础上,再进行系统间匹配性的改造,节电率可达到 15% 以上,有些领域甚至可达到 50% 以上。这样,投资回收期一般为 2 年左右,甚至更短,无论是企业还是节能服务公司,均会有积极性①。

---

① 节能潜力大 工信部力推电机产业转型升级 [N]. 中国证券报,2013 – 8 – 7.

第三节　节能减排合同服务的融资功能

在前面关于节能合同服务模式推进电机系统节能改造的举例中，如果节能服务公司与相关企业签订合同，由节能服务公司帮助相关企业进行电机系统的节能改造，约定因节电率提高而产生的经济效益由二者共享，则相关企业就可以在资金缺乏的情况下达到节能的效果，相当于节能服务公司为相关企业提供了资金支持。

节能减排合同服务是一种基于市场的节能减排融资机制，尤其对于缺乏节能减排资金和技术的企业来说，是一种值得采用的融资方式。其一，节能减排项目的前期投资由专业服务公司承担，企业前期无须承担或承担少量的项目投资和运行服务费用，这就解决了企业面临的资金障碍。其二，节能减排服务公司掌握着节能减排领域的先进技术和工艺，拥有企业所不具有的专业优势，企业面临的技术障碍通过专业服务方式就可以低成本地解决。其三，对于节能减排服务企业来说，与企业签订合同就意味着业务的开展和收益的保证，根据合同约定，节能减排服务公司可以前期提供的专业服务，获得长期稳定的项目收益。

节能减排合同服务的融资具有两大特殊功能：一是技术金融一体化功能。节能减排服务公司输出的不仅是资金，还有技术服务。这种利用其丰富的金融知识、与金融机构的良好关系以及专业技术来为用户提供金融上的保证，显然比传统意义上的简单节能减排服务有更大的生命力（Bertoldi et al.，2005）。二是融资乘数功能。节能减排服务公司是一个特殊的融资机构，它在为一家用户提供融资服务之后，还可以继续为另一家用户提供融资服务，如此等等，并且随着收益的增加，节能减排服务公司的资金实力不断增强，其提供融资服务用户的数量也会不断增加，这就形成了节能减排服务公司的融资乘数效应。

作为一种特殊的低碳融资机制，节能减排合同服务的融资运作过程可参见图 10-1。①是用户向节能减排服务公司表明节能减排服务需求，节能减排服务公司通过评估和考察，与用户签订合同。②是由于节能减排服务公司通常需要提供节能减排项目的投资和运营费用，其在自有资金不足的情况下需要向商业银行、投资公司或资本市场进行外部融资。节能减排服务公司可以向商业银行申请贷款，并以与用户签订的合同或未来收益权作为抵押品。这类融资的优势在于融资的可能性较大，甚至有机会享受到较低的利率；劣势在于申请程序复杂、审核时间较长。节能减排服务公司向投资公司的融资可以分为股权融资和债权融资两种。股权融资是指出让公司部分所有权，所得资金无须还本付息，但需与新股东分享公司收益。债权融资即向投资公司借债，借款到期后还本付息。这类融资的优势在于灵活快捷，但风险和成本相对较高。节能减排服务公司还可以在资本市场通过发行股票进行融资，这类融资虽然可以获得大量资金，但对于节能减排服务公司的总体实力要求较高。③是商业银行、投资公司经过评估和审查，向符合融资条件的节能减排服务公司提供资金，资本市场允许达到要求的节能减排服务公司上市发行股票，节能减排服务公司通过这些途径获得节能减排项目所需的资金。④是节能减排服务公司利用自身的资金和技术优势向用户提供节能减排服务，包括设计、采购设备、建筑安装、验收、运营管理等环节，并且利用取得的收益进行利益分配和回收投资等。至此，该流程囊括了用户通过与专业节能减排服务公司签订合同获得节能减排所需资金的完整融资过程。在这一过程中，节能减排服务公司是节能减排资金的直接借款人和使用者，相比于用户，其拥有的专业优势使得节能减排资金的获取相对容易，其对节能减排资金的利用也相对高效。

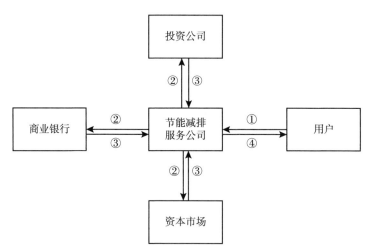

图 10 – 1　节能减排合同服务的融资过程

　　虽然优势明显，但节能减排合同服务的制约因素也值得注意。首先，在签订合同之前，节能减排服务公司需要对用户进行项目评估，两者之间存在明显的"信息不对称"，若不能进行有效的沟通和交流，节能减排服务公司将面临"逆向选择"的风险。其次，由于节能减排合同服务通常约定用户需要在项目产生收益之后对节能减排服务公司进行支付，一旦用户违约，节能减排服务公司项目前期和运行中投入的资金就无法收回，就会造成较大的经济损失。对于用户来说，其对节能减排服务公司也要慎重选择。在存在多家竞争的市场格局下，有必要对节能减排服务公司的服务态度、服务能力和服务水平进行考察与对比，从中选出较为理想的节能减排服务公司。

第四节　节能减排合同服务在中国的发展

自 20 世纪 70 年代中期节能服务公司出现之后，节能减排合同服务在发达国家得到了迅速发展。1998 年，节能合同服务开始进入中国。当时，为履行对联合国《全球气候变化框架公约》的承诺，中国政府与世界银行（WB）和全球环境基金（GEF）合作，于 1998 年 12 月开始实施"WB/GEF 中国节能促进项目"。该项目的主要目标是引进、示范、推广"节能合同服务"模式，建立基于市场的节能新机制。"WB/GEF 中国节能促进项目"的执行分为两个阶段：一期支持成立三个示范性的节能服务公司，建立国家级的节能信息传播中心，为项目提供技术援助；二期在一期示范成功的基础上建立更多的、各种类型的节能服务公司，并为其设立、运营和发展提供强有力的支持，促使中国节能产业的形成。

当时，为了保证"WB/GEF 中国节能促进项目"一期的实施，世界银行提供了 6300 万美元的贷款，欧洲委员会和全球环境基金还分别提供了 500 万美元和 2200 万美元的赠款。凭借雄厚的资金支持，"WB/GEF 中国节能促进项目"一期的实施获得了巨大的成功。截至 2006 年项目一期结束时，北京、山东、辽宁三个示范性公司共实施节能项目 450 多个，完成节能投资超过 6 亿元，资产总额超过了 3 亿元，有效地带动了国内节能服务产业的发展。

此后，中国政府一直非常重视节能合同服务的推广。2000 年 6 月，原国家经贸委就开始在全国推广节能合同服务。2010 年 4 月，国务院制定了《关于加快推行合同能源管理促进节能服务产业发展的意见》，为节能合同服务的推广创造了良好的政策和体制环境：一是加大财政资金支持力度；

二是实行税收扶持政策;三是完善相关会计制度;四是进一步改善金融服务。为了解决节能合同服务推广过程中遇到的融资难题,2010 年 6 月,财政部、国家发改委提出中央财政安排奖励资金,支持推行节能合同服务,促进节能服务产业发展。国务院于 2012 年 7 月印发的《"十二五"国家战略性新兴产业发展规划》提出,大力推行节能合同服务新业态。2012 年 8 月国务院印发的《节能减排"十二五"规划》将节能合同服务列入十大节能减排工程。此外,国务院《"十二五"节能环保产业发展规划》及相关部门的规划也提出要加强节能管理,大力推行节能合同服务。

据统计,截至 2012 年末,全国从事节能服务业务的企业已达 4175 家,从业人员突破 40 万人[①]。来自中国节能协会节能服务产业委员会的《2012 中国节能服务产业年度发展报告》显示,节能服务产业产值已由 2005 年的 47 亿元攀升至 2012 年的 1653 亿元,合同能源管理投资金额则从 2005 年的 13 亿元猛增至 2012 年的 557 亿元,合同能源管理项目的节能量从 2005 年的 86 万吨标煤提高到 2012 年的 1822 万吨标煤[②]。如表 10 - 1 所示,2005 ~ 2012 年中国节能合同服务投资和节能量均实现了快速增长,直接推动了中国节能服务产业产值的快速增长。

表 10 - 1   2005 ~ 2012 年中国节能合同服务有关数据

年份	节能合同服务投资 (亿元)	节能合同项目节能量 (万吨标准煤)	节能服务产业产值 (亿元)
2005	13	86	47
2006	19	124	83
2007	66	320	217
2008	117	569	417
2009	195	953	588
2010	288	1065	836
2011	412	1648	1250
2012	557	1822	1653

资料来源:《2012 中国节能服务产业年度发展报告》。

---

① 傅涛等. 合同环境服务的框架设计,中国固废网,2013 - 6 - 4.
② 王歆效. 全国七成企业运用合同能源管理节能减排,中国节能服务网,2013 - 6 - 28.

与节能合同服务相比，减排合同服务的发展要迟缓一些。2002 年，建设部颁布《关于加快市政公用行业市场化进程的意见》，指明了减排合同服务等市场化发展方向，建立了以特许经营为核心的制度框架。2004 年，建设部颁布《市政公用事业特许经营管理办法》，规定了适用范围、期限、操作的方式，为减排合同服务等市场化改革形成了清晰的政策支撑。以此为基础，地方陆续发布了近十个特许经营条例，出台了 20 多部管理办法。2011 年 4 月，环保部发布《关于环保系统进一步推动环保产业发展的指导意见》，鼓励积极探索减排合同服务等新型环境服务模式。2012 年 2 月，环保部在《环境服务业"十二五"发展规划》中，要求加强环境服务模式创新，试点开展减排合同服务等环境服务模式，以模式创新激发环境服务市场。2012 年 11 月，环保部在《环保服务业试点工作方案》中，提出"探索促进环保服务业发展的方式和路径取得较大进展、形成若干新型环保服务模式"等目标。在政策的有力推动和企业的积极参与下，减排合同服务市场逐步发育并走向成熟，形成了一批以首创、北控、桑德等为代表的投资运营集团，主要涉及污水处理和垃圾处理业务。据统计，资产在 50 亿元以上、营业额在 10 亿元以上的该类企业已经超过 20 家，有近 10 家企业的资产总额在 100 亿元以上[1]。

第五节 节能减排服务公司面临的信用困境与对策

一、节能减排服务公司面临信用困境的表现

由于节能服务公司投资的不是独立项目，节能合同服务项目的运行依附在用户身上，用户掌握主动权，往往是在项目已经实施后，节能服务公司与用户分享节能效益时，用户却以种种理由拒绝付款。比如，经营效益不佳、项目没有达到合同规定的节能量等。特别是一旦用户出现重大人事变更、分立、改制，法律诉讼等情况时，节能服务公司的收益更是难以保障。据统计，约有 95% 的节能服务公司在回收投资时出现问题，甚至约有

---

[1] 傅涛等. 合同环境服务的框架设计，中国固废网，2013 – 6 – 4.

1/3 的节能服务公司没有任何现金流入[①]。减排服务公司也是如此。据调查，在通过政府采购向服务企业支付服务费用的减排服务模式中，存在大量不同程度的政府采购支付违约事件，影响了减排服务的持续性。

二、节能减排服务公司面临信用困境的成因

一是全社会信用意识淡薄，缺乏对企业的信用评价。市场经济的深入拓展和社会转型的加速推进，催生了一些人急功近利的价值观。在巨大利益面前，这些人将任何手段都视作合理，任何事情都敢做，从而导致诚信缺失事件频发（廖志平，2012）。在缺乏企业信用评价的情况下，一些企业无所顾忌，敢于不守信用。

二是缺乏权威统一的技术标准。据了解，中国节能减排标准化工作取得了很大进步，但是目前还不能适应节能减排的现状，现有的 200 多项技术标准远远不能满足国家节能减排工作的需要。在发达国家开展此类业务，要比在中国容易得多，因为他们已经有比较系统的标准计算能耗（张子瑞等，2013）。所以，节能减排的服务标准缺失、节能减排效果检验评估标准缺失，尤其是难以确定节能量是节能减排服务公司面临信用困境的重要原因。

三是节能减排服务公司管理水平不高。一些节能减排服务公司存在节能减排审计能力差、缺乏识别用户信用能力、签订合同条款不完善、管理制度不健全、竞争意识不强、服务不到位等问题，导致企业声誉不佳，影响用户对企业的评价。

三、节能减排服务公司面临信用困境的对策

一是强化诚信意识，建立信用评级制度。信用作为市场经济健康运行的前提和基础，在不断完善市场经济体制的今天应当得到高度重视。当前需要在增强全社会诚信意识的同时，建立地方政府和企业的信用评级制度，督促地方政府和企业恪守信用。

二是加快推进节能减排标准化工作，为开展节能减排合同服务奠定良好的基础。当前应尽快制定节能减排的服务标准、节能减排效果检验评估

---

① 企业决胜合同能源管理　风险控制是关键，中国经济网，2010 – 7 – 20.

标准等，科学确定节能减排服务的效果，消除节能减排合同服务供求双方在认定上的分歧，促进节能减排合同服务健康发展。

三是引导节能减排服务公司提升管理水平。政府部门需要在节能减排服务领域营造公平竞争氛围，通过竞争促使节能减排服务公司不断提升管理水平，以提升节能减排审计能力和识别用户信用能力、加强合同管理、健全管理制度、增强竞争意识、提高服务质量等，提升企业声誉，赢得用户对企业的认可。近年来，法国的施耐德、瑞士的 ABB、德国的西门子、美国的霍尼韦尔等全球知名的企业，纷纷到中国开展节能减排服务项目，为中国带来了先进的管理理念和方式。今后应当继续鼓励国外节能减排服务企业到中国投资，通过管理理念和方式的扩散，提升国内节能减排服务公司的管理水平。同时，国内节能减排服务公司也可以通过聘用国外节能减排服务公司高级管理人员、选派自身高级管理人员出国进修等途径引入国外先进的管理理念和方式。另外，国内节能减排服务公司加强管理理念和方式的创新、培育具有自己特色的管理模式也很重要。

为控制由于信用缺失给节能减排服务公司带来的风险，需要引入担保或保险机制。比如，可以将政府对节能减排项目的补贴转化为节能减排合同服务信用担保基金，解决用户信用缺失给节能减排服务公司带来的风险；可以在节能减排合同服务项目实施时由担保公司或保险公司提供商业性保证服务，如果用户违约，将由担保公司或保险公司给予经济补偿。为有效降低项目实施中的回款风险，建议将用户的项目回款情况纳入中央银行的征信系统，以有效遏制用户失信行为的发生（王光辉等，2009）。

第六节 节能减排服务公司面临的政策困境与对策

一、节能减排服务公司面临政策困境的表现

一是节能减排服务公司税收负担沉重。节能减排服务公司大多为中小企业，尽管当前中小企业和大企业的适用税率基本相同，中小企业面临的税费比重相对于它的销售收入和企业规模而言，尤其是表现在事实上的其他收费和非税负担却明显重于大企业。2012 年的一项调查显示，72% 的被调查企业主观感受税收负担沉重，认为当前国家最迫切需要解决的问题是

减轻企业税收负担①。另外，节能减排服务公司目前缴纳的税收较为混乱，比如，一些增值税和企业所得税属于不当征收，该减免的税收没有减免，等等。

二是节能服务公司难以承担公共部门的节能项目。公共部门是节能服务的重点领域。在国外，1992 年美国议会通过议案要求政府机构与节能服务公司合作，以节能合同服务模式实施政府楼宇的节能改造。在这个法案中，允许政府机构在不增加能源费用的前提下，把节能合同服务项目所节约的能源费用与节能服务公司分享；同年加拿大政府也通过实施"联邦政府建筑物节能促进计划"，以节能合同服务模式推动政府机构的节能。然而，在中国现行的财务体制下，节能服务公司难以承担公共部门的节能项目（陈涛等，2012）。

二、节能减排服务公司面临政策困境的成因

一是节能服务公司服务收费缴纳增值税不合理。在节能合同服务模式中，需要通过面向社会采购为用户选择节能设备。然而中国现行的税务制度将节能服务公司等同于一般的节能设备销售商，把节能服务公司的服务收费视为一般节能设备销售商的加价，纳入增值税的范畴，增加了节能服务公司的税收负担。

二是节能服务公司在开始分享节能效益时缴纳企业所得税不合理。由于税务机关对节能减排合同服务不了解、不熟悉，把节能服务公司的服务看作为简单的设备销售，因此把节能效益分享看作为设备销售的分期付款。根据中国的税收制度的权责发生制，在节能服务公司把节能设备安装到用户后就被认定为设备销售已经实现，这样，在节能服务公司为用户实施节能项目后还只刚刚开始分享节能效益时，就被认定应立即按合同全额上缴企业所得税。本来节能服务公司为用户出资已承担了风险，还得为尚未得到的收入提前支付所得税，可以说是"雪上加霜"（陈涛等，2012）。

三是税收优惠政策较为笼统，不便于实施。2010 年 4 月，国务院制定了《关于加快推行合同能源管理促进节能服务产业发展的意见》，随后，财政部、国家税务总局颁布了《财政部、国家税务总局关于促进节能服务

---

① 高峰. 中小企业减负缘何减而不轻［N］. 中国经济时报，2013 – 9 – 25.

产业发展增值税、营业税和企业所得税政策问题的通知》，对节能服务公司实施节能合同服务项目涉及的营业税、增值税和企业所得税出台了税收优惠政策，但这一政策并未得到很好的执行。原因在于税收优惠政策较为笼统，不便于实施。比如，对节能服务公司的认定，对节能服务公司取得收入的性质等，都缺乏清晰的界定，从而不利于具体操作。

四是传统的财务管理制度对节能合同服务项目的实施存在着政策障碍。其一，中央和地方财政预算的单位没有支付节能服务收益的对应科目，财政预算没有办法为节能服务提供资金，节能服务公司开具的节能服务发票也不能视同能源费用入账抵扣，使得节能服务公司即使为政府机关、公用事业单位实施了合同能源管理项目并取得了预期的效果，也难以取得服务收益。其二，国内财政实行收支两条线，按照现行政策，实行能源合同服务节约的能源费用也不能由用能单位进行处置。而且，作为政府机关、公用事业单位，每年的水电等能源费用都有固定预算，如果能耗支出本年度节约很多，那么下一年度的该项拨款就可能被减少。如此一来，不仅节能服务公司的投资无法收回，而且上述用能单位也没有引入节能合同服务的积极性（陈涛等，2012）。

三、节能减排服务公司面临政策困境的对策

一是对节能减排服务公司给予认证，并颁发纸质证书。政府部门应出台节能减排服务公司界定办法，使节能减排服务公司能够得到认证，并对通过认证的节能服务公司颁发纸质证书，以供享受优惠政策使用。

二是允许节能服务公司将超出设备价格的收益部分按照服务业营业税5%的税率缴纳所得税，同时，按照实施的节能项目节能量，确定减免税收的优惠幅度，节能量越大，优惠幅度就越大。另外，在可能的情况下，考虑节能服务公司分年度获得节能收益的实际情况，分年度缴纳服务所得税（陈涛等，2012）。

三是对合同能源管理项目服务收入实行增值税即征即退政策。对合同能源管理项目服务收入免征增值税本身是国家对于发展节能服务行业的支持，但目前的免征增值税规定导致企业在享受税收政策优惠与满足客户要求开具增值税专用发票之间难以取舍，无法真正体现税收优惠对节能服务公司的政策扶持作用，因此建议对合同能源管理项目服务收入实行增值税即征即退政策，以解决这一矛盾（陈涛等，2012）。

四是加强对节能减排合同服务税收的学习、政策调研反馈及效应分析，将有关税收优惠政策落到实处。由于节能减排合同服务是一个新的领域，税务部门应加强对相关知识、税收优惠政策的学习，提升相关业务水平。同时，应多关注该产业链上的相关企业，做好调研工作，收集企业在税收方面遇到的问题，对优惠政策进行及时的政策效应分析，为以后的政策完善提供依据（华学成等，2013）。另外，需要根据存在的问题制订现有优惠政策的细化的实施方案，进一步落实有关税收优惠政策。比如，需要明确规定节能服务公司在什么情况下取得的收入属于营业税的应税收入，在什么情况下取得的收入属于增值税的应税收入。

五是将节能改造费用列入公共部门预算和采购范围，或者在一定时期内，对公立机构的能源费用实行固定额度预算制度，允许公共部门在不增加能源费用的前提下，与节能服务公司分享节能服务所节约的能源费用，调动公共部门购买节能服务的积极性（华学成等，2013）。

第七节 节能减排服务公司面临的融资困境与对策

节能减排合同服务的特点是节能减排服务公司需要先期进行投资，在项目正常运转产生经济效益之后才能逐步回收投资，并且项目的回报周期较长，所以节能减排服务公司往往需要大量资金的支持。尤其是在同时运营多个项目的情况下，短期无法形成可观的现金流，单靠自身财力难以支撑，节能减排服务公司需要开展外部融资。但是，节能减排服务公司存在事实上的外部融资困难。融资渠道不通，导致大量资金投入大的好的节能项目无法实施（Bertoldi et al.，2005）。

一、节能减排服务公司面临融资困境的表现

据中国环境能源资本交易中心统计，在目前节能服务公司实施节能合同服务模式遇到的难题中，融资困难占全部难题的69.5%，融资问题已成为节能减排行业发展的最大制约。据调查，2008～2011年，节能服务公司实施节能合同服务项目的资金来源主要为企业自有资金，占整个资金来源的68.5%；其次分别是对外借款、股东集资、银行贷款、第三方投资等，

节能服务公司外部融资能力很弱[①]。另据相关机构对运用节能合同服务模式的 351 家企业进行的调查表明，企业发展所需资金中，72.1% 来自企业自有资金；企业实施节能合同服务模式遇到的障碍因素中，融资困难占全部障碍的 59.6%。可见，融资困难已成为制约节能服务公司发展的第一大瓶颈（梁云凤，2011）。

二、节能减排服务公司面临融资困境的成因

节能减排服务公司外部融资困难的成因在于：一是节能减排服务公司缺乏担保条件；二是金融机构对节能减排合同服务的前景难以把握；三是节能减排合同服务存在违约风险；四是融资创新较少且有局限性。

（一）节能减排服务公司缺乏担保条件

现有的节能减排服务公司大部分是中小企业，分属市场依托型、技术依托型或资金依托型，整体规模较小，大多属于轻资产企业，可用于抵押的资产少，缺乏良好的担保条件（李华，2011）。尽管《物权法》已于 2007 年 10 月生效，但是节能减排服务公司投资所形成的资产由用户使用，银行往往不承认这种资产的实在性，不认可把这种资产作为抵押品[②]。担保公司为了保障自身利益，往往会要求企业提供反担保措施，所以，寻求担保公司的担保，对于中小节能减排服务公司来说也是困难重重[③]。

（二）金融机构对节能减排合同服务的前景难以把握

节能减排合同服务是一个新生事物，银行对其知之甚少，加之节能减排合同服务涉及的下游产业众多，服务地区跨度很大，节能技术复杂多样，银行缺少相关经验和专业人员对项目的技术可行性、盈利能力和风险等进行客观判断，市场中也没有独立第三方可以提供帮助，银行必然对此类项目持谨慎态度。如果沿用传统的项目评估方法和信贷决策程序，这类项目就只能被列为高风险项目。另外，与大企业相比，银行与中小节能减排服务公司的贷款交易成本较高，而且因中小节能减排服务公司的财务不

---

①③　北京日川联合能源投资有限公司．合同能源管理项目融资难题破解，新闻稿在线，2012 – 8 – 16.

②　王树茂．中国合同能源管理的发展和存在问题，中国合同能源管理网，2010 – 6 – 14.

规范会使银行难以了解贷款的使用情况。这些问题导致金融机构对节能减排合同服务的前景难以把握。

(三) 节能减排合同服务存在违约风险

在国内信用意识淡薄的情况下，用户违约拒绝利益分配的事例屡见不鲜，而如果诉诸法律，则执法成本较高，这种收益上的不确定性为节能减排服务公司外部融资带来了障碍。比如，节能减排合同服务在实施时，一些用户因经营管理问题和不可抗力因素导致无力支付节能减排效益，甚至有的用户只希望节能减排服务公司为其提供服务，却不愿意同对方分享经济效益（李永强，2012）。

(四) 融资创新较少且有局限性

鉴于节能减排服务公司轻资产、缺少现金流及优厚担保条件等的制约，国内多家金融机构在融资模式上进行了有益的创新。但是，这些新的融资方式仍然存在一些问题。比如，对于保理融资来说，由于部分项目的应收账款往往须满足一定条件，并非一个固定回款金额，同时，应收账款存在不确定性，在银行的保理融资中属于有瑕疵的应收账款，获得融资并非易事。可以签订固定回款协议的项目很少，或者固定回款比例很少，贷款金额也相应过少。联贷联保的优势是节能减排服务公司即使缺乏抵押和担保，也能通过"担保联合体"的方式获得银行资金支持，但这种方式缺乏持续性，如果贷款金额较大，"担保联合体"内的企业未必愿意承担连带责任①。

三、节能减排服务公司面临融资困境的对策

鉴于节能减排服务公司融资面临的困境，我们提出了以下解决模式：一是政府主导型节能减排服务公司融资模式；二是市场主导型节能减排服务公司融资模式；三是分类创新型节能减排服务公司融资模式。

(一) 政府主导型节能减排服务公司融资模式

所谓政府主导型节能减排服务公司融资模式，是指政府发挥主导作用

---

① 北京日川联合能源投资有限公司. 合同能源管理项目融资难题破解，新闻稿在线，2012 – 8 – 16.

的节能减排服务公司融资模式。图 10-2 就是该模式的示意图。在图 10-2 中，①表示政府通过财政部门编制预算，形成对节能减排服务公司的直接投入、补贴或担保；②表示政府通过出台政策引导银行业开发绿色信贷，为节能减排服务公司提供贷款支持；③表示政府通过出台政策引导资本市场开发绿色证券，为节能减排服务公司提供 IPO 支持；④表示政府通过培育中介组织，为节能减排服务公司提供融资的中介支持。

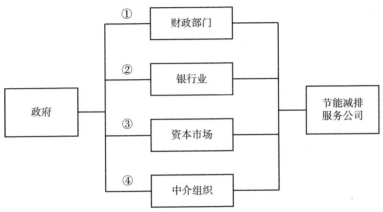

图 10-2 政府主导型节能减排服务公司融资模式

为了解决节能减排服务公司的融资困难，发达国家形成了一系列成功的经验。比如，1983 年美国成立了美国国际节能服务产业协会，对口帮助节能合同服务的发展。1992 年联邦政府又通过议案，将节能服务纳入政府节能项目。联邦政府还编制了"联邦政府能源管理项目的方法和验证指南"，为金融机构消除了无法从技术层面上量化风险的难题（段小萍，2013）。日本政府采取了两大措施：一是由日本新能源和产业技术开发组织为节能减排服务公司提供部分补助金；二是由日本政策投资银行、中小企业金融公库等政府金融机构向节能减排服务公司提供低息贷款。捷克多数节能服务公司的项目资金来源主要是银行借款，年利率为 10%~20%，这与其他转型国家相比是较低的（续振艳等，2008）。

中国政府可以借鉴这些经验，比如，成立国家及地方的节能减排服务协会，为节能减排服务公司融资提供政策咨询和信息支持；将节能减排服务纳入政府节能减排项目，消除金融机构对市场不确定性的担心；编制节能减排专门预算，设立节能减排服务专项基金，为节能减排服务公司提供直接的财政融资支持；财政建立节能减排服务风险准备金或者贴息制度，以增强银行贷款的积极性；编制"节能减排技术标准及项目评估指南"，为银行业的贷款审查提供技术支持，降低商业银行的贷款风险；组织政策性银行提供优惠贷款，使节能减排服务公司能够得到低成本的贷款，通过设立政策性信用担保机构为节能减排服务公司提供政策性信用担保；优先批准节能减排服务公司 IPO，使节能减排服务公司能够在资本市场发行股票；培育权威的技术鉴定机构和资信评估机构，便于银行业对节能减排服务公司的贷款审查和决策，等等。

（二）市场主导型节能减排服务公司融资模式

所谓市场主导型节能减排服务公司融资模式，是指市场机制发挥主导作用的节能减排服务公司融资模式。这种融资模式的特点是政府不直接发挥作用，引入保证机构参与其中，保险公司收取保费，承担用户和设备制造商的违约风险。图 10 – 3 就是该模式的示意图。在图 10 – 3 中，①表示节能减排服务公司为防范用户违约风险和设备制造商的产品质量风险，要求用户和设备制造商向保险公司投保；②表示用户和设备制造商向保险公司投保；③表示保险公司向节能减排服务公司和银行提供保证；④表示银行在得到保险公司的保证和节能减排服务公司的抵押后，向节能减排服务

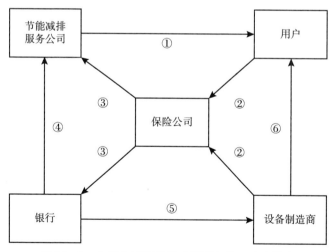

图 10 – 3　市场主导型节能减排服务公司融资模式

公司提供设备购买贷款；⑤表示节能减排服务公司通过银行向设备制造商支付设备购买资金；⑥表示设备制造商在得到设备购买资金后，向用户提供设备。

在该模式中，市场机制一直发挥主导作用。但是，该模式适用于节能减排服务公司较少的情形。在节能减排服务公司较多、竞争激烈的情况下，一般节能减排服务公司要求用户向保险公司投保，事实上是很难做到的。只有那些信誉好、竞争力强的节能减排服务公司才能做到。对于一般节能减排服务公司来说，可行的方案有二：一是政府加大节能减排力度，使用户具有节能减排的紧迫感，产生对节能减排合同服务的需求；二是政府通过财政设立节能减排服务保险基金，由该基金负责向保险公司投保，或由该基金与用户向保险公司联合投保，或由该基金与节能减排服务公司、用户三方向保险公司联合投保，解决投保单位缺乏的问题。由此可见，虽然该模式市场机制发挥主导作用，但离不开政府的支持，只不过这种支持是间接的。另外，节能减排服务公司向银行申请贷款时需要抵押（保险公司提供的保证只能证明用户不违约，不能代替抵押）。节能减排服务公司还可以使用未来收益权、专利权、耗能权和排污权等作为质押，以降低银行的经营风险。

（三）分类创新型节能减排服务公司融资模式

所谓分类创新型节能减排服务公司融资模式，是指针对不同类型的节能减排服务公司，设计不同的创新型融资方式。

对于处于初创期的节能减排服务公司，传统的融资方式是内部融资，但可以进行创新，即进行天使资本融资、创业资本融资等。

对于处于成长期和成熟期的节能减排服务公司，传统的融资方式是银行融资和股权融资（证券融资），但可以进行创新，即采取融资租赁、资产证券化融资等。

融资租赁作为一种新型的融资方式，可以弥补节能减排服务公司存在的融资缺陷。由于融资租赁具有融资与融物相结合的特点，出现问题时租赁公司可以回收、处理租赁物，因而在办理融资时对企业资信和担保的要求不高，所以比较适合中小节能减排服务公司的项目融资。此外，融资租赁属于表外融资，不体现在企业财务报表的负债项目中，不提升企业的财务风险，这对需要多渠道融资的中小节能减排服务公司而言是非常有利的①。在发达国家，融资租赁已成为节能减排服务公司仅次于银行信贷的融资渠道，80%的节能减排项目是采用融资租赁方式来实现的。随着节能减排合同服务模式在中国的进一步发展，大批融资租赁专业公司，不论内资还是外资，都纷纷看好节能减排服务行业②。与银行贷款相比，融资租赁具有融资灵活的优势，节能减排服务公司一般可以进行较高比例的融资，并且还可以通过直接租赁、回租租赁、转租赁、杠杆租赁、委托租赁等方式进行融资。

资产证券化（Asset Backed – Securitization，ABS）是把流动性不高但具有未来稳定收益的资产聚集起来，形成一个资产池，通过结构性重组和信用增级，使之成为信用等级较高、可以在资本市场上流通的债券的过程。一般来说，资产证券化过程的主要参与者有发起人、特设机构（SPV）、托管银行、信用增级机构、投资者等。与传统融资方式相比，资产证券化是一种特色鲜明的新型融资方式。资产证券化往往需要引入信托投资业务，是因为信托制度具有风险隔离功能和权利重构功能，能够充分满足资产证券化的要求，是资产证券化的有效载体（黄韵，2004）。节能减排服务公司为利用资产证券化方式融资，需要经历以下流程（见图10 – 4）：一是明确要证券化的资产，组成资产池。节能减排服务公司需要明确的资产是未来收益权、专利权、耗能权或排污权等。二是设立SPV，实现真实出售。由信托投资公司设立一个独立的SPV，然后将资产池中的未来收益权或专利权资产出售给这个特设机构，实现"破产隔离"。三是完善交易结构，进行内部评级。SPV与银行、证券承销商等签署一系列协议与合同，以完善交易结构，并进行内部评级。四是进行信用增级和发行评级。为降低融资成本，需要利用技术手段，提升所要发行证券的信用等级。之后，聘请专业信用评级机构进行正式的发行评级，并将评级结果予以公告。五是发行证券，实现融资目的。证券承销商发行证券，SPV获得证券发行收入，将发行收入的大部分支付给节能减排服务公司，实现节能减排服务公司融资的目的。

---

① 王禹淇. 融资租赁破解节能服务企业商业模式困局，赛迪顾问在线，2011 – 6 – 20.
② 北京日川联合能源投资有限公司. 合同能源管理项目融资难题破解，新闻稿在线，2012 – 8 – 16.

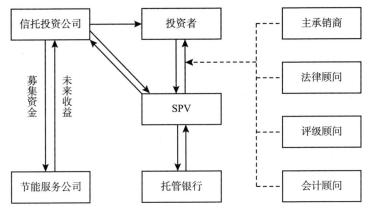

图 10-4 节能减排服务公司资产证券化流程

对于中小节能减排服务公司来说，由于企业尚处于发展阶段，自身积累有限，外部融资能力不强，因而缺乏扩大经营业务的资金。此时，以项目产生的预期现金流为支持，面向资本市场发行资产支持证券，可以获得企业急需的资金，解决企业扩大经营业务的资金短缺问题。资产支持证券本金和利息的偿付，直接以资产池所产生的现金流为保证，已经与企业本身的资信水平无关，能够避免因资信评级低而带来的融资困难，也能较好地克服因社会信用基础薄弱、治理结构不健全而影响融资的矛盾（申林英，2006）。相较于公募方式的资产证券化，类资产证券化融资规模相对较小，但发行和运作程序更简便易行，更有利于中小节能减排服务公司拓宽融资渠道，增强资产流动性，并可通过一定的结构设计和信用增级降低融资成本（陆文磊，2013）。

中国的资产证券化试点始于 2005 年，当年人民银行和银监会联合发布了《信贷资产证券化试点管理办法》，不久就推出了首批试点产品。虽然后来一度停滞，但目前大规模推行资产证券化的条件已经具备，具体表现为：一是对资产证券化产品的需求比较旺盛。在当前全民理财和金融工具创新速度很快的背景下，投资者希望有更多收益率较高、价格和信用风险可控的金融产品可供选择，未来市场上将会出现更多能够替代存款的投资理财工具，而资产证券化品种能够为这些投资理财工具提供很好的对接。二是基础资产供给比较充足。近年来通过信托贷款、委托贷款、银行票据等方式进行的表外融资业务规模已经非常庞大，这些传统的非标准化债权都面临着"标准化"问题。同时，近年来银行体系资产负债期限错配的问题比较突出，信贷资产证券化有望成为未来银行改善其资产负债结构的重要途径。以上这些情况，将给资产证券化业务提供大量可供证券化的基础资产。三是各参与主体已经积累了一定的经验。经过了多次试点，各类参与主体都具备了一定的产品设计、资产定价等经验，这为进一步拓展基础资产的范围，设计和投资相对更加复杂一些的产品提供了良好的基础。

本章主要参考文献

[1] 陈涛，陈漪，陈烈，胡琦. 推行合同能源管理存在的问题及相关建议 [J]. 建筑经济，2012（1）.

[2] 段小萍. 低碳经济情境的合同能源管理与融资偏好 [J]. 改革，2013（5）.

[3] 华学成，李颖洁. 关于合同能源管理税收优惠政策的探讨 [EB/OL]. http：//www. js－n－tax. gov. cn/art/2013/9/16/art_2741_193777. html.

[4] 黄韵. 论信托在资产证券化中的运用 [J]. 经济问题探索，2004（6）.

[5] 靳乐山，李小云，左停. 生态环境服务付费的国际经验及其对中国的启示 [J]. 生态经济，2007（12）.

[6] 李华. 打破合同能源管理资金瓶颈　银行为何难以一展身手 [N]. 中国经济导报，2011－12－03.

[7] 李永强. 合同能源管理市场乱象调查 [N]. 中国能源报，2012－2－20.

[8] 梁云凤. 破解节能服务业融资瓶颈的对策建议 [N]. 中国能源报，2011－8－29.

[9] 廖志平. 诚信缺失及其治理 [N]. 光明日报，2012－8－30.

[10] 陆文磊. 迎接资产证券化时代的到来 [N]. 上海证券报，2013－5－02.

[11] 申林英. 资产证券化可破中小企业融资难 [N]. 证券日报，2006－4－28.

[12] 孙红. 合同能源管理是一轮新的产业革命 [N]. 中国企业报，2010－4－20.

[13] 王光辉，刘峰. 新兴节能产业遭遇融资短板 [N]. 经济参考

报, 2009 - 11 - 19.

[14] 续振艳, 郭汉丁, 任邵明. 国内外合同能源管理理论与实践研究综述 [J]. 建筑经济, 2008 (12).

[15] 张子瑞. 能源计量助力节能减排标准化 [N]. 中国能源报, 2013 - 1 - 07.

[16] Bertoldi P. , Rezessy S. Energy Service Companies in Europe Status Report 2005 [R]. European Commission Directorate General Joint Research Center, 2005.

第十一章 碳排放权交易市场体系探讨

所谓碳排放权，是指企业作为独立法人所拥有的为了生产经营而消碳排放源和排放二氧化碳的权利。为了保障企业的生产经营活动，政府需要分配给企业一定的碳排放指标，即碳排放权配额（以下简称"碳配额"）。企业可以将富余的碳配额，在市场上转让给其他有需求的企业，这就是碳配额交易。

第一节 碳配额交易的融资功能

碳配额交易具有多重融资功能，既能帮助出让方企业融资，也能帮助购买方企业融资。出让方企业将富余的碳配额转让出去，就可以得到扩大生产经营所紧缺的资金。购买方企业在获得碳配额以后，在资金紧缺时，也可以将碳配额向银行质押，以得到缺乏抵押品所无法得到的银行贷款。

与节能减排合同服务融资相比，碳配额交易具有以下优势：第一，节能减排合同服务的实质是以节约的成本来支付项目的全部费用，而这部分费用本来就属于用户。即使节能减排服务公司通过服务降低了成本，用户在交易心理上还是缺乏增值感，用户认可度、接受度有限，直接导致双方在合同谈判中的地位不对等。而碳配额交易机制让节能减排服务公司和用户成为一个共同体，用户作为节能减排服务的终端消费者，同时也是节能减排量的生产者，节能减排服务公司作为节能减排服务的提供者和节能减排量的购买者，通过购买用户的节能减排量，为用户创造经济收益，同时也为节能减排服务找到更多的终端消费者。所以，碳配额交易机制为两者带来共同的市场化效益，项目推行起来也就比较容易。第二，在节能减排合同服务中，节能减排服务公司需要负责全部的运营和维护管理。这就容易造成项目执行中的人力资源配置不合理问题，比如节能减排服务公司人员不足，而用户的有关技术和管理人员闲置等。采用碳配额交易机制后，用户的有关技术和管理人员可以承担节能减排量的核查工作，有利于建立新的核查机制①。如此一来，这些人员不但不会被闲置，而且还能通过核查监督，发挥更大的作用。

第二节 实施碳配额交易的必要性和可行性

中国目前推行碳配额交易，既是必要的，也是可行的。其必要性在于，中国推行碳配额交易，是低成本地进行节能减排的需要，是实现节能减排与经济增长"双赢"的需要，是体现社会公平的需要，是弥补用能超标收费制度缺陷的需要，是保障国家经济安全的需要，是应对发达国家挑战的需要。其可行性在于，节能减排成本的差异为实施交易提供了可能，节能减排技术研发和推广得到了加强，节能减排监测标准和监测系统建设得到了加强，实行了排污总量控制和排污许可证制度。

一、实施碳配额交易的必要性

（一）低成本地进行节能减排的需要

中国正处于城市化和工业化的关键时期，已经成为全球能源消费和环境污染最严重的国家之一。为了实现可持续发展，中国必须加强节能减排。建立合法的碳排放权制度，允许这种权利在市场上进行交易，节约的碳配额就可以因节能减排成本不同而在全社会流动，那些节能减排高成本的企业也就可以较低的价格向低成本的企业购买产权配额，从而降低社会总的节能减排成本②。

---

① 崔煜晨. 节能量交易为客户和服务公司带来共同市场化效益［N］. 中国环境报，2013 - 3 - 15.

② 20 世纪 70 年代初，Montgnmery 利用数理经济学的方法证明了排放权交易体系具有污染控制的效率成本，即实现污染控制目标最低成本的特征。

（二）实现节能减排与经济增长“双赢”的需要

如果单纯依靠行政手段，容易对经济增长产生较为严重的不利影响。传统的行政手段是对一个地区的节能减排设立一个总体目标，然后通过行政命令要求每个企业完成目标，这就需要有市场需求的企业压缩产量，直接影响企业的经营效益。而碳配额交易允许碳配额在各企业间进行重新分配，可以使节能减排较为容易的企业较多地节能减排；而那些节能减排相对困难的企业，则可以有一个逐渐改进的过程，可以通过购买碳配额，在不影响生产经营的前提下，实现节能排放目标。同时，由于交易市场是竞争和开放的，任何单位和个人都可以进入市场，所以碳配额交易给非碳排放者提供了参与的机会和投资的空间（林伯强，2007）。

（三）体现社会公平的需要

采用行政手段分配节能减排指标，企业将承受很大的、横向不平等的财政负担，可能使新建、改建或扩建企业承受的治理责任超出正常水平。企业通过产品溢价来弥补减排成本的增加，又会造成纵向不公现象。采用碳配额交易，可以利用初始节能减排责任的分配来影响碳配额的初始分配，同时不会增加用于节能减排技术的开支，所以提供了同时实现效益和公平的机会（林伯强，2007）。此外，那些低于碳排放限额的企业将节约的碳配额转让出去获利，实质上是社会对该类企业外部经济的一种补偿。同样，那些高于碳排放限额的企业将为购买碳配额而支付成本，实质上是社会对该类企业外部不经济的一种处罚。

（四）弥补用能超标收费制度缺陷的需要

用能超标收费制度是由政府首先给所有用能者确定一个限额，对超限额部分确定一个费率，企业必须按照这一费率交超标费。实行用能超标收费制度有许多优点，但也存在一定的局限性。第一，政府难以确定合理的费率。确定费率必须借助于边际净收益曲线和边际外部成本曲线。而在实际过程中确定边际外部成本曲线十分困难。第二，企业可以将国家征收的部分超标费通过产品价格转嫁给消费者，如果该种产品是生活必需品，缺乏需求弹性，低收入阶层将要承受较多的税负[①]。与用能超标收费制度相

---

① 王文革，吴晨波.论节能配额交易制度［J］.环境科学与技术，2008（4）.

比，碳配额交易既避免了政府确定合理费率的困难，也避免了低收入阶层承受较多税负的问题。

（五）保障国家经济安全的需要

随着国际社会对节能减排的日益重视，碳配额尤其是碳配额逐渐成为重要的战略资源。一旦中国加入国际强制减排体系，如果没有国内碳配额市场的发展，就有可能给经济主权带来严重威胁。2008年11月，欧盟通过法案决定将国际航空领域纳入欧盟碳排放交易体系。法案规定，若航空公司的碳排放量超出上限，将被强制要求在欧盟碳市场上购买排放额度，否则将面临100欧元/吨的高额罚款。虽然该法案遭到中国等几十个国家的强烈反对，但也在一定程度上警示了碳配额市场对国家经济安全的潜在影响①。大力发展国内碳配额交易市场，有助于保障国家经济安全。

（六）应对发达国家挑战的需要

中国目前已经成为全球碳排放规模最大的国家。据数据显示，根据世界气象组织的测算，2008年中国温室气体排放量为69亿吨，占世界排放总量的22％。另据有关专家测算，到2020年，中国温室气体排放量将接近100亿吨，有可能占世界排放总量的33％②。荷兰环境评估局公布的数据显示，在2007年全球新增的温室气体排放量中，中国已占到2/3③。对此，发达国家从排放总量方面对中国减排不断施加压力。在此情形下，虽然《京都议定书》目前未给中国量化强制的温室气体碳减排任务，但未来强制实施温室气体减排的大趋势是不可改变的，为争取主动，中国现在就必须承担节能减排的责任，切实履行到2020年单位GDP中碳排放强度比2005年下降40％的目标。借鉴发达国家经验，中国必须加快发展碳配额交易。

---

① 张帆，栾静. 我国碳排放权市场发展现状与路径安排［N］. 期货日报，2013 - 10 - 31.
② 王文嫣. 国内碳排放交易即将启动　低碳产业有望收益［N］. 上海证券报，2012 - 1 - 20.
③ 荷兰环境评估局：中国是2007年最大 CO_2 排放国，中国环保网，2008 - 6 - 18.

二、实施碳配额交易的可行性分析

（一）节能减排成本的差异为实施交易提供了可能

碳配额交易的前提是买卖双方的节能减排成本有差异，这样通过交易，使交易双方均可获利。节能减排成本包括平均成本和边际成本，我们关注的多为边际成本。在管理水平不断提高和技术不断进步的情况下，节能减排的难度会越来越大，边际成本也会不断增加（郭向楠等，2011）。所以发达地区的管理水平较高、技术较先进，节能减排的成本较高。而欠发达地区则相反，节能减排的成本较低。这种成本的差异，为在不同地区之间实施碳排放权配额交易提供了客观条件。通过交易，可以降低全社会节能减排的总成本，促使社会总福利增加。

（二）节能减排技术研发和推广得到了加强

碳配额交易离不开节能减排技术的研发和推广。通过节能减排技术的研发和推广，企业可以获得更多的碳配额。"十一五"期间，中国通过实施节能减排重大科技专项，重点加强稀土永磁无铁芯电机、新型阴极结构铝电解槽及生活污水脱氮除磷等关键技术研发，纯低温余热发电、火电机组脱硫等一大批先进技术和设备得到普遍应用。通过技术研发和推广，为完成节能减排目标任务提供了重要的技术支撑①。2010 年与 2005 年相比，钢铁行业干熄焦技术普及率由不足 30% 提高到 80% 以上，水泥行业低温余热回收发电技术由开始起步提高到55%，烧碱行业离子膜法烧碱比重由29.5% 提高到 84.3%②。

（三）节能减排监测标准和监测系统建设得到了加强

碳配额交易的客体是企业节能减排的指标，这些指标在交易时必须是可以度量或可以核实的。"十一五"期间，中国制（修）订了一批单位产品用能限额标准、用能产品能效标准和污染物排放标准，在企业推行能源审计和环境审计，推进企业用能和排污在线监测系统建设。为加强工业节

---

① 国研室. 我国节能减排取得哪些新成效?，中央政府门户网站，2013 – 3 – 29.
② 国务院. 节能减排"十二五"规划，2012 – 8 – 6.

能减排监测预警体系建设，工业和信息化部于 2011 年 5 月印发了《关于建立工业节能减排信息监测系统的通知》，启动了工业节能减排信息监测系统建设工作。在各地主管部门及重点监测企业的支持下，监测系统已上线试运行，总体运行情况良好①。2012 年 1 月，工业和信息化部又印发了《关于加强工业节能减排信息监测系统建设工作的通知》，要求各地主管部门积极支持重点监测企业实施信息化技术改造，进一步提升节能减排信息监测能力和管理水平。目前，节能减排监测标准正在逐步得到健全，监测系统建设不断得到加强，随着节能减排监测工作的制度化和规范化，核实各个企业节能减排完成量变得更加容易，这为碳配额交易提供了信息保障。

（四）实行了排污总量控制和排污许可证制度

排污总量控制是将某一控制区域或单元作为一个完整的系统，采取有关措施将该区域内的排污总量控制在一定数量之内，以满足该区域节能减排的要求。排污配额交易机制是在国家对排污实施"总量控制"的前提下，引入市场机制来配置资源。与征收"排污费"或"排污税"的行政方式比较，排污配额交易机制体现的是一种"总量控制"的策略。即无论排污配额在各个企业之间如何进行分配和交易，整个区域内的总量是不会增加的。与排污总量控制相配套的是排污许可证制度。排污许可证是政府部门对企业需要排污而颁发的凭证。排污许可证制度以排污许可证为主线，将现行各项环境管理制度对企业的具体要求，集中通过许可证实行"一证管理"，目的是实现对排污单位的综合管理。中国在 20 世纪 80 年代起就在一些地方试行污染物排放总量控制和排污许可制度。在水污染物控制方面，1988 年 3 月，国家环保局发布了《水污染物排放许可证管理暂行办法》。在大气污染物控制方面，1991 年开始，国家环保局在 16 个城市进行了排放污染物总量控制和许可证制度的试点工作，取得了一定的效果。2000 年 4 月全国人大常委会修改了《中华人民共和国大气污染防治法》，修改后的该法规定，对尚未达到规定的大气环境质量标准的区域和国务院批准划定的控制区，实施主要大气污染物排放许可证制度②。

---

① 工业和信息化部. 关于加强工业节能减排信息监测系统建设工作的通知，2012 – 1 – 6.
② 姜妮. 什么是排污许可证制度？［N］. 中国环境报，2009 – 7 – 21.

第三节　中国碳配额交易的进展

中国碳配额交易的进展，包括中国碳配额交易的进展和中国排污配额交易的进展两个部分。

一、中国碳配额交易的进展

2009 年 4 月，上海市通过了《上海市节约能源条例（修订草案）》。新增了"建立节能交易平台，积极探索重点用能单位节能量指标交易"等内容。2011 年 12 月，国家发改委提出要开展节能量交易试点，全面推进低碳发展和碳排放权交易试点，并启动万家企业节能低碳行动。

自 2008 年 8 月以来，上海、北京、天津三地先后成立了环境能源交易所，其业务范畴包括节能量指标交易等的信息服务平台建设。其中，北京环境交易所在 2013 年 2 月率先实现了节能量交易。本批交易涉及的节能项目全部为节电项目，其节能量来自用能单位实施的路灯、照明灯等节能改造。用户采集电表的基础监测数据，由第三方核证机构对项目在相应期间产生的节能量进行核证与核查，之后在交易所平台上寻找适合的买家，最终成功转让相应指标[①]。

二、中国排污配额交易的进展

中国排污配额交易进展大体上经历了三个阶段[②]：

一是基础阶段。1988 年 3 月国家环保局颁布的《水污染物排放许可证管理办法》规定："水污染物排放指标，可以在本地区的排污单位间相互调剂"；1991 年，美国 EPA 排污权交易经验被正式介绍到中国；1996 年，国务院批复同意国家环保局提出的《"九五"期间全国主要污染物排放总量控制计划》，总量控制开始在全国范围内推行，为在中国开展排污产权配额交易奠定了基础。

---

① 首批节能量交易在京成交　基本条件已具备［N］. 中国证券报，2013 - 2 - 4.
② 节能减排形势依然严峻　呼唤排污权交易市场［N］. 经济参考报，2007 - 9 - 28.

二是尝试阶段。从 1993 年开始，包头、平顶山、柳州、开远、太原等地方陆续开展了二氧化硫和烟尘污染的排污权有偿使用的尝试性工作；上海、嘉兴等地相继开展了水污染物排放总量控制和排污权有偿使用尝试性工作。

三是正式试点阶段。2001 年，中国国家环保总局与美国环保协会签署《推动中国二氧化硫排放总量控制及排放权交易政策实施的研究》合作项目，同年国家环保总局和美国环境保护协会合作，共同在江苏南通和辽宁本溪进行了二氧化硫排污权交易的试点。2002 年以后，又相继在山东、山西等七省市开展"推动中国二氧化硫排放总量控制及排污权交易政策实施的研究项目"，拉开了排污产权配额交易在全国试点的序幕。之后，全国很多省市都出台了地方规范性文件，各地还相继成立了嘉兴市排污权储备交易中心、武汉光谷联合产权交易所、湖南省排污权储备交易中心等排污权交易机构，为建立完善的排污配额交易市场奠定了基础（蒋亚娟，2012）。

第四节　中国城市碳配额交易市场的优先发展

一、中国城市碳配额交易市场优先发展的依据

碳配额交易机制的核心，是碳配额交易市场。图 11 – 1 显示了一个多层碳配额交易市场的结构。如图 11 – 1 所示，国际组织将节能减排指标分解给中国中央政府，中国中央政府再将节能减排指标分解给地方政府，地方政府又将节能减排指标进一步分解给企业（碳排放者）。与此同时，国际组织创建国际碳配额交易市场，中国中央政府创建全国碳配额交易市场，地方政府创建城市碳配额交易市场。

由图 11 – 1 可知，城市碳配额交易市场位于多层碳配额交易市场的最低层，是多层碳配额交易市场的基础，具有全国碳配额交易市场所无法比拟的优势，比如具有"地利"优势、具有"低门槛"优势、具有"先行先试"优势等，应当得到优先发展。

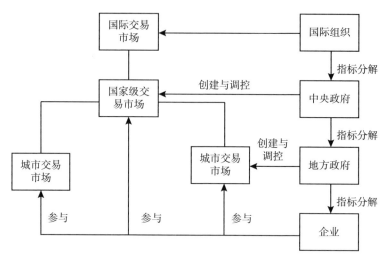

图 11 - 1　多层碳配额交易市场的结构

一是城市碳配额交易市场具有"地利"优势。城市碳配额交易市场与企业（碳排放者）的距离最近，最先了解企业对碳配额的需求状况，也最先了解企业碳配额的富余状况。城市碳配额交易市场可以利用自己的"地缘"条件，通过一系列营销手段，将这些企业发展成为市场交易者，这对于碳配额交易意识缺乏的当代中国尤其重要。

二是城市碳配额交易市场具有"低门槛"优势。由于全国碳配额交易市场具有较高的参与门槛，只有少数优秀的大企业才可以参与全国碳配额交易市场的交易。与全国碳配额交易市场相比，城市碳配额交易市场的进入门槛较低，可以容纳更多的中小企业参与交易。这一优势可以使城市碳配额交易市场活跃起来，避免出现"有场无市""有买无卖""有卖无买"等问题。

三是城市碳配额交易市场具有"先行先试"优势。中国幅员辽阔，各地情况差别较大。由于思想观念、经济发展水平、碳排放程度等的差异，期望在各城市中同时建立碳配额交易市场是不现实的。可以在经济发达地区具备条件的中心城市率先建立碳配额交易市场，待取得经验后，再逐步推广。

二、中国城市碳配额交易市场的构成

城市碳配额交易市场包括一级市场和二级市场。其中，一级市场是碳配额的初始分配市场，所进行的是能源和环境容量资源的拥有者（国家）和消费者（企业）之间的初次交易。政府代表国家将能源和环境容量资源进行分配，采用无偿或有偿的方式分配给企业，形成碳配额。二级市场是碳配额的再次分配市场，所进行的是企业和企业之间的二次配额交易。碳配额富余的企业可以向碳配额不足的企业转让配额，使配额能够在企业之间进行流动，起到优化资源配置的作用。

　　城市碳配额交易市场还包括现货市场和期货市场。由于中国市场经济体系尚不完善，现货交易具有信息分散、低透明度、不易调控等缺陷，导致依据市场供求关系形成的价格信号具有一定的盲目性、不准确性和不可预测性。期货交易则可以弥补上述不足。首先，期货交易的透明度高、竞争公开化、公平化，有助于形成公正的价格，且期货价格预测能较为准确地反映供求变动趋势；其次，期货交易具有规避风险功能，交易者可在期货市场和现货市场进行套期保值交易，以降低风险；最后，期货市场以标准化合约为交易对象，交易成本较低。因此，期货市场对于城市碳配额交易市场具有重要意义。建立城市碳配额交易市场，不能忽视期货市场的作用。合理的策略是，先建立现货市场，在现货市场有了一定基础之后，再建立期货市场。

　　我们根据城市碳配额交易的特点，构建了城市碳配额交易市场模型，见图 11 - 2。图 11 - 2 既包括一级市场和二级市场的运作过程，也包括现货市场和期货市场的运作过程，以及地方政府对城市碳配额交易的作用，反映出城市碳配额交易市场是一个相互联系、具有一定规则和流动性的复杂系统。

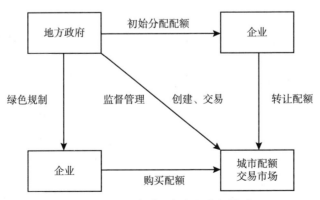

图 11 - 2　城市碳配额交易市场模型

三、中国城市碳配额交易市场的运行机制

（一）地方政府对城市碳配额交易的作用

由图 11 - 2 可知，地方政府对城市碳配额交易的作用有三：一是对城市碳配额交易市场进行创建和监督管理。地方政府作为国家和社会公共利益的代言人，以及市场秩序的制定者、维护者，主要负责创建交易市场、碳配额申请者的审查、交易规则的制定和维护等。二是进行碳配额的初始分配和绿色规制。进行碳配额初始分配，可以使企业获得碳配额，具备交易的资格。进行绿色规制，可以使企业产生对配额的要求，也可以使一些企业通过技术创新实现节能减排，成为配额的供给者。三是有选择地参与城市碳配额交易市场的交易。各个地区节能减排任务的完成程度不尽相同，有些地区可能会超额完成任务，有些地区可能没有完成任务，没有完成任务的地区可以向超额完成任务的地区购买碳配额。此时，各地区的政府部门可以委托中介机构在城市碳配额交易市场中进行交易。没有完成任务地区的政府部门是配额的买方，超额完成任务地区的政府部门是配额的卖方。

（二）城市碳配额交易市场的初始分配

城市碳配额交易市场的初始分配是碳排放权在企业的第一次分配，也即是对碳排放权的初始界定。根据科斯定理，不同的产权界定会产生不同的资源配置效率，进而影响社会福利，并且只要清晰界定产权，就可以通过市场交易实现资源配置效率。因此，对碳排放权的初始界定是进行交易的前提和基础。根据碳排放权的外部性特点，碳排放权的初始分配应当在政府主导下进行，其分配方式一般有四种：一是无偿分配，即政府参考各个企业的历史数据和现实数据，按照节能减排的总体要求进行免费分配；二是拍卖分配，即由政府部门采用公开拍卖的方式，需要碳配额的企业通过竞价来获得配额；三是固定价格出售，即对单位碳配额确定合理价格后再出售给企业；四是混合分配，即将大部分碳配额免费分配给企业，不足部分由企业通过竞价、固定价格购买等方式获得。

对于城市碳配额交易市场来说，如何进行碳配额的初始分配需要进行科学的分析。在经济转型时期，大量的中小企业面临着成本上升和外部竞

争加剧的挑战，对外部环境的变化特别敏感，碳配额的拍卖或有偿分配都会带来企业经营成本的增加，势必招致企业的排斥（蔺启良等，2011）。无偿分配方式则可以做到既不影响企业的经营成本，也不影响碳配额的初始分配。但是，按照市场经济的原则，碳配额的初始分配应当是有偿的，只有这样才能体现出各经济主体竞争的公平性。所以，碳配额的初始分配需要实现无偿与有偿的结合。在近期，碳配额的初始分配应当以无偿为主。即对现有的企业进行无偿分配，对新设立的企业进行有偿分配。在远期，碳配额的初始分配应当全部实行有偿分配，并由固定价格出售方式逐步过渡到公开拍卖方式。

（三）城市碳配额交易市场的管理制度

城市碳配额交易市场的管理制度包括交易资格审查制度、登记制度、报告制度、配额储备和回购制度、监管制度与处罚制度等。

一是交易资格审查制度。应当对进入城市碳配额交易市场的交易主体进行资格审查，考察其是否具备交易的条件。同时，加强对企业的绿色规制，规定碳配额不足的企业必须购买配额。对于新设立企业，制定技术或节能减排标准。如果采用的技术或节能减排没有达到要求，就不允许其购买碳配额，以防止高碳排放、高污染、低水平的项目"蒙混过关"。

二是登记制度。城市碳排放申报登记、指标登记和指标交易登记等，是政府掌握碳排放及其变化情况的基本途径。中国已实行排污申报登记制度，要求拥有排污指标的所有企业就持有指标数量、种类等情况进行登记（课题组，2011）。考虑到节能的紧迫性，有必要扩展为对所有碳排放的企业实行申报登记、指标登记和指标交易登记等，以便于政府进行调控和监督管理。

三是报告制度。为使政府部门掌握有关碳配额的信息，应当规定，在每个计划年度所有的碳排放企业都要提交年度报告，报告碳配额的变化情况，包括多少配额用于内部使用，多少配额用于外部交易，多少配额用于储备等（朱家贤，2010）。德国为保障免费配额申请和碳排放的真实性，规定每个设备运营商都必须向排放交易处上报排放年度计划，以及监控和测量设备排放的措施、计划的修改等，由州和区域当局核准控制计划（陈炳才等，2011）。

四是配额储备和回购制度。为便于地方政府的调控，可以考虑建立配额储备制度，即从碳配额总量中拿出一定比例作为政府储备，或者是在市场中低价收购一定数量的碳配额用于对市场的干预，以避免市场交易价格的过快上涨，保证市场的平稳健康发展。同样，可以考虑建立配额回购制度，即政府部门每年按照预先设定的规模从市场回购部分配额，以减少市场供给，从而能够抑制市场交易价格的过快下跌。

五是监管制度。应制定一系列的信息强制披露、核查等制度，加强碳市场运行的监管，保证市场的公正、公平、公开（课题组，2011）。需要指出的是，在政府的监管工作中，可以充分发挥第三方的作用。这是因为，面对众多的碳排放主体，政府部门逐一对其进行核查的成本很高，且难以实现。通过借助第三方机构的参与，可以降低政府对碳排放的监管成本，提高政府监管工作的效率（陈健鹏，2012）。德国规定，设备运营商提交的申请分配指标和碳排放报告信息必须属实，并由多家检验机构检测数据，其聘请的机构必须提供权限和环境专家证明等资料。根据法律规定，这些检验机构，在联邦环境保护局列有名单，或者完全是州内权威机构（陈炳才等，2011）。

六是处罚制度。对于超出碳配额开展经营活动的企业，需要给予处罚，以警示其他企业。欧盟的规定是，在第一阶段交易期间，每超出1吨二氧化碳应缴罚款40欧元，第二阶段则提高至100欧元。除了缴纳罚款之外，还有责任不可免除的强制性条款，即超额排放部分不会因缴纳罚款而免于承担该责任，必须在下一年的额度中予以扣除。这一政策对欧盟的碳排放交易机制的顺利运作起到重要的保护作用（尹敬东等，2010）。如果缺乏处罚制度，企业行为不受约束，就缺乏参与碳配额交易的动力。

本章主要参考文献

［1］陈炳才，郑慧，陈安国. 德国的碳排放交易制度［N］. 中国经济时报，2011－1－21.

［2］陈健鹏. 借鉴国际经验，建立中国碳排放第三方认证核查体系［J］. 发展研究，2012（10）.

［3］郭向楠，郝前进. 以碳排放权交易市场促进我国节能减排目标的实现［J］. 中国环保产业，2011（4）.

［4］国务院发展研究中心"应对气候变化"课题组. 建立我国碳市场需要解决的几个问题［R］. 2011－5－27.

［5］蒋亚娟. 中国排污权交易制度的发展困境破解［J］. 人民论坛，

2012（20）.

　　［6］林伯强. 如何用经济手段促节能减排［N］. 国际金融报，2007 -8 -07.

　　［7］蔺启良，魏良益. 我国碳排放权交易市场发展方式选择［J］. 商业时代，2011（35）.

　　［8］尹敬东，周兵. 碳交易机制与中国碳交易模式建设的思考［J］. 南京财经大学学报，2010（2）.

　　［9］朱家贤. 碳金融创新与中国排放权交易［J］. 地方财政研究，2010（1）.

第十二章　碳交易的减排效应及碳市场效率探讨

第一节　引言及文献综述

为完成国际碳减排目标，2011 年 10 月国家发改委颁布《关于开展碳排放权试点工作的通知》，选择北京、天津、上海、广东、深圳、湖北、重庆 7 省市开展碳排放权交易试点工作，截至 2017 年 9 月底，各试点碳市场共纳入 20 余个行业、近 3000 家重点排放单位，市场运行总体平稳，累计成交 2 亿吨二氧化碳。这取决于我国坚持将碳市场作为控制温室气体排放政策工具的工作定位，分阶段、有步骤地推进碳市场建设，充分发挥碳市场对温室气体排放的控制。由于我国的 CO_2 很大部分来源于工业排放，且碳排放交易的主体主要是工业企业。因此，研究碳排放交易对工业 CO_2 排放量及工业总产值的影响可以为政策推广提供实证依据，坚定我国走绿色发展道路的决心。而在这个过程中，碳排放交易和碳市场扮演着至关重要的角色，所以，加快完善我国碳交易体制机制，提升碳市场运行效率，进而对 7 个碳市场运行效率进行科学评价是一项重要的课题（沈洪涛等，2017）。

目前国内外已有大量文献探讨碳排放权交易体系发展对经济和环境的影响，并运用多种方法模拟分析中国实施全国性碳交易的相关效果，普遍认同碳交易机制能促进节能减排同时带来经济红利。罗尔夫·法耶等（Rolf Färe et al.，2013）通过实施可交易许可计划来计算燃煤电厂的潜在收益，研究发现可交易许可计划实施后，跨期配置效率和空间配置效率同时普遍较低。哈勃等（Hübler et al.，2014）运用可计算的一般均衡（CGE）模型评估了中国的碳交易政策，模型模拟表明气候政策导致 2020

年的 GDP 损失可以控制在 1% 左右，到 2030 年福利损失将达到 2% 左右。碳配额的完全拍卖与免费配置具有非常相似的宏观经济效应，但是完全拍卖导致产出比免费配置减少的更多，这些结果表明中国碳交易政策的重要性。伊莎贝尔·加莱戈·阿尔瓦雷斯等（Isabel Gallego - Álvarez et al.，2015）研究分析了二氧化碳排放变化对财务和运营绩效的影响，通过 89 家公司 2006~2009 年期间的国际数据，还加入了如公司规模、行业、可持续性指数和法律制度等控制变量，调查结果显示减少排放对财务业绩产生积极的影响。张成等（2017）以中国省际面板数据为样本，研究发现在维持全国 GDP 总量不变的国情无约束情景下，碳交易能够降低碳强度 20.06%，如果放松对全国 GDP 总量的硬性约束，并对各地区施加经济增长和环境保护的现实约束，实施碳交易能够降低碳强度 22.15%。李广明等（2017）用中国 30 个省份规模工业碳排放数据，分别采用 DID 和 PSM - DID 方法考察了碳排放交易对工业碳排放和碳强度的影响，其次在使用 SFA 测算出各省规模工业能源技术效率和能源配置效率的基础上探讨了碳交易发挥作用的机制和影响大小。

对碳交易体系（ETS）市场运行效率进行评价的现有文献不多，国内外学者各抒己见。从碳市场运行中的价格机制出发，米斯拉赫（Mizrach，2012）分析了欧洲和北美减排工具的市场结构和共同因素，研究发现欧洲交易所的现货和期货价格是协整的。尽管利差较窄，但清洁发展机制的政治不确定性仍使 EUA 和 CER 价格趋于一致。格本加·伊比昆勒等（Gbenga Ibikunle et al.，2017）研究了欧洲气候交易所的碳市场效率和流动性，利用日内短期地平线回报可预测性作为市场效率的反向指标，研究发现，流动性和市场效率之间有着强烈的关系，当利差缩小时，收益的可预测性就会降低，且 2008~2011 年碳市场逐步改善并趋于成熟。杨兴等（Xing Yang et al.，2018）采用卢伊和麦金莱（Lo and MacKinlay）提出的传统的方差比检验、莱特非参数检验及周和丹尼（Chow and Denning）提出的联合假设检验对欧盟碳排放市场进行了分析和检验，结果表明：2012 年，欧盟碳排放交易只有第二阶段的收益率遵循鞅过程，碳市场有效性较弱，而第一阶段和第三阶段则不具备有效市场的特征。王文军等（2014）以我国 7 个碳交易试点 ETS 和 19 个地区模拟 ETS 的设计方案、调研数据为基础，采用 C^2GS^2 模型构建 DEA 模型对碳交易机制的管理效率进行评价。程永伟等（2017）基于我国碳交易试点 2014~2015 年面板数据，设计加权碳价格、价格稳定性、交易活跃度、配额松紧度、市场参与度等评价指标，构建试点碳市场运行效率 DEA 评价模型并给出改进方案。杨仞等（2017）以试点地区为研究对象，从市场运行效率、经济效益、社会效益、环境效益和能耗排放控制多个角度比较各市场的运行效率，结果表明，各试点在交易机制设计中的差异导致其运行效率的表现差异很大，很难在交易所的机制设计中达到多方兼顾的目标。

　　本章的研究贡献在于：首先，根据我国 30 个省份的工业碳排放相关数据，运用倍差法探讨碳交易政策对 CO_2 排放量及工业总产值的影响，即研究碳交易政策是否具有经济和环境的双重红利；其次，在前面研究基础上，对 7 个试点碳交易市场运行效率运用 DEA 方法进行评价，深入分析碳市场调查报告，创新使用试点地区碳交易市场差异化制度作为投入指标，碳交易制度推行效果作为产出指标，探讨不同试点地区碳市场制度安排的差异化对市场运行效率的影响，并从效率提升角度为碳市场的高效率发展提供经验借鉴。

第二节　模型设计及数据来源

一、政策评估模型—DID

　　要研究碳交易现象是否降低了工业 CO_2 排放量，需要比较政策实施前后 7 个碳交易试点两个时间段的 CO_2 排放量的变化。然而影响试点 CO_2 排放量的因素有多种，比如宏观政策以及气候、环境等，所以仅仅依据试点 CO_2 排放量的变化来判断政策实施是否成功是有问题的。因此，和其他评估政策效果的研究一样，考察碳交易是否抑制了 CO_2 排放量的增长，需要引入倍差法。

　　倍差法是进行政策效果评估的常用研究方法，它能估计出某项政策对参与个体的净影响大小。事实上，从 2012 年开始的工业 CO_2 排放权交易试点政策可以看作一个准自然实验，7 个试点省份（即北京、天津、上海、湖北、广东、重庆、深圳）是处理组，其他非试点省份是对照组，2012 年前是非试点期，2012 年后是试点期。进一步将 2008～2016 年中国 31 个省份划分为 4 组子样本，即碳交易试点之前的处理组、碳交易试点之后的处理组、碳交易试点之前的对照组和碳交易试点之后的对照组。本章通过设置 treated 和 period 两个虚拟变量区别上述 4 组子样本，其中，treated = 1 代表为碳交易试点省份，treated = 0 代表其他省份，period = 0 代表碳交易试点之前的年份，period = 1 代表碳交易试点当年及之后的年份。基于此，本章构造的基本模型如下式所示：

$$\ln CE_{jt} = \beta_0 + \beta_1 treated_j + \beta_2 period_t + \beta_3 treated_j \times period_t + v_{jt} \quad (12-1)$$

$$\ln Y_{jt} = \beta_0 + \beta_1 tredted_j + \beta_2 period_t + \beta_3 treated_j \times period_t + v_{jt} \quad (12-2)$$

其中，$\ln CE_{jt}$ 和 $\ln Y_{jt}$ 分别代表第 j 省份 t 年工业的 CO_2 排放量的对数值和工业总产值的对数值。以式（12-1）为例，DID 模型中各个参数的含义见表 12-1。可以发现，对于实施碳交易的地区（treated = 1），碳交易试点前后的 CO_2 排放量情况分别是 $\beta_0 + \beta_1$ 及 $\beta_0 + \beta_1 + \beta_2 + \beta_3$，碳交易试点前后 CO_2 排放量的变化幅度是 $\Delta Y_0 = \beta_2 + \beta_3$，其中，包含碳交易等相关政策的作用。同样地，对于其他省份（treated = 0），碳交易前后的 CO_2 排放量水平分别是 β_0 及 $\beta_0 + \beta_2$，没有受到碳交易政策影响的地区在此前后 CO_2 排放量的变化是 $\Delta Y_1 = \beta_2$，这个差异并没有包含碳交易政策对地区 CO_2 排放量的影响。因此，用处理组在碳交易政策前后 CO_2 排放量的差异 ΔY_0 减去对照组在碳交易政策前后 CO_2 排放量的差异 ΔY_1，得到碳交易政策对 CO_2 排放量的净影响 $\Delta Y = \beta_3$，这是本章使用 DID 方法估计的重点，如果碳交易政策抑制了 CO_2 排放量的增长，那么，β_3 的系数应该显著为负。这样处理后，那些影响我国的一般性因素如宏观政策以及气候、环境等对 CO_2 排放量的影响就会被剔除，研究者可以更准确估计碳交易政策对 CO_2 排放量的影响（涂正革等，2015）。

表 12-1　　　　　　　　　　DID 模型中各个参数的含义

项目	碳交易试点之前（period = 0）	碳交易试点之后（period = 1）	Difference
碳交易试点（处理组，treated = 1）	$\beta_0 + \beta_1$	$\beta_0 + \beta_1 + \beta_2 + \beta_3$	$\Delta Y_0 = \beta_2 + \beta_3$
其他省份（对照组，treated = 0）	β_0	$\beta_0 + \beta_2$	$\Delta Y_1 = \beta_2$
DID			$\Delta\Delta Y = \beta_3$

资料来源：笔者根据相关资料整理所得。

基本式（12-1）和式（12-2）分别考察碳排放交易政策对当地工业 CO_2 排放量及工业总产值的影响，则交互项的系数 β_3 表示政策的净效应，即碳交易机制对工业 CO_2 排放量及工业总产值的影响。然而，在模型估计中，由于试点省份并不是随机选择的，这不符合准自然实验对处理组随机选取的基本要求，直接估计可能会引起严重偏误。为此，需要加入控制变量。

对于式（12-1），总结前人有关温室气体污染物排放方面的研究，得出影响工业 CO_2 排放量的变量包括规模（包括人口规模和经济规模）、生活水平（人均 GDP）、技术水平（能源强度）和结构（本章主要指经济结构）。在基本模型的基础上引入人口规模对数值（lnpop）、经济规模对数值（lngdp）、人均地区生产总值对数值（lnpgdp）、能源强度（ei）、产业结构（industry，即工业总产值占地区生产总值的比重）、重工业企业数量对数值（lnhcount）等控制变量（CV）来考察碳排放权交易政策对工业总产值及 CO_2 排放量的影响。因此，基本模型式（12-1）变为：

$$\ln CE_{jt} = \beta_0 + \beta_1 treated_{jt} + \beta_2 period_{jt} + \beta_3 treated_{jt}$$
$$\times period_{jt} + \sum_i \alpha_i cv_{jt}^i + v_{jt} \qquad (12-3)$$

对于式（12-2），将其建立在 C-D 生产函数上，因此需要引入资本 K、劳动力 L 及能源消费 E 三大生产要素变量。于是，式（12-2）为：

$$\ln Y_{jt} = \beta_0 + \beta_1 treated_{jt} + \beta_2 period_{jt} + \beta_3 treated_{jt}$$
$$\times period_{jt} + \sum_i \alpha_i cv_{jt}^i + v_{jt} \qquad (12-4)$$

二、ETS 运行市场效率评价模型——DEA

碳交易市场是一个涉及政府、企业、个人及碳配额、价格、成交量等多主体、多变量的复杂系统，而数据包络分析法（DEA）具有无须对参数或生产函数等作出前提假设，且特别适用于评价具有多维输入输出结构的 DMU（Decision Making Unit，DMU）效率等特点。DEA 作为一种度量相似决策单元间的效率评价工具已经在城市、公共管理政策、环境绩效管理效率等方面得到了广泛的应用，为此本章采用 DEA 对碳市场运行效率进行评价。目前最具代表性的 DEA 模型有 CCR 模型、BCC 模型，BCC 模型将 CCR 模型中的综合技术效率分解为纯技术效率（PTE）和规模效率（SE）。其可分为投入导向型和产出导向性；投入导向型是指在产出不变的情况下尽量减少资源投入量以提高效率；产出导向型是指在投入要素量不变的情况下增加产出。本书选择投入导向型的 BCC 模型测度 ETS 运行效率（程晓娟等，2013）。

假设有 n 个 DMU，每个 DMU 都有 m 种投入（表示对"资源"的消耗）以及 s 种产出（资源消耗的成果），X_{ij} 和 Y_{rj} 分别表示第 j 个决策单元 DMU_j 的第 i 种投入和第 r 种产出，λ_j 为 n 个 DMU 的投入产出指标权重，$\sum_{j=1}^{n} x_{ij}\lambda_j$ 和 $\sum_{j=1}^{n} y_{ij}\lambda_j$ 为加权处理后的 DMU 的投入量和产出量，BCC 具体模型为：

$$
\begin{cases}
\min\left[\theta - \varepsilon\left(\sum_{i=1}^{m} s_i^- + \sum_{i=1}^{m} s_r^+\right)\right] \\
\sum_{j=1}^{n} x_{ij}\lambda_j + s_i^- = \theta x_{ij}, \ i \in (1, 2, \cdots, m) \\
\text{s.t.} \ \sum_{j=1}^{n} y_{rj}\lambda_j - s_i^+ = y_{rj}, \ r \in (1, 2, \cdots, s) \\
\sum_{j=1}^{n} \lambda_j = 1 \\
\theta, \lambda_j, s_i^-, s_i^+ \geqslant 0 \\
j = 1, 2, \cdots, n
\end{cases}
\tag{12-5}
$$

式（12-5）中 θ 为相对效率；s_i^- 和 s_i^+ 为松弛变量；ε 为非阿基米德无穷小，一般取 $\varepsilon = 0.000001$。假设模型的最优解为 θ^*，s^{*+}，s^{*-}，λ^*，则有：

（1）若 $\theta^* = 1$，则代表 DMU 至少为弱 DEA 有效。

（2）若 $\theta^* = 1$ 且 $s^{*+} = s^{*-} = 0$，则代表 DMU 为 DEA 有效。

（3）若 $\theta^* < 1$ 或 $s^{*+} \neq 0$，$s^{*-} \neq 0$，则代表相应的 DMU 为非 DEA 有效。而且 θ^* 值越大，则 DMU 的相对效率就越高。

（4）利用最优解 λ^* 分析 DMU 相对应规模收益状况。若 $\sum_{j=1}^{n} \lambda_j = 1$，则规模收益不变；若 $\sum_{j=1}^{n} \lambda_j < 1$，则规模收益递增；若 $\sum_{j=1}^{n} \lambda_j j > 1$，则规模收益递减。

三、数据来源及变量选取

（一）政策评估模型所用变量来源及选取

在用政策评估模型研究碳交易对碳减排的影响时，样本数据为 2008 ~

2016 年中国 30 个省份规模以上工业企业数据，由于西藏缺失数据较多，这里不予考虑。各类数据主要来源于 2008 ~ 2016 年《中国统计年鉴》《中国能源统计年鉴》《中国工业统计年鉴》、各省份 2008 ~ 2016 年统计年鉴。需要说明的是，虽然到 2013 年 6 月份各试点省市才陆续开始试行碳排放权交易，但是碳交易试点政策正式批准的时间为 2011 年 10 月份，由于企业的行为决策存在一定的前瞻性，不能排除企业在 2012 年的时候就做出相应的反应，因此本章将 2012 ~ 2016 年作为试点后时期，而将 2008 ~ 2011 年作为试点前时期。

需要注意的是，在政策评估模型中，应用倍差法检验碳交易对碳减排的影响时：

对于式（12 – 3），各省份的地区生产总值、人均地区生产总值、工业总产值，分别以 2008 年的地区生产总值指数、人均地区生产总值指数、生产者出厂价格指数平减得到。CO_2 排放量的核算是根据 IPCC 碳排放计算指南（IPCC，2008），采用以下公式计算：

$$CE = \sum_{i=1}^{17} E_i \times C_i$$

以上公式中，CE 为碳排放量，10^4t；E_i 为能源 i 消费量，按标准煤计，10^4t；C_i 为能源 i 碳排放系数，（10^4t）P/（10^4t）；i 为能源种类，取 17 类（主要包括原煤、精洗煤、焦炭、原油、汽油、煤油、柴油、燃料油、液化石油气、炼厂干气、其他石油制品、其他焦化产品、热力、电力、焦炉煤气、其他煤气、天然气）。主要消费能源的碳排放系数来源于 IPCC 碳排放计算指南缺省值，原始数据以 J 为单位，为与统计数据单位一致，需将能量单位转化成标准煤，其数值参考赵敏在文章中计算的各种能源的碳排放系数（赵敏等，2009）。

对于式（12 – 4），选取工业固定资产净值（即固定资产原值与累计折旧之差）作为资本 K，工业全部从业人员年平均人数作为劳动力 L，分地区工业能源消耗量作为能源消费 E（郭文等，2015）。

（二）ETS 运行市场效率评价模型所用指标来源及选取

在对 ETS 运行市场效率进行测评时，数据均来自《世界银行报告：碳市场现状与趋势》、2015 ~ 2017 年《环维易为：中国碳市场调查报告》及中国碳排放交易网、7 个试点地区碳排放交易网等公布的相关交易数据，部分数据由计算得出。此外，本章收集了各试点地区颁布的政策性文件（包括碳排放配额管理实施细则及试点工作实施方案等），筛选出分配制度、覆盖范围、报告与核查制度，以及法律制度四个差异化显著的制度设计模块。因此本章从制度层面，将试点地区碳交易市场差异化制度设计作为投入指标，将碳交易制度推行效果（即交易成果、经济效益以及环境效益三个方面）作为产出指标，构建 ETS 运行市场效率评价指标体系，从而探讨 7 个不同试点地区碳交易市场制度安排的差异化对市场效率的影响。具体投入及产出指标如表 12－2 所示。

表 12－2　　　　　　ETS 运行市场效率评级指标体系

项目	一级指标	二级指标	指标解释
投入指标	分配制度	配额总量 X_1（亿吨）	由初始配额和储备配额构成
	控排覆盖范围	控排企业数量 X_2（家）	各交易试点官方平台披露数据
	报告与核查制度	核查机构数 X_3（家）	各交易试点官方平台披露数据
	法律制度	政策性文件个数 X_4（个）	各试点官方平台披露数据
产出指标	交易情况	总交易量 Y_1（万吨）	碳排放交易网在线数据计算
	经济效益	地区工业生产总值增长率 Y_2（%）	由《中国统计年鉴》及各地区统计年鉴整理
	环境效益	能源强度 Y_3（吨标准煤/万元）	由《中国能源统计年鉴》及各地区统计年鉴整理

第三节　实证结果分析

一、政策效应估计

（一）倍差法适用性检验

DID 应用的假设前提认为：尽管处理组与对照组存在差异，但是只要在试点前它们的发展趋势一致，即处理组和对照组之间的差异是固定的，则可认为这个对照组是处理组合适的"实验"对照组。处理组和对照组

2008 ~ 2016 年的平均 CO_2 排放量走势及平均工业总产值走势如图 12 - 1 及图 12 - 2 所示，从中我们可以看出试点之前（即 2012 年之前）处理组和控制组基本都具有相同的趋势，历年对照组的平均 CO_2 排放量都高于处理组，历年处理组的平均工业总产值都高于对照组，为我们使用倍差法提供了依据（郑新业等，2011）。

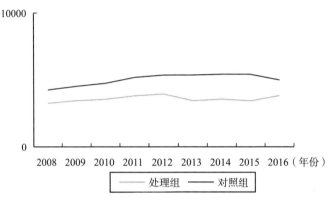

图 12 - 1　处理组和控制组 2008 ~ 2016 年工业平均 CO_2 排放变化趋势

资料来源：笔者根据相关资料整理所得。

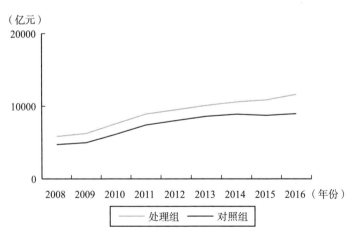

图 12 - 2　处理组和控制组 2008 ~ 2016 年平均工业总产值变化趋势

资料来源：笔者根据相关资料整理所得。

（二）主要变量描述性统计分析

为了控制其他因素的影响，本章选取了一系列控制变量。表12-3列出了描述性统计分析结果。30个省份工业CO_2排放量对数值和工业总产值对数值的均值分别为8.193992和8.552606，标准差分别为0.7928408和0.9925896，表明各省份CO_2排放量及工业总产值未存在较大差异。重工业企业数量对数值（lnhcount）均值为8.460453，标准差相对较大为1.227258，表明各省份之间重工业企业数量不一，存在较大差距。碳交易试点省份（treated）占比20%，表明碳交易试点省份相对我国总的省份来说太少。碳交易试点时期（period）占比50%，说明碳交易试点正好处于样本期间的中间年份。

表 12-3   主要变量描述性统计分析

Variable	Obs	Mean	Std. Dev	Min	Max
lnCEit	270	8.193992	0.7928408	5.584312	9.750286
lnY	270	8.552606	0.9925896	5.70588	10.39363
treated	270	0.2	0.4007428	0	1
period	270	0.5555556	0.4978268	0	1
lnpgdp	270	1.32158	0.513325	-0.1251098	2.469776
lnpop	270	-1.032637	0.7433718	-2.893176	0.0814878
lngdp	270	9.503182	0.8871734	6.926204	11.30041
industry	270	0.3978612	0.0824533	0.1190417	0.5358285
lnhcount	270	8.460453	1.227258	5.111988	10.78738
ei	270	0.933747	0.4815956	0.2712207	2.644113
lnK	270	8.778439	0.8185477	6.269759	10.55723
lnL	270	5.231751	1.099292	2.386007	7.357556
lnE	270	9.319866	0.6842242	7.034679	10.56419

资料来源：笔者根据相关资料整理所得。

（三）回归结果与分析

作为中国节能减排最大的区域经济发展战略，碳交易提供了一个准自然实验，因此，本章运用 DID 方法来评估碳交易对碳减排及经济增长的净效应。对式（12-3）和式（12-4）进行回归的结果如表12-4所示。

表 12-4 碳交易对 CO_2 排放量和经济增长影响的回归结果

变量	lnCEit（1）	lnY（2）
treated × period	-0. 2418828 *** （0. 0751229）	0. 1356769 ** （0. 0695441）
treated	-0. 0330978 （0. 0558142）	-0. 1756969 *** （0. 0639146）
period	0. 0767282 * （0. 043374）	0. 0522032 （0. 0722305）
lnpgdp	-0. 0889652 （0. 3366301）	
lnpop	0. 1899242 （0. 3365832）	
lngdp	0. 8043249 ** （0. 3362454）	
industry	1. 664616 *** （0. 2574289）	
lnhcount	0. 02572 （0. 031352）	
ei	0. 7208953 *** （0. 0437143）	
lnK		0. 5762263 *** （0. 1118047）
lnL		0. 5188592 *** （0. 0439602）
lnE		-0. 0136002 （0. 0986722）

变量	lnCEit (1)	lnY (2)
_cons	−0.791497 (3.096174)	0.8972567 *** (0.3593855)
N	270	270
R − squared	0.9195	0.8886

注：小括号内为回归系数标准误，*** 、** 和 * 分别表示显著性水平为1%、5%和10%。
资料来源：笔者根据相关资料整理所得。

表 12 – 4 的列（1）为碳排放权交易对碳排放影响的检验，列（2）为碳排放权交易对经济增长影响的检验。列（1）显示交乘项 treated × period 系数为 – 0.2418828，在 1% 的水平上显著，表明实施碳交易政策使 CO_2 排放量在 1% 的显著水平上平均下降了 24.2 个百分点，即碳交易政策具有明显的碳抑制作用；列（2）显示交乘项 treated × period 系数为 0.1356769，在 5% 的水平上显著，表明实施碳交易政策使工业总产值在 5% 的显著水平上平均上升了 13.6 个百分点，即碳交易政策对经济增长有促进作用。以上表明碳交易试点政策不仅显著增加了工业总产值创造的经济红利，而且显著降低了工业 CO_2 的排放量，达到了经济增长和节能减排的效果。

控制变量的回归结果表明：列（1）影响工业 CO_2 排放量的控制变量中，经济规模、产业结构和能源强度对碳排放量有显著的正影响，说明当前我国依旧是一个高能耗的社会，地区生产总值的增加势必会带来 CO_2 排放量的增加；列（2）影响工业总产值的控制变量中，资本及劳动力都对工业总产值在 1% 的显著水平上有正影响，能源消耗量对工业总产值的作用并不明显，甚至会降低工业总产值，说明在碳交易试点政策的实施，资本和劳动力对工业总值的增加产生了促进作用。

二、ETS 试点地区运行效率分析

（一）投入产出指标的主成分分析

在对投入产出指标运用 DEAP 2.1 软件分析前，需要满足 DEA 运用的经验前提条件，即 DEA 评价单元数应该是投入与产出指标和的两倍以上。为解决此问题，本章先采用因子分析法分别对投入产出指标进行压缩处理。

在因子分析之前，首先先对投入产出指标标准化，然后分别对投入产出指标进行 KMO 和巴特利球形检验，以检验本章所构建的评价指标体系是否适合因子分析。经过 SPSS 23.0 分析，投入指标的 KMO 值为 0.532 > 0.5，产出指标的 KMO 值为 0.511 > 0.5，二者的巴特利特检验的卡方统计值的显著性概率均为 0.000，即指标体系中各投入指标取值呈相关性，符合因子分析法对数据的要求，适合因子分析。

接下来，分别对 4 个投入指标和 3 个产出指标进行因子分析处理，分析结果如表 12 - 5 所示。投入指标的 4 个主成分的累积贡献率达到了 81.562%，产出指标的 2 个主成分的累积贡献率达到了 79.354%。按照主成分累积贡献率≥70%、特征值大于 1 的原则，对投入指标提取 2 个主成分，产出指标提取 1 个主成分，以代表原来 7 个投入产出指标的绝大部分信息。之后再对各项指标采用最大方差法进行旋转，得到旋转后的因子载荷矩阵。由因子载荷矩阵可知，投入指标中，公因子 F_1 对指标 X_1、X_2、X_3 的影响较大，定义为配额分配、控排及核查因子；公因子 2 对指标 X_4 的影响较大，定义为法律制度因子；产出指标只提出了一个成分，故无法进行旋转，将此主成分命名为交易、环境及经济效益因子。

表 12 - 5　　　　　　旋转后的投入指标因子载荷矩阵和累积贡献率

指标	投入指标		产出指标
	F_1	F_2	P_1
Zscore：X_1	- 0.760	- 0.176	
Zscore：X_2	0.940	- 0.197	
Zscore：X_3	0.864	0.046	
Zscore：X_4	0.023	0.991	
Zscore：Y_1			
Zscore：Y_2			仅提取了一个主成分，故无法旋转
Zscore：Y_3			
累积贡献率（%）	55.206	81.562	79.354

资料来源：笔者根据相关资料整理所得。

　　分别根据投入及产出指标成分得分系数矩阵，按照表中的系数，对各个原始变量加权求和，计算出每一个样本 2014~2016 年在每一个主成分上的得分。因子分析后得到的新变量中若存在负数，则无法进行 DEA 计算，为使数据平滑，并满足 DEA 模型的输入、输出数据需求，本章将计算出的投入及产出因子得分做正向化处理，将计算出的因子得分运用极大值标准模型对投入及产出数据进行无量纲处理。具体方法如下：

　　设 F_{ij}，F'_{ij} 分别为变换前后的主成分值，$\max F_{ij}$，$\min F_{ij}$ 分别为每项指标中的最大值和最小值，则通过公式：

$$F'_{ij} = 0.1 + 0.9 \times (F_{ij} - \min F_{ij}) / (\max F_{ij} - \min F_{ij})$$

　　对数据进行变换，可使变换后数据全部处于 [0.1, 1]，并且不改变原有关系。无量纲化处理后就得到了输入指标为 2 个、输出指标为 1 个的 DEA 模型数据，具体相关数据如表 12-6 所示。

表 12-6　　　　　2014~2016 年碳试点地区处理后投入及产出数据

年份	DMU	投入指标		产出指标
		F_1	F_2	P_1
2014	北京	0.822189925	0.874803428	0.191481442
	天津	0.249240145	0.372990361	0.126693738
	上海	0.413791132	0.734778198	0.1
	湖北	0.1	0.1	1
	广东	0.285756689	0.412552195	0.174322746
	重庆	0.502283772	1	0.637896197
	深圳	1	0.907792175	0.919013035
2015	北京	0.89277278	0.112179262	0.584771649
	天津	0.247042205	0.146339393	0.1
	上海	0.510566159	1	0.346990719
	湖北	0.1	0.198190549	1
	广东	0.346632809	0.570984742	0.603377184
	重庆	0.507024056	0.402020171	0.571198553
	深圳	1	0.1	0.953912684

年份	DMU	投入指标		产出指标
		F_1	F_2	P_1
2016	北京	1	0.488105732	0.622472457
	天津	0.241160499	0.353572109	0.1
	上海	0.322465658	1	0.656311556
	湖北	0.1	0.187338416	0.726731711
	广东	0.11939304	0.179520953	0.974704558
	重庆	0.417206538	0.207569683	0.502737491
	深圳	0.931990958	0.1	1

资料来源：笔者根据相关资料整理所得。

（二）投入产出指标的 DEA 结果分析

以 DEAP 2.1 软件作为分析工具，选取可变规模报酬（VRS）的投入导向型 BCC - DEA 模型，计算我国 7 个碳交易市场 2014～2016 年每年的综合技术效率、纯技术效率和规模效率。整理后的我国 7 个碳试点市场运行效率状况如表 12 - 7、图 12 - 3～图 12 - 6 所示。

表 12 - 7　　　　　　2014～2016 年 ETS 运行市场效率 DEA 评价值

年份	DMU	crste（技术效率）	vrste（纯技术效率）	scale（规模效率）	规模报酬
2014	北京	0.023	0.191	0.122	drs
	天津	0.051	0.127	0.401	drs
	上海	0.024	0.100	0.242	drs
	湖北	1.000	1.000	1.000	—
	广东	0.061	0.174	0.350	drs
	重庆	0.127	0.638	0.199	drs
	深圳	0.101	0.919	0.110	drs
	mean	0.198	0.450	0.346	

续表

年份	DMU	crste（技术效率）	vrste（纯技术效率）	scale（规模效率）	规模报酬
2015	北京	0.608	0.609	0.998	drs
	天津	0.122	1.000	0.122	irs
	上海	0.069	0.347	0.198	drs
	湖北	1.000	1.000	1.000	—
	广东	0.207	0.603	0.344	drs
	重庆	0.263	0.571	0.460	drs
	深圳	1.000	1.000	1.000	—
	mean	0.467	0.733	0.589	
2016	北京	0.207	0.622	0.333	drs
	天津	0.052	0.102	0.509	drs
	上海	0.249	0.669	0.373	drs
	湖北	0.890	1.000	0.890	irs
	广东	1.000	1.000	1.000	—
	重庆	0.394	0.511	0.772	drs
	深圳	1.000	1.000	1.000	—
	mean	0.542	0.701	0.697	

资料来源：笔者根据相关资料整理所得。

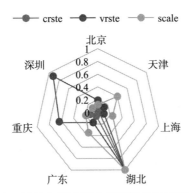

图 12 - 3　2014 年试点碳市场运行效率 DEA 评价值

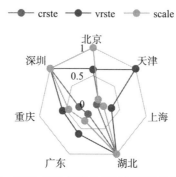

图 12 - 4　　2015 年试点碳市场运行效率 DEA 评价值

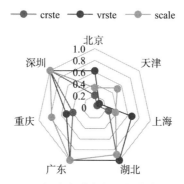

图 12 - 5　　2016 年试点碳市场运行效率 DEA 评价值

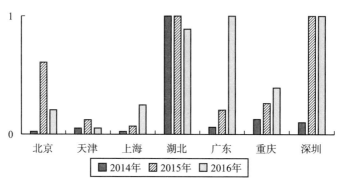

图 12 - 6　　2014 ~ 2016 年碳试点综合技术效率趋势

由图 12 - 3 ~ 图 12 - 5 及表 12 - 7 可得：2014 年仅仅只有湖北的碳市场为 DEA 有效（DEA 有效即技术效率、纯技术效率和规模效率值均为 1

且各松弛变量值为0），且规模收益不变，除湖北以外试点，北京、天津、上海、广东、重庆及深圳规模报酬都为递减状态，说明这些试点可以通过提高产出或者减少投入要素实现碳市场运行效率的最优化；2015 年，湖北和深圳的碳市场为 DEA 有效，虽然天津综合技术效率未达到有效值，但其纯技术效率值为 1，且规模报酬递增，说明其在技术投入方面水平过硬，相反应扩大规模才能使得碳市场有效；2016 年，广东和深圳的碳市场为 DEA 有效，湖北的综合技术效率值为 1，但也未能达到 DEA 有效，表明湖北碳市场也应在规模方面扩增。

由图 12 - 6 及表 12 - 7 可得：自 2013 年各试点相继启动碳交易政策到 2016 年期间，上海、广东、重庆、深圳的综合效率值是逐步上升的，其中广东在 2016 年碳市场的综合技术效率值达到了 1，深圳 2015 年及 2016 年连续两年碳市场的综合技术效率值均为 1，表明广东和深圳碳市场近几年已逐渐发展成熟，深圳作为率先实施碳交易政策的省辖市，和广东省在碳交易实施方面齐头并进，其碳市场正逐步完善；上海和重庆碳市场综合效率虽然逐年提高，但是效率值普遍偏低，重庆作为最晚启动碳交易试点的直辖市，在碳市场发展方面具有较大的潜力；湖北碳市场 2014 年及 2015 年综合技术效率值均为 1，2016 年综合技术效率值虽未达到 1，但相对其他试点来说也较高，说明湖北虽然碳交易启动试点较其他试点晚些，但其碳市场发展势头较强；北京和天津碳市场效率值相对较低，均于 2015 年碳市场的效率值相较 2014 年和 2016 年高一点，说明两个地方的碳市场仍有较大的效率改进空间。2014~2016 年我国碳交易市场每年的均值是逐年上升的，表明我国碳市场运行效率正在逐步提高。

第四节　结论与建议

本章利用我国碳排放权交易政策这一准自然实验，首先采用倍差法检验了碳排放权政策的实施对规模工业碳减排的影响，其次根据我国 7 个碳排放权交易试点近几年的实际运行情况，构造了分配制度、覆盖范围以及报告与核查制度等评价指标，利用因子分析法对指标进行降维简化处理，采用 BCC - DEA 方法构造了 ETS 运行市场效率的评价模型。研究发现：第一，碳排放权交易的实施不仅能够显著降低试点的碳排放，还提高了工业总产值。实施碳交易政策使 CO_2 排放量在 1% 的显著水平上平均下降了

24.2 个百分点，同时使工业总产值在 5% 的显著水平上平均上升了 13.6 个百分点，创造了经济和环境的双赢模式，可以得出，碳排放权交易依然是实现碳减排的重要途径。第二，经济规模、产业结构和能源强度对工业 CO_2 排放量带来显著的正影响。表明当前我国依旧是一个高能耗的社会，地区生产总值的增加势必会带来 CO_2 排放量的增加；如果产业结构不合理，高能耗产业占比过高，将会增加 CO_2 的排放量；对能源消费的需求过大，也会导致 CO_2 的排放量增加。第三，2014～2016 年我国 7 个试点地区碳市场效率整体水平逐年提高。2014 年仅仅只有湖北碳市场为 DEA 有效，2015 年及 2016 年广东和深圳的碳市场也逐步成熟，综合技术效率为 1，另外，上海及重庆的综合技术效率值虽未达到 DEA 有效，但其碳市场效率每年呈逐步上升的趋势，但同时也发现北京及天津碳市场效率不高，从侧面反映出碳交易市场活跃度不足。

在此基础上，本章提出以下政策建议：

一是建立全国统一碳市场。碳交易政策能明显抑制碳排放，对我国实现节能减排目标有很大的促进作用。但是，区域性碳市场覆盖面较小，参与者非常有限，难以影响全球的碳交易价格，对我国实现节能减排目标的作用不显著。因此需要建立全国统一的碳市场，让市场在碳减排中发挥主导作用。不容否认，试点地区的探索为建设全国性的碳市场提供了经验。但是，还需要扎实有序地逐步推进碳市场建设。一方面需要统一碳交易的制度和规则，建设全国性的注册登记系统、交易系统、清算结算系统等，形成全国统一碳市场的技术基础。另一方面以某一行业（例如发电行业）为突破口率先在全国开展碳交易，之后逐步扩大参与碳交易的行业范围和交易主体范围，增加交易品种，扩大交易规模。

二是在碳市场中引入投资者、培育中介结构及加强金融创新。首先，政府应出台政策，降低投资机构参与的门槛，引导各种投资机构特别是境外投资机构进入碳市场进行交易。境外投资机构先进的碳资产管理经验及丰富的碳交易经验，不仅可以为国内相关企业应对碳减排提供高质量的专业服务，还将有利于提高碳市场的流动性，进一步强化价格发现功能，引导相关企业增加节能减排投入。其次，大力培育中介机构，为碳交易提供中介服务。中介机构是市场的重要组成部分，可以为交易双方提供融资服务，降低交易双方的成本和风险等。所以要发展碳市场，自然必须大力培育中介机构。例如商业银行、碳排放权价值评估机构、碳排放权核查机构、碳资产管理机构等。最后，加强基于碳交易的金融创新。当前需要引导金融机构特别是商业银行开发碳金融衍生产品，例如碳基金、碳抵押、碳信托、碳众筹、碳证券化、碳保理、碳存储、碳借贷等，这样既能为金融机构走出同质竞争、开拓市场提供机会，也能为相关企业参与碳交易提供便利，还有利于挖掘盘活碳资产的经济价值，从而能够不断活跃碳市场。

三是加强中外在碳交易方面的合作。我国碳市场运行时间较短，且为区域市场，在成熟度方面远远不及国外碳市场尤其是欧盟碳市场。欧盟碳市场在制度建设、市场运行中积累了许多实践经验，值得我们学习和借鉴。所以我国应与之建立良好的合作关系，不仅要引进先进的技术和专业人才，在技术研发、人才培养方面加强合作；更要研究其在制度建设与市场运行等方面的经验特别是如何活跃碳市场、进行碳金融创新等的经验，并针对我国试点碳市场出现的问题进行比较研究，逐步完善我国各试点地区的碳交易制度和市场运行规则，为建立全国统一碳市场创造条件。

本章主要参考文献

[1] 程晓娟，韩庆兰，全春光. 基于 PCA - DEA 组合模型的中国煤炭产业生态效率研究 [J]. 资源科学，2013，35 (6).

[2] 程永伟，穆东. 我国试点碳市场运行效率评价研究 [J]. 科技管理研究，2017，37 (4).

[3] 郭文，孙涛. 中国工业行业生态全要素能源效率及其收敛性 [J]. 华东经济管理，2015，29 (2).

[4] 李广明，张维洁. 中国碳交易下的工业碳排放与减排机制研究 [J]. 中国人口·资源与环境，2017，27 (10).

[5] 沈洪涛，黄楠，刘浪. 碳排放权交易的微观效果及机制研究 [J]. 厦门大学学报（哲学社会科学版），2017 (1).

[6] 涂正革，谌仁俊. 排污权交易机制在中国能否实现波特效应？ [J]. 经济研究，2015，50 (7).

[7] 王文军，傅崇辉，骆跃军，谢鹏程，赵黛青. 我国碳排放权交易机制试点地区的 ETS 管理效率评价 [J]. 中国环境科学，2014，34 (6).

[8] 杨劼，钱崇斌，张荣光. 试点碳交易市场的运行效率比较分析 [J]. 国土资源科技管理，2017，34 (6).

[9] 张成，史丹，李鹏飞. 中国实施省际碳排放权交易的潜在成效

[J]. 财贸经济, 2017, 38 (2).

[10] 赵敏, 张卫国, 俞立中. 上海市能源消费碳排放分析 [J]. 环境科学研究, 2009, 22 (8).

[11] 郑新业, 王晗, 赵益卓. "省直管县" 能促进经济增长吗? ——双重差分方法 [J]. 管理世界, 2011 (8).

[12] Bruce Mizrach. Integration of the global carbon markets [J]. Energy economics, 2012 (1).

[13] Gbenga Ibikunle, Andros Gregoriou, Andreas G. F. Hoepner, Mark Rhodes. Liquidity and market efficiency in the world's largest carbon market [J]. The British Accounting Review, 2016, 48 (4).

[14] IPCC. 2006 IPCC guidelines for national greenhouse gas inventories: volume Ò [EBPOL]. Japan: the Institute for Global EnvironmentalStrategies, 2008 [2008 - 07 - 20]. http: PPwww. ipcc. chPipccreportsPMethodology-reports. htm.

[15] Isabel Gallego – Álvarez, Liliane Segura, Jennifer Martínez – Ferrero. Carbon emission reduction: the impact on the financial and operational performance of international companies [J]. Journal of Cleaner Production, 2015, 103.

[16] Michael Hübler, Sebastian Voigt, Andreas L? schel. Designing an emissions trading scheme for China—An up-to-date climate policy assessment [J]. Energy Policy, 2014, 75 (6): 57 –72.

[17] Rolf Färe, Shawna Grosskopf, Carl A. Pasurka. Tradable permits andunrealized gains from trade [J]. Energy economics, 2013, 40 (1): 416 – 424.

[18] Xing Yang, Hanfeng Liao, Xiaoying Feng, Xingcai Yao. Analysis and Tests on Weak – Form Efficiency of the EU Carbon Emission Trading Market [J]. Low Carbon Economy, 2018, 9 (1).

第十三章 碳排放权储备与借贷机制探讨

第一节 引　言

由全球气候变化问题引出的减少温室气体排放，进而出现的碳交易，使碳排放从科学领域跨越到金融领域。从碳排放权配额能够通过交易市场在组织实体之间进行转换开始，对于组织实体而言，碳排放权配额实质上成了一种特殊的资产——碳资产（林鹏，2010）。

人们获得效用并不一定非要通过生产，效用完全可以通过大自然的赋予而获得。正是由于环境资源具有价值，企业向大气中排放温室气体的权利也是一种稀缺资源，该资源预期会给企业带来经济利益，所以它也应该作为企业的一项资产进行确认、计量以及报告（万林葳等，2010）。尤其是随着全球碳交易机制的不断完善，二氧化碳作为商品的属性更加突出，碳资产的重要性也更加突出。由此可见，碳排放权配额的价值性体现在碳排放权配额能够在交易中为企业带来经济利益，它是企业的一项重要的无形资产（谭中明等，2011）。

一些国外学者对碳排放权配额储备问题进行了初步研究。例如，克朗肖和克鲁斯（Cronshaw and Kruse，1996）的研究表明，碳权配额的储备对企业是有益的。有些学者分别对碳权配额储备的可行性进行了深入探讨（Tietenberg，1999；Kling and Rubin，1997；Ellerman，2002；Ellerman and Montero，2002；Ellerman et al.，2003；Akhurst et al.，2003；Ehrhart et al.，2005；Schleich et al.，2006）等。但他们的研究是建立在发达国家基础上的，中国不能照搬照用这些成果。相比之外，国内学者对该问题研究较少，难以为中国的碳排放权配额储备实践提供指导，所以有必要进行基于中国国情的专题研究。

第二节 碳排放权配额储备的必要性

在碳排放权配额中选择一定比例作为国家储备，用于对碳排放权配额交易市场的适当干预，可以避免碳市场价格的剧烈波动，有利于市场的平稳发展。

在全球应对气候变化日益紧迫的形势下，碳排放空间成为越来越紧缺的自然资源和生产要素，碳排放信用将越来越凸显其独特的价值[①]。既然碳排放权配额关系到国家未来的发展，国家应该对碳排放权配额交易资源进行战略储备。目前，一些发展中国家例如印度，就把大量的碳减排项目拿到联合国政府间气候变化专门委员会（IPCC）进行认证，并自己保留部分项目进行战略储备[②]。中国也应考虑进行碳排放权配额资源的战略储备，在较低价位收购碳排放权配额，同时设立碳排放权配额储备体系。

英国 Climate Mundial 公司董事总经理丹尼尔·罗塞托指出，"由于减排目标不断收紧，可以用于碳中和的碳指标将逐步成为发达国家的必需品"。当前，碳排放权价格正在低位运行。例如，运作已有五年的联合国碳交易市场目前正面临着前所未有的萧条，2012 年联合国碳指标的价格下跌了82%，月交易总量也维持在 2008 年 3 月以来的最低点[③]。萧条的原因是美国金融危机导致的全球性的经济衰退。在全球碳排放配额总量被提前固定之后，经济衰退减少了对碳排放量的需求，从而导致碳指标价格的下跌。如图 13 - 1 所示，S 表示碳指标的供给曲线，D_1 表示初始状态下碳指标的需求曲线，当经济衰退减少了对碳排放量的需求后，需求曲线 D_1 向下平移，变为 D_2，均衡价格由 P_1 降为 P_2。但是，这种情况是暂时的，一旦经济好转，碳排放权配额的价格就会回升，并且未来价格长期来看会呈上升趋势，所以国家可以考虑进行战略投资。

发达国家一直重视碳排放权配额的储备。《美国清洁能源与安全法案》规定，每年留出部分排放配额应对潜在的碳价格上涨。可提取 2012～2019

① 深度分析中国道路的碳排放交易制度，中国环境能源资本交易中心网站.
② 我国碳交易难进"主场"[N]. 中国石油报，2009 - 9 - 18.
③ 联合国碳交易市场陷入冰点，人民网 - 环保频道，2013 - 7 - 31.

年1%的配额资金用于战略储备的资金，2020～2029年提取2%，此后提取3%。每年的具体提取数额会受到限制。如果配额价格比美国环保署早些年预测的价值翻了一番，或者在项目运行三年后比历史价格翻了一番，将拍卖战略储备中的配额。此外，拍卖的收益将用于购买额外的国际减排抵消来补充战略储备①。

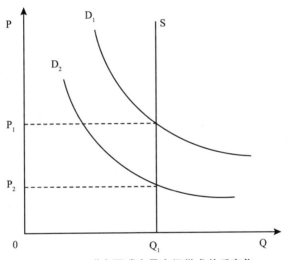

图 13-1　联合国碳交易市场供求关系变化

储备碳排放权配额，还有利于获得引入先进技术的理想机会。目前，中国由于参与国际应对气候变化的谈判较晚，对国际温室气体减排交易的情况了解不多，信息掌握不够，导致在谈判中处于弱势地位。随着今后中国对国际应对气候变化谈判的积极参与，以及对有关情况了解的加深和信息渠道的拓宽等，将会扭转在谈判中的不利局面。同时，国内有关概念数据模型（CDM）的规则、制度等也将得到不断完善。上述这些变化，将为企业引入先进技术提供理想机会。如果在 CDM 谈判时不能引入先进技术，企业可以将碳排放权配额储备起来，留待以后使用。

既然碳排放权配额作为碳资产具有很高的价值，需要进行储备，就应当建立相应的储备机制，以承担储备碳排放权配额的任务。一般的储备机制可分为三种：一是依托碳排放权配额交易机构，由碳排放权配额

---

① 美国清洁能源安全法案（简介）[J]. 电力技术，2009（12）.

交易机构承担储备碳排放权配额的功能；二是设立碳排放权配额储备中心，由碳排放权配额储备中心承担储备碳排放权配额的功能；三是设立碳排放权配额储备银行，由碳排放权配额储备银行承担储备碳排放权配额的功能。从这三种机制的作用来看，设立碳排放权配额储备银行更有必要。因为碳排放权配额储备银行不仅可以承担储备碳排放权配额的任务，也可以对碳排放权配额进行运营，使碳排放权配额更好地体现出碳资产的价值。

第三节　碳排放权配额银行的设立与运作

所谓碳排放权配额银行，是指以经营碳排放权配额业务为主、按照银行方式运作的特殊机构。碳排放权配额银行吸收碳排放权配额作为"存款"，发放碳排放权配额作为"贷款"，以"贷款"和"存款"的"利息"差额作为利润来源。

一、设立碳排放权配额银行的可行性

纽威尔等（Newell et al.，2005）认为，企业可根据碳排放权配额价格的升降决定碳排放权配额的存在状态。当碳排放权配额价格上升时，企业可借出自己的配额；当碳排放权配额价格下降时，企业可存入自己的配额。所以，企业可以像存款那样向特定机构储存（Banking）富余的碳排放权配额，以备未来使用，这是碳排放权配额的跨期消费问题。欧盟碳排放权配额交易市场完全支持碳排放权配额的存储，规定每年剩余的配额（EUA）可以用于下一年的交易，只是不得跨阶段交易（郑少华等，2010）。

同样，碳排放权配额也可以像银行贷款那样向排放企业借出（Borrowing），这是碳排放权配额的信用消费问题。相比碳排放权配额的存储，碳排放权配额的借出具有诸多消极性影响：一是会导致有关部门不能很好地评价碳信用的价值；二是会加大排放企业的"逆向选择"，不良企业或者将要破产的企业比健康运营的企业更倾向于借贷碳排放权配额；三是容易导致"道德风险"，借贷碳排放权配额的企业极易游说政府部门降低减排的标准，从而使他们借贷碳排放权配额的债务减少或者取消；四是延缓

了企业积极采取节能减排的冲动（郑少华等，2010）。因此，对碳排放权配额的借贷应进行必要的规制。

欧盟碳排放权配额交易计划在有限的条件下允许碳排放权配额的借贷。美国的立法案在严格的条件下才允许排放企业借贷碳排放权配额。2007 年美国国会审议的《气候管理与创新法案》（Climate Stewardship and Innovation Act）中规定，排放企业可以借贷排放指标，但不得超过 25%，其利率为 10%。同年审议的《美国气候安全法案》（America's Climate Security Act of 2007）对碳排放权配额的借贷也加以限制，借贷额不得超过总信用额度的 15%（郑少华等，2010）。中国碳排放权配额交易市场还处于初创阶段，为了激励企业进行节能减排，应当在法律中严格控制碳排放权配额的借贷。

二、碳排放权配额银行的功能

一是充当信用中介的功能。与商业银行一样，碳排放权配额银行也可以发挥信用中介的作用。当碳排放权配额富余的企业与碳排放权配额不足的企业不能在市场上直接进行交易时，就需要碳排放权配额银行这样的中介机构通过存储和借贷业务把双方联系起来，减少交易成本，协调交易条件，降低交易风险。

二是稳定交易市场的功能。作为市场机制之一，碳排放权配额的交易受到供给与需求关系的影响。在供过于求的情况下，如果禁止企业存储碳排放权配额，则会导致碳排放权配额价格的急剧下跌，出现碳排放权配额价格的过度波动，不利于碳排放权配额市场的发展。碳排放权配额银行解决了碳排放权配额的存储问题，有效地增强了碳排放权配额市场的流动性。相反，如果供不应求，就会出现价格快速上涨的问题。此时，碳排放权配额银行卖出储备的碳排放权配额，就可以缓解市场上价格快速上涨的问题。

三是规避价格风险的功能。如果某企业本年度有富余的碳排放权配额，可以通过市场转让出去。但未来该企业需要扩大生产经营规模而碳排放权配额不足时，就只能从市场购买碳排放权配额。如果以后碳排放权配额的支付价格低于本年度的出售价格，企业可以获利，但如果以后碳排放权配额的支付价格高于本年度的出售价格，企业就产生了亏损。碳排放权配额银行可以吸收企业存入富余的碳排放权配额，留待以后使用，以避免未来碳排放权配额市场价格走高的风险。

四是激励企业节能减排的功能。节能减排是国策，是整个中国经济转型必须面临的责任和压力，即使不做碳排放权配额交易，企业也要支付节能减排的成本。除了通过以往的行政手段来实现节能减排目标外，碳排放权配额市场带来了市场的手段，对于企业来说，也增加了一种实现节能减排的方式①。在碳排放权配额作为重要资产并可由碳排放权配额银行予以存储的条件下，为了追求由碳排放权配额带来的更多利益，企业会想方设法地改进技术、加强和改善管理，以获得更多的碳排放权配额。这些活动显然有利于节能减排。

五是受托储备碳排放权配额的功能。碳排放权配额银行可以接受政府的委托，在碳排放权配额价格低位运行时，买进碳排放权配额，进行战略储备。与政府直接进行战略储备相比，效率更高。其一，碳排放权配额银行作为从事碳排放权配额经营活动的企业，对碳排放权配额交易市场的商业运作更为熟悉，能够以比较低的价位购入碳排放权配额。其二，碳排放权配额银行作为自主经营、自负盈亏、自担风险的企业，对于碳排放权配额的战略储备，可以作为兼营业务，政府只需支付委托费用即可，不必设立专职机构和聘用人员，可以避免因设立专职机构和聘用人员而必须支付的成本。

六是完善投融碳体系的功能。与融资类似，融碳也包括直接融碳和间接融碳两种方式。碳排放权配额交易市场融碳是直接融碳，碳排放权配额银行融碳是间接融碳。目前，碳排放权配额交易市场融碳方式发展较快，而碳排放权配额银行融碳方式是一个空白。据世界银行统计，全球碳交易量从 2005 年的 7.1 亿吨上升到 2008 年的 48.1 亿吨，年均增长率达到 89.2%；碳交易额从 2005 年的 108.6 亿美元上升到 2008 年的 1263.5 亿美元，年均增长率高达 126.6%。据预测，全球碳交易市场容量将超过石油市场，成为世界第一大交易市场，而碳排放额度也将取代石油成为世界第一大商品②。在这种情况下，如果不设立碳排放权配额银行，就无法发展间接融碳，就会形成融碳体系不协调的格局。另外，碳排放权配额作为重要的无形资产，也可以与专利一样，进行折股投资，进而能够参与公司治理和利益分配，回报形式可以是碳排放权配额，也可以是现金等，这一过程称为投碳。碳排放权配额银行拥有丰富的碳排放权配额资源，但为了经

---

① 碳市场可以给企业节能减排多一个选择 [N]. 证券时报，2013 - 7 - 4.
② 新华社经济分析师. 构建碳金融体系抢占未来制高点 [N]. 经济参考报，2010 - 4 - 7.

营的安全性，可以拿出少量的碳排放权配额进行投碳[①]。所以，设立碳排放权配额银行有利于投融碳体系的完善。

三、碳排放权配额银行的业务运作

（一）碳排放权配额银行的业务运作过程

碳排放权配额银行的业务运作过程如图 13 – 2 所示。一是政府部门对企业加强监管，通过出台计划等途径将碳排放权配额分配到企业，形成企业对碳排放权配额的需求和供给。二是碳排放权配额富余的企业将富余的碳排放权配额存入碳排放权配额银行，形成碳排放权配额的"存款"；碳排放权配额不足的企业向碳排放权配额银行申请借贷，形成碳排放权配额的"贷款"。三是政府部门将碳排放权配额的战略储备业务委托给碳排放

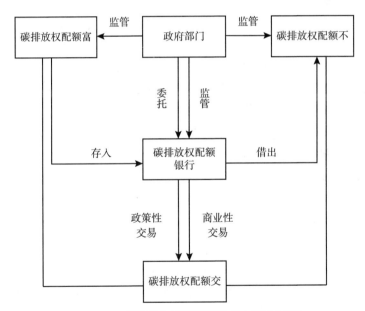

图 13 – 2　碳排放权配额银行的业务运作过程

---

① 如果拿出较多的碳排放权配额用于投碳，会影响碳排放权配额的流动性，一旦存储碳排放权配额的企业在某一时段集中提取碳排放权配额，则碳排放权配额银行就难以应对，严重者会造成碳排放权配额银行的倒闭。

权配额银行经营，同时对碳排放权配额银行加强监管，防止其偏离经营方向。四是碳排放权配额银行在碳排放权配额交易市场进行商业性交易，即从事追求自身利润最大化的碳排放权配额买卖活动；在碳排放权配额交易市场进行政策性交易，即接受政府委托对碳排放权配额进行战略性收购活动。

（二）碳排放权配额银行的业务运作类型

碳排放权配额银行可以开展专营业务和兼营业务。专营业务是商业性经营业务，包括碳排放权配额存储和借贷业务，以及碳排放权配额的商业性市场交易业务等。专营业务的特点是在控制风险的前提下，以盈利为首要目标。兼营业务是政策性经营业务，是接受政府委托进行的碳排放权配额战略储备业务。兼营业务不以盈利为首要目标，但接受政府支付的委托费用作为补偿。

1. 碳排放权配额银行的存储业务

碳排放权配额银行的存储业务分为两种：一是活期存储。即指存储碳排放权配额的企业可以随时提取的存储方式。二是定期存储。即指具有明确期限、不到期限不能提取碳排放权配额的存储方式。无论是活期存储还是定期存储，都需要碳排放权配额银行支付一定的利息，只是利率有所差异，活期存储的利率低于定期存储。

一般情况下，无论是活期存储业务还是定期存储业务，都遵循以下运作流程：第一，申请开户。企业提出开户申请，按照要求提交有关材料。第二，审查与批准。碳排放权配额银行对开户企业进行资质审核，对符合条件者准予开户。第三，存储实施与结算。开户企业将碳排放权配额存入碳排放权配额银行，并及时交割结算。活期存储可以随时提取碳排放权配额，定期存储在到期后方可提取碳排放权配额，二者均有利息收入。

2. 碳排放权配额银行的借贷业务

碳排放权配额银行的借贷业务也分为两种：一是信用借贷。即指在申请企业信用等级较高的情况下，碳排放权配额银行直接给予借贷的方式。二是担保或抵押借贷。即指由于申请企业信用不足，碳排放权配额银行需要申请企业提供担保或抵押方可给予借贷的方式。无论是信用借贷还是担保或抵押借贷，都需要申请企业支付一定的利息，但是利率有所差异，信用借贷的利率高于担保或抵押借贷。

一般情况下，无论是信用借贷还是担保或抵押借贷，都遵循以下运作流程：一是申请借贷。申请企业向碳排放权配额银行提出申请，按照要求提交有关材料。二是项目调查与评价。碳排放权配额银行对申请企业进行项目调查，对企业及项目的情况进行评价。三是借贷决策。碳排放权配额银行根据项目调查与评价情况，进行借贷决策。对符合条件者予以批准，对不符合条件者予以否决。四是签订借贷合同。接到同意借贷的通知后，申请企业与碳排放权配额银行签订借贷合同。如果是担保或抵押借贷，还需签订担保合同或抵押合同。五是借贷实施与结算。申请企业办理借贷手续，取得碳排放权配额，在借贷实施期间接受碳排放权配额银行的监督。借贷到期后，申请企业偿还借贷本金和利息。逾期不还者，碳排放权配额银行将依合同规定要求担保方履行职责，或依法处置抵押品。对于逾期不还的信用借贷，碳排放权配额银行作为坏账处理。

3. 碳排放权配额银行的商业性市场交易业务

在严格控制碳排放权配额借贷的情况下，如何实现碳排放权配额银行的正常运作，是一个难以解决的问题。因为它不能像商业银行那样依靠大规模发放贷款实现盈利，也不能依靠网点众多通过中间业务实现盈利，碳排放权配额不能流动，更无法增值，使碳排放权配额银行失去持续经营的根基。

我们认为，应当提倡碳排放权配额银行开展商业性市场交易业务，即提倡碳排放权配额银行到碳排放权配额交易市场进行低价买进和高价卖出的活动，以弥补碳排放权配额流动性的不足和获取收益，使碳排放权配额银行存储的碳排放权配额能够产生经营效益，从而保证碳排放权配额银行的可持续经营。这种方式使碳排放权配额银行在经营上能够保持一定的灵活性，当碳排放权配额在高价位时碳排放权配额银行可以卖出部分碳排放权配额，将碳排放权配额转化为现金流；当碳排放权配额在低价位时碳排放权配额银行可以买进部分碳排放权配额，将现金转化为碳排放权配额。同时，该方式还有利于增进碳排放权配额交易市场的活力，使市场能够保持活跃的态势。与单纯的碳投资机构相比，碳排放权配额银行具有碳排放权配额实力雄厚、成本低廉的优势，是一种盈利能力较强的复合型碳投资机构。

一般来说，碳排放权配额银行开展商业性市场交易业务需要遵循以下运作流程：首先，对价位进行研判。结合市场的历史走势和国内外经济、政治状况，对目前的价格水平进行评估。如果处于高位，就可以考虑卖出；如果处于低位，就可以考虑买进。其次，进行实际交易和交割。一旦决定卖出或买进，就需要选择时机，在交易后进行交割，然后做好现金入账或碳排放权配额入库等工作。

4. 碳排放权配额银行的政策性经营业务

碳排放权配额银行开展政策性经营业务，是一项风险较低的业务类型。它既可以加深碳排放权配额银行与政府的关系，又是碳排放权配额银行的一个获利渠道。一般来说，碳排放权配额银行开展政策性经营业务需要遵循以下运作流程：一是投标。在政府部门发出招标公告后，碳排放权配额银行需要编制标书并提交给招标管理机构。二是中标后的准备。由于缺乏竞争者，碳排放权配额银行自然成为中标者。然后，办理中标手续，签订委托合同，接受政府的投资资金，等等。三是战略性投资规划的编制。按照合同要求，碳排放权配额银行需要组织人员编制战略性投资规划。四是进行投资前的论证。当市场（一般为国际市场）上碳排放权配额价格处于低位时，碳排放权配额银行需要组织人员进行投资前的可行性论证。五是购买、交割与接受监管。在论证可行后，碳排放权配额银行需要在市场上购买碳排放权配额，并进行交割，做好碳排放权配额入库等工作，同时接受有关部门（机构）的监管。

第四节 碳排放权配额银行的风险分布与控制

碳排放权配额银行在进行业务运作时，不可避免地会存在一些风险，主要表现为业务经营风险、碳排放权配额乘数效应风险、"挤兑"风险、商业性经营风险、资本金不足风险等，这些风险将对碳排放权配额银行的健康经营和经济社会的健康发展产生不利影响，因而需要采取措施给予控制。

一、加强自身的风险管理，防范业务经营风险

所谓业务经营风险，是指碳排放权配额银行在业务运作时因经营管理不善而产生的风险，例如企业（客户）在存储和借贷时产生的欺骗行为等，这些行为会给碳排放权配额银行的健康经营乃至生存带来不良影响。

碳排放权配额银行的应对措施是加强风险管理。一是对存储的风险管理。存储的风险管理主要是指对存储企业的风险管理。包括是否具有排放

许可证，碳排放权配额数量证明等，以确保存入银行的碳排放权配额的合法性。二是对借贷的风险管理。借贷的风险管理包括三个方面，即借贷企业及担保方的信用管理、碳排放权配额的使用管理和碳排放权配额的数量管理。借贷企业及担保方的信用管理，是指需要对借贷企业及担保方的信用情况进行深入了解，判断借贷风险，做到未雨绸缪。碳排放权配额的使用管理，是指碳排放权配额银行对企业使用碳排放权配额的情况进行了解，防止企业利用借贷的碳排放权配额进行投机。碳排放权配额的数量管理，是指碳排放权配额银行需要限制对企业的借贷数量和比例，防止将碳排放权配额借贷过度集中在某些企业，以降低借贷风险。尤其是对高消耗、高污染的企业应从严控制。

二、严格控制碳排放权配额银行的借贷，并规定碳排放权配额不能循环使用，防范碳排放权配额乘数效应风险

商业银行由于存款资金和贷款资金的转化以及循环使用，能够产生货币乘数效应。同理，碳排放权配额银行也可以产生碳排放权配额乘数效应。商业银行能够产生货币乘数效应，是因为商业银行在吸收存款后，能够将存款资金借贷给企业，而企业在资金闲置时，又将资金存入商业银行，形成存款，如此循环往复下去，资金逐步放大。

所谓碳排放权配额乘数效应风险，是指因碳排放权配额银行的借贷和碳排放权配额循环使用导致碳排放权配额乘数效应产生的风险。碳排放权配额乘数效应对于节能减排是非常不利的。因为碳排放权配额可以不断放大，企业可以得到在正常情况下难以想象的碳排放权配额，从而鼓励企业扩大能源消费和增加污染排放。

为此，应当在制度上严格控制碳排放权配额银行的借贷数量，并且规定碳排放权配额不能循环使用，以防止借贷企业将借贷的碳排放权配额存入碳排放权配额银行，然后碳排放权配额银行再把碳排放权配额借贷给其他企业，这样就可以防止碳排放权配额乘数效应的发生。

三、适当控制运用存储碳排放权配额进行商业性卖出的比例，防范"挤兑"风险

所谓"挤兑"风险，是指企业（客户）在某一较短时间内集中向碳

排放权配额银行提取碳排放权配额而产生的风险。在"挤兑"风险发生后，如果碳排放权配额银行因碳排放权配额较少不能满足企业的要求，则碳排放权配额银行就只能宣布倒闭。

虽然商业性卖出业务是碳排放权配额银行的主要利润来源，但也不能任其随意发展。因为如果碳排放权配额银行将存储的碳排放权配额在高价位全部卖出或大部分卖出，将可能会面临存储碳排放权配额的企业集中提取碳排放权配额的风险，即"挤兑"风险。

要防范"挤兑"风险，必须适当控制碳排放权配额银行运用存储碳排放权配额进行商业性卖出的比例。在控制比例以后，碳排放权配额银行面临如何扩大经营的问题。我们认为，碳排放权配额银行可以先利用资本金买进一部分碳排放权配额，在碳排放权配额到达理想价位时，将这部分碳排放权配额与存储的部分碳排放权配额组合起来卖出，获得的资金是以后买进碳排放权配额的基金，如此不断滚动发展，就可以形成良性循环。

四、建立经营性亏损准备金制度和资本金补充制度，防范商业性经营风险

所谓商业性经营风险，是指碳排放权配额银行在开展商业性市场交易时出现亏损而产生的风险。影响碳排放权配额交易市场价格的因素很多，碳排放权配额的价格走势很难准确预测出来。当碳排放权配额银行判断目前的价格处于高位而决定卖出时，也许不久就出现更高的价格，而此时碳排放权配额银行为了碳排放权配额的周转而不得不买进碳排放权配额，于是就形成了亏损。

为防范商业性经营风险，应当建立碳排放权配额银行的经营性亏损准备金制度，规定碳排放权配额银行每年应从盈利中提取一定比例的资金作为经营性亏损准备金，对商业性市场交易产生的亏损给予弥补，构造经营性亏损弥补资金的直接来源。

同时，应当建立资本金补充制度，根据安全经营的要求，或由原有投资者追加投资，或向新投资者募集资本，不断增加资本金投入，使资本金能够满足安全经营的需要。

此外，还应建立碳排放权配额银行的准入与退出制度。因为缺乏准入制度，一些碳排放权配额银行经营不善，或抵御风险的能力很弱，给企业（客户）造成了难以挽回的损失。因为缺乏退出制度，碳排放权配额银行

就会缺乏竞争的压力，不仅服务质量不能保证，而且还会出现违规经营、违法经营等问题。所以，必须建立碳排放权配额银行的准入与退出制度。在碳排放权配额银行的准入方面，应当规定碳排放权配额银行资本金应当达到的规模、经理人应当具备的资格等。因为资本金是碳排放权配额银行经营性亏损弥补资金的间接来源，资本金越雄厚，表明碳排放权配额银行的抗风险能力越强。又因为碳排放权配额银行的经营活动专业性很强，要求经理人具有较宽的知识面、较深的研究水平和较强的管理能力，需要经理人具备一定的资格。在碳排放权配额银行的退出方面，应当规定对有问题的碳排放权配额银行（即风险达到一定程度或有重大违法违规行为的碳排放权配额银行），强制进行清理、关闭、兼并和重组，通过优胜劣汰，迫使碳排放权配额银行选择素质高、能力强且遵纪守法的经理人开展经营。

本章主要参考文献

［1］林鹏. 碳资产管理——低碳时代航空公司的挑战与机遇［J］. 中国民用航空，2010（8）.

［2］谭中明，刘杨. 对碳资产财务会计处理的探讨［J］. 商业会计，2011（31）.

［3］万林葳，朱学义. 低碳经济背景下我国企业碳资产管理初探［J］. 商业会计，2010（17）.

［4］郑少华，孟飞. 论排放权市场的时空维度：低碳经济的立法基础［J］. 政治与法律，2010（11）.

［5］Akhurst M., Morgheim J., Lewis R. Greenhouse Gas Emissions Trading in BP［J］. Energy Policy, 2003, 31（7）: 657 – 663.

［6］Cronshaw M. B., Kruse J. B. Regulated Firms in Pollution Permit Markets with Banking［J］. Journal of Regulatory Economics, 1996, 9（2）: 179 – 189.

［7］Ehrhart K. M., Hoppe C., Schleich J., et al. The Role of Auctions and forward Markets in the EU ETS: Counterbalancing the Cost-inefficiencies of Combining Generous Allocation with a Ban on Banking［J］. Climate Policy, 2005, 5（1）: 31 – 46.

［8］Ellerman A. D., Harrison J. D. Emissions Trading in the US: Experience, Lessons, and Considerations for Greenhouse Gases [R]. Pew Center for Global Climate Change, Arlington, VA. 2003.

[9] Ellerman A. D. , Montero J. P. The Temporal Efficiency of SO_2 Emissions Trading [M]. Massachusetts Institute of Technology, Center for Energy and Environmental Policy Research, 2002.

[10] Ellerman A. D. US Experience with Emissions Trading: Lessons for CO_2 Emissions Trading [J]. Emissions Trading for Climate Policy, 2002 (10).

[11] Kling C. , Rubin J. Bankable Permits for the Control of Environmental Pollution [J]. Journal of Public Economics, 1997, 64 (1): 101 – 115.

[12] Newell R. , Pizer W. , Zhang J. Managing Permit Markets to Stabilize Prices [J]. Environment and Resource Economics, 2005, 31 (2): 133 – 157.

[13] Schleich J. , Ehrhart K. M. , Hoppe C. , et al. Banning Banking in EU Emissions Trading? [J]. Energy Policy, 2006, 34 (1): 112 – 120.

[14] Tietenberg T. Tradable Permit Approaches to Pollution Control: Faustian Bargain or Paradise Regained [J]. Property Rights, Economics, and the Environment, Stamford, CT: JAI Press Inc. , http: //www. colby. edu/ personal/thtieten/MSPap. pdf (2003 – 08 – 28), 1999.

第十四章 金融集聚对能源效率的影响探讨

第一节 引 言

　　金融集聚是指一国或一地区的金融机构向某一特定区域集中的现象，是现代金融产业组织的重要形式。金融集聚的主要动因是外部经济、规模经济、集群经济和交易成本。外部规模经济的优势进一步加强了这种趋势的形成，例如金融机构业务合作、共享基础设施、流通环节的减少、信息沟通的便捷等。金融集聚减少了不对称信息、标准化信息和地域依赖，推动资本和金融要素在空间范围内加速流动并重组，有力地拉动了中国的投资建设和资本积累，成为下一步推动经济增长的强大动力（黎杰生等，2017），但是在新常态背景下，除了要实现经济的稳定增长，还要考虑能源与环境的约束。虽然金融集聚能够促进经济的快速增长，但是否同时造成了能源利用的浪费？对这一问题的研究具有重要的理论和现实意义。鉴于此，本章拟通过讨论金融集聚与能源效率的关系，为我国实现经济与环境效益双目标提出相关政策建议，以促进我国经济的可持续发展。

　　对于金融与能源的关系，学者们已经做了一些研究，但直接研究金融集聚与能源效率的文献并不多，有待进一步深入。蒋松云等（2008）认为，提高能源效率的阻碍主要在于缺乏资金的支持，政府应当鼓励社会资源更多地进入能源效率领域，才能促进能源利用的可持续发展。王婷婷等（2015）对中国省际电力行业能源消耗与环境协调发展程度展开实证分析，认为应正确应对碳金融市场给电力行业带来的机遇与挑战，在参与碳金融市场的活动中深化节能减排。关于金融业与能源效率之间的关系，一般存在两种观点。一是促进观点。师博等（2013）认为，工业企业的产业集聚能够促进能源效率的改善，而金融发展效率的提升使得这种促进效应更加明显。赵昕等（2017）借助 Tobit 模型进行实证研究后认为，金融深化与资本深化的协同发展能显著提升能源效率。孙志红等（2017）分析了金融支持、技术进步与能源效率在碳排放约束下的关系，认为在碳排放约束下，金融支持能够直接促进能源效率的提升。李凯风等（2017）将区域金融集聚和能源效率内生化，建立动态空间面板模型，实证检验金融集聚、能源效率对经济增长的直接影响与交互影响，认为金融集聚能促进能源效率的提升，二者协同发展能够促进经济又好又快发展。二是抑制观点。有学者提出金融业的发展并不能促进能源效率提高。韩旺红等（2013）的研究发现，商业银行信贷比重会提升能源效率，而金融市场发展对其影响不明显。刘剑锋（2015）研究了经济结构和金融发展对全要素能源效率的影响，结果表明，金融发展对能源效率产生了显著的负面影响。张德钢等（2017）考察了市场分割对能源效率的影响，发现金融发展规模不利于能源效率的提升。由此可见，金融业发展能够提升能源效率的命题还存在较大争议，需要进一步加强研究。

第二节　金融集聚对能源效率的作用机理

金融集聚能够通过将金融产业聚集在一起从而减少彼此之间信息的不对称，促进资本要素在金融产业之间加速流动，能够达到优化资源配置，从而提升能源效率的作用，但是为了达到经济快速增长的目的，金融机构将投资大多投向能够带来更多经济效益的产业，从而忽略了环境效益的影响，可能会导致能源资源的浪费。

一、正向影响机理

首先，金融集聚扩大了资本使用的便利性，有利于节能产业的发展。由于节能产业需要大量资本，银行业、证券业的高度集聚可以为之提供更多的资本来源渠道，使其融资更加便利，既有利于其选择成本较低的融资方式，以降低融资成本；也有利于其采用银团贷款或多种融资方式进行聚合融资，以满足一些大型节能项目对资本较大规模的需求。其次，金融集聚提高了资本对绿色新兴产业的支持程度。显而易见，技术创新离不开金融的支持。金融集聚后的资本通过增加技术研发投入、改善技术转化流程可以促进绿色技术的应用。尤其是创业投资机构的专业特长可以提升绿色创新项目的成功率，进而可以加快绿色新兴产业的发展速度，所以金融集聚可以提升能源效率。同时，在市场机制的作用下，通过金融中介的配置，资本从低效率的企业（产业）流出，流向高效率的企业（产业）。区域金融集聚能够为该区域经济发展提供和汇集更多的资本，由能源效率低的传统产业流入到能源效率高的绿色新兴产业，带动产业结构优化升级，从而可以提升区域能源效率。最后，金融集聚促进了信息交流。金融集聚有利于各类有价值信息在行业内的传播，做到信息共享。其中既包括新金融产品或服务信息的传播，有助于金融机构的业务创新；也包括企业信用信息和环境信息的传播，有助于金融机构对企业的甄别和评价，减缓信息的不对称。这些信息共享将导致金融经营效率的提升，都对金融机构支持能源效率的提升会有所促进。

二、负向影响机理

金融业的发展可以促进社会资金的有效配置，促进经济的发展，而经济发展将增大对金融资源的需求，刺激金融业的蓬勃发展。但在金融业与经济互相促进的过程中，如果忽视可持续发展，不注意节能减排，缺乏绿色规制，特别是在能源价格偏低、浪费能源不能受到处罚的情况下，企业就不会考虑能源效率提升的问题，而会大力发展经济效益可观的高耗能项目。而且因为高耗能项目对 GDP 拉动显著，企业的这种行为也会得到地方政府的鼓励，从而享受到或明或暗的政策扶持。于是，一些高耗能的产业被优先发展，而那些低耗能的产业被冷落，尤其是低耗能的中小企业更是得不到有效的融资支持，发展缓慢，造成了地区能源效率低下的状况。金融集聚的特点决定了金融集聚可能会加剧这种畸形的产业布局，导致资本错配。

第三节　指标选取与数据来源

一、金融集聚度（FA）

目前对于金融集聚度的测定，国内外学者根据研究对象和视角的不同，基于数据的可得性，采用了不同的测度方式，比较常见的测定方法是区位熵（LQ）、HI指数、空间基尼系数和构建金融集聚指标体系。在借鉴和比较已有文献的基础上，本章选取区位熵指数来计算我国区域金融集聚度。区位熵是评价区域产业集聚程度的重要指标。区位熵的值越高，金融集聚程度就越高。金融区位熵的计算公式如下：

$$LQ_{ij} = \frac{X_{ij}/X_j}{X_i/X} \qquad (14-1)$$

在式（14-1）中，LQ_{ij}就是j地区的i产业在全国的区位熵，X_{ij}为j地区的i产业的相关指标；X_j为j地区所有产业的相关指标；X_i指在全国范围内i产业的相关指标；X为全国所有产业的相关指标。

本章将金融产业分为银行业、证券业与保险业，并分别计算其集聚程度。其中，在银行业中，X_{ij}为地区j金融机构人民币存款之和，X_i为全国金融机构人民币存款之和；在证券业中，X_{ij}为地区j股票市价总值，X_i为全国股票市价总值；在保险业中，X_{ij}为地区j保费收入，X_i为全国保费收入。X_j为地区j的地区生产总值，X为各地区国内生产总值加总。利用SPSS23软件对计算出来的三种产业的集聚值进行因子分析，得到最终的金融集聚度。

二、能源效率（EE）

借鉴已有研究并考虑数据的可得性，本章使用各省总产值与能源消费总量的比值来衡量能源效率。能源效率的计算公式如下：

$$EE = \frac{GDP}{EC} \qquad (14-2)$$

在式（14-2）中，EE代表能源效率，GDP代表国内生产总值，EC代表能源消费总量。

三、数据来源

本章数据来源于相关年份《中国统计年鉴》《中国金融统计年鉴》《中国能源统计年鉴》。本章研究区域是中国的30个省份，包括省、自治区、直辖市（西藏除外）。

第四节　金融集聚度及能源效率的测度及分析

一、金融集聚度的测度及分析

首先对 3 种产业计算出来的集聚度进行 KMO 检验，KMO 的值越接近于 1 则说明变量间的相关程度越强，越适合做因子分析。通过检验，我们发现 2007~2016 年每年的 KMO 值均大于 0.7，sig 值均为 0.000，一般情况下，当 KMO 值大于 0.5 时，我们认为因子间存在多重共线性，因此适合进行因子分析。

在通过 KMO 检验后，利用相关系数矩阵求出非负特征根并提取主成分，结果表明对共有一个因子变量的特征值大于 1，且每年的累计贡献率均达到 87% 以上，说明该因子已经基本可以涵盖上述 3 个变量的所有信息，因此选取该因子作为金融集聚度可以反映我国各省份金融集聚水平。

通过因子分析提取公因子后可以得到最终的金融集聚度。结果如表 14-1 所示，金融集聚水平呈现明显的地域差异性，2007~2016 年我国整体金融集聚水平在 1.561 左右波动，从经济区域看，我国金融集聚区主要集中在东部地区，中西部地区金融集聚水平相对偏低。从各个省份的金融集聚情况来看，北京、广东、上海 3 个省市 2007~2016 年金融集聚值均大于 1.600，在不同的年份偶有波动，远高于其他省份，金融集聚程度在我国处于领先水平，这与其金融机构数量众多、金融规模较大、金融市场相对完善有着密切的关系。其中北京市金融集聚水平在 2014 年达到峰值 10.182，随后处于下降的趋势，2016 年降至 7.223。上海和广东在 2015 年达到峰值之后呈现下降趋势。浙江、海南、山西等省份金融集聚水平较高，部分年份金融集聚水平已经超过平均水平。内蒙古金融集聚程度最低，金融集聚程度在 0.793 左右。

表 14-1　　　　　　　　2007~2016 年各省份金融区位熵

省份	2007 年	2008 年	2009 年	2010 年	2011 年	2012 年	2013 年	2014 年	2015 年	2016 年	均值
北京	11.086	10.753	10.213	9.179	10.121	10.024	8.926	10.182	7.188	7.223	9.490
天津	1.933	1.139	1.398	1.368	1.198	1.186	1.241	1.083	1.202	1.152	1.290

续表

省份	2007 年	2008 年	2009 年	2010 年	2011 年	2012 年	2013 年	2014 年	2015 年	2016 年	均值
河北	0.650	0.608	1.147	1.134	1.170	1.185	1.224	0.957	1.344	1.362	1.078
上海	2.942	2.189	3.073	2.831	3.048	3.202	3.420	3.421	3.888	3.473	3.149
江苏	1.070	0.682	1.113	1.180	1.228	1.241	1.251	1.029	1.334	1.347	1.148
浙江	1.187	0.896	1.307	1.411	1.594	1.631	1.748	1.497	1.930	1.762	1.496
福建	1.078	0.780	1.136	1.154	1.267	1.299	1.342	1.120	1.380	1.187	1.174
山东	0.853	0.565	0.893	0.956	1.046	1.040	1.073	0.794	1.061	1.004	0.929
广东	1.323	0.970	1.600	1.667	1.724	1.826	1.916	1.726	2.178	1.991	1.692
海南	1.606	1.146	1.569	1.767	1.634	1.664	1.817	1.694	1.874	1.879	1.665
山西	1.826	1.214	1.977	1.839	1.786	1.784	1.713	1.477	1.782	1.787	1.719
安徽	1.327	0.830	1.383	1.377	1.335	1.338	1.286	1.060	1.402	1.353	1.269
江西	0.923	0.484	0.958	1.017	1.096	1.068	1.106	0.843	1.133	1.096	0.972
河南	0.890	0.491	0.938	1.020	1.114	1.104	1.131	0.777	1.078	1.108	0.965
湖北	1.011	0.585	1.039	1.056	1.215	1.144	1.177	0.905	1.130	1.142	1.040
湖南	0.986	0.583	0.996	1.023	1.044	1.013	1.007	0.794	1.052	1.007	0.951
内蒙古	0.811	0.470	0.770	0.812	0.841	0.839	0.863	0.689	0.901	0.937	0.793
广西	0.868	0.536	0.866	0.852	0.893	0.914	0.928	1.519	0.973	0.930	0.928
重庆	1.288	0.775	1.434	1.481	1.427	1.408	1.424	1.165	1.408	1.308	1.312
四川	1.294	0.725	1.364	1.423	1.290	1.465	1.281	0.929	1.124	1.647	1.254
贵州	1.362	1.087	1.427	1.491	1.604	1.546	1.381	1.227	1.354	1.438	1.392
云南	1.276	0.781	1.280	1.312	1.403	1.374	1.354	1.089	1.301	1.267	1.244
陕西	1.006	0.540	1.049	1.090	1.344	1.232	1.219	1.051	1.366	1.320	1.122
甘肃	1.073	0.596	1.208	1.386	1.402	1.451	1.525	1.374	1.670	1.619	1.330
青海	1.693	1.297	1.400	1.500	1.704	1.633	1.522	1.327	1.348	1.524	1.495
宁夏	1.254	0.696	1.180	1.214	1.238	1.257	1.242	0.936	1.295	1.359	1.167
新疆	1.530	1.042	1.668	1.636	1.566	1.612	1.614	1.326	1.730	1.726	1.545
辽宁	1.326	0.942	1.228	1.150	1.138	1.106	1.101	0.919	1.282	1.531	1.172
吉林	1.064	0.627	1.065	1.014	1.041	0.979	0.964	0.854	1.172	1.183	0.996
黑龙江	0.999	0.629	1.113	1.098	1.035	1.065	1.124	0.843	1.316	1.280	1.050
均值	1.585	1.155	1.593	1.581	1.651	1.654	1.631	1.487	1.640	1.631	1.561

资料来源：笔者根据相关资料整理所得。

二、各省份能源效率的测度及分析

从表 14 - 2 和图 14 - 1 可以看出，我国能源利用效率均值整体呈现上升趋势，总体均值排名前五位的是北京、广东、江苏、浙江和上海，全部位于东部地区，排名后五位的是贵州、新疆、山西、青海和宁夏，位于中西部地区。可以看出，东部地区能源效率均值最高，因为东部地区位于沿海经济地带，经济相对来说比较发达，也有较高的技术和管理水平，能源效率就相对较高；中西部地区均值较低，是因为中西部地区虽然资源丰富，但是经济相对不发达，技术水平较落后，因此能源效率无法得到提升。2007～2016 年能源效率一直呈现稳步提升状态，2012～2013 年能源效率提升幅度较大，可能是与 2012 年党的十八大的召开提出控制能源消费总量，转变能源利用方式，促进低碳产业的发展有关。

表 14 - 2　　　　　　　　2007～2016 年各省份能源效率

省份	2007 年	2008 年	2009 年	2010 年	2011 年	2012 年	2013 年	2014 年	2015 年	2016 年	均值
北京	1.567	1.757	1.850	2.030	2.323	2.491	2.945	3.123	3.358	3.687	2.513
天津	1.063	1.253	1.281	1.353	1.488	1.571	1.832	1.931	2.002	2.144	1.592
河北	0.577	0.658	0.678	0.741	0.831	0.879	0.959	1.003	1.014	1.090	0.843
上海	1.292	1.378	1.451	1.533	1.703	1.776	1.923	2.126	2.206	2.449	1.784
江苏	1.242	1.394	1.453	1.607	1.780	1.874	2.046	2.180	2.319	2.473	1.837
浙江	1.291	1.421	1.477	1.644	1.813	1.918	2.026	2.134	2.187	2.378	1.829
福建	1.219	1.311	1.372	1.502	1.648	1.761	1.954	1.986	2.133	2.356	1.724
山东	0.883	1.012	1.046	1.125	1.222	1.286	1.562	1.628	1.660	1.790	1.321
广东	1.430	1.567	1.601	1.710	1.868	1.958	2.194	2.291	2.415	2.631	1.967
海南	1.187	1.324	1.342	1.519	1.576	1.692	1.847	1.923	1.911	1.898	1.622
山西	0.386	0.467	0.472	0.547	0.614	0.626	0.641	0.642	0.659	0.679	0.573
安徽	0.951	1.063	1.131	1.273	1.448	1.515	1.644	1.736	1.784	1.943	1.449
江西	1.148	1.295	1.317	1.487	1.689	1.790	1.900	1.951	1.981	2.143	1.670
河南	0.842	0.950	0.986	1.077	1.168	1.252	1.469	1.526	1.598	1.734	1.260
湖北	0.769	0.882	0.946	1.055	1.184	1.259	1.579	1.678	1.801	1.927	1.308

续表

省份	2007年	2008年	2009年	2010年	2011年	2012年	2013年	2014年	2015年	2016年	均值
湖南	0.812	0.935	0.980	1.078	1.217	1.323	1.650	1.765	1.868	1.987	1.362
内蒙古	0.503	0.603	0.635	0.694	0.766	0.803	0.957	0.971	0.942	0.947	0.782
广西	0.971	1.081	1.097	1.208	1.364	1.424	1.588	1.647	1.721	1.815	1.392
重庆	0.786	0.895	0.929	1.009	1.139	1.230	1.588	1.660	1.759	1.926	1.292
四川	0.743	0.832	0.867	0.961	1.068	1.160	1.374	1.436	1.511	1.638	1.159
贵州	0.424	0.503	0.517	0.563	0.629	0.694	0.870	0.954	1.056	1.140	0.735
云南	0.669	0.758	0.768	0.833	0.932	0.988	1.175	1.226	1.315	1.415	1.008
陕西	0.850	0.986	1.016	1.140	1.282	1.360	1.527	1.576	1.538	1.630	1.291
甘肃	0.529	0.592	0.618	0.696	0.773	0.806	0.869	0.909	0.903	0.947	0.764
青海	0.381	0.447	0.461	0.526	0.524	0.537	0.563	0.577	0.585	0.588	0.519
宁夏	0.299	0.373	0.399	0.459	0.487	0.513	0.539	0.556	0.539	0.540	0.470
新疆	0.536	0.592	0.568	0.656	0.666	0.634	0.619	0.621	0.596	0.604	0.609
辽宁	0.675	0.768	0.796	0.881	0.979	1.056	1.253	1.313	1.323	1.034	1.008
吉林	0.806	0.890	0.946	1.045	1.161	1.264	1.509	1.613	1.727	1.844	1.280
黑龙江	0.758	0.833	0.820	0.923	1.038	1.073	1.220	1.258	1.244	1.249	1.042
总体均值	0.853	0.961	0.994	1.096	1.213	1.284	1.461	1.531	1.589	1.688	1.267

资料来源：笔者根据相关资料整理所得。

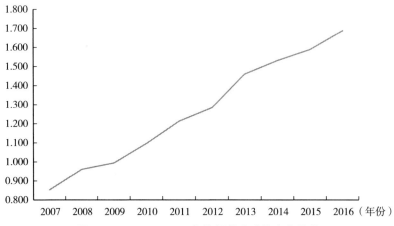

图14-1　2007~2016年能源效率均值变化趋势

资料来源：笔者根据相关资料整理所得。

第五节 金融集聚对能源效率影响的实证分析

一、计量方法与模型设定

本章在计算出来的各省份能源效率的基础上，将利用固定效应模型分析金融集聚对能源效率的影响。为检验三大代表性行业金融集聚对能源效率的作用效果，选用中国 2007~2016 年 30 个地区的省级面板数据，对其进行实证检验，首先设立基本模型如下：

$$EE_{it} = \omega FA_{it} + X_{it} + \varepsilon_{it} \qquad (14-3)$$

解释变量除了已计算出的金融集聚度（FA）外，还将选择一些控制变量来综合考察影响程度。根据已有文献，本章采用了产业结构、政府引导及对外开放程度指标，构建面板数据模型：

$$EE_{it} = \alpha + \beta_1 FA_{it} + \beta_2 indu_{it} + \beta_3 gov_{it} + \beta_4 open_{it} + \varepsilon_{it} \qquad (14-4)$$

其中，被解释变量 EE_{it} 为能源效率值，解释变量为 FA_{it} 表示金融集聚度，控制变量为 $indu_{it}$、gov_{it}、$open_{it}$，分别为产业结构、政府引导和外商投资三个控制变量指标。产业结构（INDU）以第三产业与 GDP 比重来衡量；政府引导（GOV）以财政支出占 GDP 的比重来衡量；对外开放程度（OPEN）以各省份的实际利用外商投资额占 GDP 的比重来衡量，并将其数额按照当年平均汇率折算为人民币。

为探究金融集聚水平对能源效率的作用效果是否因行业异质性而存在区别，本章将银行业、证券业和保险业集聚程度一起纳入模型，得到实证模型如下：

$$EE_{it} = \alpha_1 bank_{it} + \alpha_2 security_{it} + \alpha_3 stock_{it} + \alpha + \beta_1 indu_{it}$$
$$+ \beta_2 gov_{it} + \beta_3 open_{it} + \varepsilon_{it} \qquad (14-5)$$

$bank_{it}$、$security_{it}$、$stock_{it}$ 分别表示 i 地区在 t 时间的银行业、保险业和证券业区位熵；α_1、α_2、α_3 对应其各自的产出弹性。β_1、β_2、β_3 分别表示产业结构、政府引导和外商直接投资对当地能源效率的影响系数。ε_{it} 是随机干扰项。

二、实证分析

（一）全样本回归

本章首先利用 Ststa 13.0 用固定效应面板回归模型和随机效应面板回归模型进行了估计。由表 14 – 3 中的估计结果可知，固定效应模型的 F 统计量在 1% 的置信水平下显著，这表明混合回归模型的估计结果不如固定效应模型的估计结果理想，应选择固定效应回归模型。随后对固定效应模型与随机效应模型的估计结果进行豪斯曼检验，发现豪斯曼检验在 1% 的置信水平下显著，这说明选择固定效应模型来估计该面板数据是比较理想的选择。

表 14 – 3　　　　固定效应模型与随机效应模型估计结果：总体回归

解释变量	EE	
	固定效应模型	随机效应模型
FA	− 0. 151 ** (0. 052)	− 0. 125 ** (0. 043)
INDU	0. 032 *** (0. 004)	0. 046 *** (0. 004)
GOV	2. 804 *** (0. 493)	0. 518 (0. 419)
OPEN	− 0. 036 * (0. 021)	0. 002 (0. 020)
cons	− 0. 485 ** (0. 196)	− 0. 674 *** (0. 178)
R^2	0. 465	0. 275
F 值	20. 14	
豪斯曼检验结果	55. 12 （0. 000）	

注：表示该括号为豪斯曼检验估计值的 p 值；其他括号中数值为系数估计值对应的标准差。*** 、** 和 * 分别表示系数估计值在 1% 、5% 和 10% 的置信水平下是显著的。

从固定效应模型的参数估计结果来看，金融集聚程度对能源效率的影响系数为负，估计结果在5%的置信水平下显著，表明中国地区金融集聚水平的提高并没有起到促进能源效率提升的效果，并且随着金融集聚程度的加强，能源效率有下降的趋势，即金融集聚度每增加1%，能源效率会下降0.151%。究其原因，是因为我国传统经济的发展方式阻碍了能源效率的提升，我国传统重化工型的产业和产品比重较高，金融集聚水平的提高虽然有利于资本流动和资本积累，进而达到迅速提高经济总量的目的，但也会引致企业更多地将金融资源用于短期提高企业经营效益方面，从而忽略对能源的有效利用，导致企业对能源使用的浪费。

控制变量中，产业结构和政府引导的系数估计值均显著为正，说明产业结构及政府引导对能源效率产生显著促进作用，且产业结构和政府引导每增加1%，能源利用效率会分别提高0.032%和2.804%，这是由于第三产业能源消耗较低，能源利用效率较高，加大第三产业的投入，能显著地提高能源效率，而我国第三产业的发展却相对滞后、比重较低，因此应加快调整产业结构，提高第三产业比重，减少社会的能源消耗，提高能源效率。对外开放程度对其产生了置信水平为10%的负向抑制作用，即对外开放程度每增加1%，能源效率会降低0.032%，这是由于随着外商投资的增加，由于缺乏绿色规制，在引进高端的技术和先进的管理水平之外，也将会引进一些耗能较高的产业。可见，促进产业结构升级、加强对招商引资的绿色规制以及增加政府相关引导都会促进我国能源效率的提升。

（二）分行业回归

从表14－4可以看出，银行业区位熵对能源效率的作用系数均显著为正，说明银行业集聚度对能源效率具有显著的促进作用，即银行业集聚程度每提高1个百分点，能源效率会提高0.255个、1.334个和0.52个百分点，说明我国在推行绿色信贷的大背景下，银行业在政府政策的引导下会更多考虑能源效率问题，大力推进绿色信贷政策，一些能耗低或节能的中小企业会得到更多的贷款，因此在一定程度上会提升地区的能源效率。证券业区位熵对能源效率系数显著为负，说明证券业绿色化程度较低，绿色证券政策实施效果不够显著，发行者和投资者节能减排意识不足，不会考虑能源效率问题，所以证券业集聚程度会抑制能源效率的提升。保险业集聚程度可以促进能源效率的提升但不明显，说明保险业需要加快绿色转型，应当大力发展绿色保险业务。

表 14 – 4　　　　　　　　分行业金融集聚对能源效率的影响

解释变量							
BANK	STOCK	SECURITY	INDU	GOV	OPEN	cons	R^2
0.255 **	– 0.145 ***	0.025	0.032 ***	2.24 ***	– 0.037 *	– 0.633	0.496
(0.121)	(0.031)	(0.037)	(0.004)	(0.515)	(0.020)	(0.312)	

注：*** 、** 和 * 分别表示系数估计值在 1% 、5% 和 10% 的置信水平下是显著的。

第六节　结论及启示

本章利用区位熵和因子分析法测度我国 30 个省份 2007 ~ 2016 年的金融集聚度，发现我国金融集聚水平呈现明显的地域差异性，从经济区域看，我国金融集聚区主要集中在东部地区，中西部地区金融集聚水平相对偏低，其中内蒙古金融集聚程度最低。从各个省份的金融集聚情况来看，北京、广东、上海 3 个省份 2007 ~ 2016 年金融集聚值远高于其他省份，金融集聚程度在我国处于领先水平，这是由于该地区的金融市场相对完善，金融机构的数量较多以及金融规模比较大的原因。

本章估算我国 30 个省份 10 年的能源效率，发现我国能源效率水平整体偏低，不同省份的能源效率差别较大，并且呈现东部高，中西部低的特征。

采用固定效应模型对该面板数据进行整体和分行业估计，在影响因素方程中包含金融集聚度、各行业集聚度和一些控制变量。研究结果显示，从整体来看，金融集聚度对我国能源效率有不利的影响，产业结构和政府引导对能源效率有正向影响，而对外开放程度对能源效率有不利影响。分行业来看，银行业集聚度能促进地区能源效率的提升，证券业集聚度抑制地区能源效率的提升，而保险业集聚度能促进能源效率的提升但不明显。控制变量中，产业结构和政府引导能够促进地区能源效率提升，外商投资会抑制能源效率的提升。

由此可以得出以下政策建议：在经济新常态下，我们应该积极转变经济发展方式，推动技术进步，促进经济的高质量发展，以及能源、环境和经济的协同发展。应当正视当前金融集聚与能源效率提升不耦合的问题，分类施策，在继续推行绿色信贷政策的同时，加大绿色证券政策、绿色保险政策的推进力度，使绿色证券政策、绿色保险政策能够发挥对能源效率提升的显著作用，促进金融业的绿色转型。同时，配合区域金融中心和绿色金融创新试验区的建设，积极发展银行业、证券业、保险业的集聚，通过产品或服务的创新，形成绿色金融集群，构建金融支持节能技术创新的良性机制，吸引更多的社会资本进入节能技术创新领域，推动产业升级优化，以更好地降低能耗、促进能源效率的提升。

本章主要参考文献

［1］韩旺红，马瑞超. 低碳约束下中国金融发展与全要素能源效率［J］. 云南财经大学学报，2013（4）.

［2］蒋松云，曾铮. 能源效率和可再生能源的发展及其金融支持的国际经验［J］. 经济社会体制比较，2008（1）.

［3］黎杰生，胡颖. 金融集聚对技术创新的影响——来自中国省级层面的证据［J］. 金融论坛，2017（7）.

［4］李凯风，李政青，吴伟伟. 区域金融集聚与能源效率提升的经济增长效应——基于动态空间面板模型的分析［J］. 金融与经济，2017（5）.

［5］刘剑锋. 中国省际全要素能源效率的影响因素研究［J］. 上海金融，2015（11）.

［6］师博，沈坤荣. 政府引导、经济集聚与能源效率［J］. 管理世界，2013（10）.

［7］孙志红，陈玉路. 基于碳排放约束的金融支持、技术进步与能源效率分析［J］. 商业研究，2017（5）.

［8］王婷婷，朱建平. 环境约束下电力行业能源效率研究［J］. 中国人口·资源与环境，2015（3）.

［9］张德钢，陆远权. 市场分割对能源效率的影响研究［J］. 中国人口·资源与环境，2017（1）.

［10］赵昕，薛岳梅，丁黎黎. 金融与资本协同共生对全要素能源效率的影响研究［J］. 价格理论与实践，2017（2）.

附录一 低碳城市建设的 长效机制初探

据不完全统计，中国目前至少有 100 个城市提出了打造"低碳城市"的口号，几乎所有省份都参与其中。然而，国家发展和改革委员会能源研究所的研究员表示："我国并没有一个真正意义上的低碳城市。"在我国，不仅没有一座城市有过可以量化的减排历史，还出现了诸多建设低碳城市的怪现状。据媒体披露，一场轰轰烈烈的大运动式的限产，曾经在全国各个省份相继上演。

由于政府已明确将节能减排的完成情况与地方官员的考核挂钩，于是，地方官员采取直接拉闸限电，甚至直接通知停产的方法。这场运动博弈的结果是，政府换得了一组漂亮的数据，官员通过了考核，而企业却蒙受了巨大的损失。这种利用节能减排的"雷霆行动"来加快城市低碳化进程的方式颇受争议。

随着城市化进程的加快，城市消耗的能源和排放的温室气体急剧增加。据估算，到 2025 年我国的城市化水平将达到 65% ~ 70%。城市公共基础设施、城市住宅建设速度的加快以及城市居民生活水平的提高等都会加快能源的消费速度。城市人口由市中心向城市边缘扩展会带来交通量的增加以及城市基础设施外展，如果仍然沿用传统的城市发展方式，温室气体会成倍增加，居民消费水平的提高也会大大增加温室气体的排放。鉴于这样的背景，我国迫切需要加快低碳城市的建设。

2008 年，在世界自然基金会（WWF）和国家发改委的共同推动下，上海和保定成为我国低碳城市发展项目首批试点城市，同时世界自然基金会还在北京开展了低碳城市政策的研究和普及。这些活动推进了我国低碳城市的建设步伐。此后，许多城市相继提出建设低碳城市的构想。世界知名城市也以建设低碳城市为目标。2009 年 4 月，法国公布了新的对巴黎地区进行改造的宏伟计划——大巴黎计划，其中，城市改造的低碳理念为未来大都市的发展提供了很好的借鉴。《我国城市"十二五"核心问题研究报告》指出，建设低碳城市将成为"十二五"时期城市发展的重要导向。地方政府在编制"十二五"发展规划时，也着手考虑低碳城市的建设问题。

低碳城市以低碳经济为发展模式及方向、市民以低碳生活为理念和行为特征、政府公务管理层以低碳社会为建设标本和蓝图。以低碳经济为蓝本发展低碳城市必须在低碳生产、低碳消费、低碳技术等诸方面采取有效措施。在国际上，比较成功和完善的低碳城市发展计划有英国的低碳城市项目和日本的低碳社会行动计划。以城市为主题的上海世博会为中国人找到了一条适合中国国情的城镇化道路，即低碳化道路，它也将影响世界城市化的进程。建设低碳城市标志着人类文明的一个飞跃，其加速发展标志着人类文明的迅速进步。通过对欧洲、日本等地低碳城市建设的路径考察，结合我国实际，笔者认为，要加快我国低碳城市建设的步伐，应当重塑价值观、调整经济结构、创新投融资机制、提高技术创新水平并加强制度创新，从而建立一个长效机制，而不是靠短期的"雷霆行动"。

第一节　价值观重塑是低碳城市建设的根本

价值观是人们观察世界、认识世界、改造世界的方式和方法的总称。一般来说，有什么样的价值观，就会产生什么样的行动和结果。长期以来，由于受功利主义技术价值观的影响，人们往往只顾眼前的经济效益和个人利益，而忽视了人类长远的、整体的基本利益，使人与自然的和谐关系遭到严重破坏，并最终导致了能源危机和生存环境的急剧恶化。这种状况使人们不得不重新审视自己的价值观。这样，低碳经济自然而然地步入了社会发展的进程中。低碳是一种全新的价值观。它在可持续发展理念的指导下，通过技术创新、制度创新、产业转型、新能源开发等多种手段，尽可能地减少煤炭石油等高碳能源消耗，减少温室气体排放，以达到经济社会发展与生态环境保护双赢。这种价值观以人与自然和谐统一为基础，以低碳经济和低碳技术促进人类社会可持续发展为核心，以人与资源的和谐、人与环境的和谐为主要特点，最终促进人与自然地和谐，并在全社会提倡和推广一种与传统生产和生存方式全然不同的、新型的、绿色的、和谐的生产和生活方式——低碳生产和低碳生活方式。这一方式衍生出了低碳城市的概念。

低碳城市是低碳经济理念和低碳社会理念的融合，既强调低碳生产又强调低碳生活。但是，在城市发展的不同阶段，低碳经济和低碳社会的理念可以有所侧重。在初级阶段，应更强调低碳经济的理念；在高级阶段，倡导低碳社会理念可能更合时宜。当然，应具体情况具体分析，根据不同城市的不同特点，因地制宜，因势利导，在低碳经济和低碳社会两方面权衡比重。2009年12月召开的哥本哈根会议的焦点就是各国的碳排放量减排幅度。我国承诺到2020年单位国内生产总值二氧化碳排放比2005年下降40%~45%。为实现这一目标，价值观的重塑尤为重要，它是低碳城市建设的根本所在。然而，重塑价值观绝非一日之功，需要长时间的宣传教育和全民动员，倡导和培育低碳生活方式。

许多国家十分重视低碳城市意识教育，如丹麦、日本、英国等。为提高人们的低碳意识，这些国家的各种组织和个人通常会举办各种宣传低碳的公益活动，如气候和创新夏令营。丹麦教育部要求在2008~2009年间所有教学大纲都要增加与气候相关的内容。在丹麦能源局播放的一个电视片中，反复讲述着丹麦的气候行动，其中最引人注目的是丹麦确定的6个生态城市。我国应尽快将"碳足迹"作为科普知识进行推广，向大众提供计算"碳足迹"的方法，让《认识你的碳足迹》进入学生课堂和各个社区的宣传栏。一言以蔽之，政府、社会、企业和个人要通过各种手段宣传教育，使人人都意识到自己是低碳城市的建设者。

对企业而言，低碳价值观就是要引导员工节能减排，并进行低碳技术创新；对个人而言，低碳价值观就是要远离高碳生活方式，争做低碳生活的践行者。具体来说，人人都应从现代城市生活中流行的"便利"价值观中转变过来，戒除以高耗能为代价的"便利消费"恶习；以"关联型节能环保意识"戒除使用一次性用品的消费嗜好；戒除以大量消耗能源、大量排放温室气体为代价的"面子消费""奢侈消费"的嗜好；全面加强以低碳饮食为主导的科学膳食平衡；推广低碳建筑；选择低碳交通；等等。

第二节　经济结构调整是低碳城市建设的基础

2006年，世界银行前首席经济学家尼古拉斯·斯特恩主持编制的

《斯特恩报告》指出，全球以每年 GDP 1% 的投入，可以避免 GDP 5% ～ 20% 的损失，呼吁全球向低碳经济转型。我国城市要实现从高碳成功转向低碳的目标，就必须适时调整经济结构。

然而，当前我国低碳城市的建设面临着巨大的挑战。我国经济的主体是工业，而工业对能源的消耗量极大，加之，我国的工业生产技术水平落后，使我国城市的高碳特征更加明显。资料显示，1993～2005 年，我国工业能源消费年均增长 5.8%，工业能源消费占能源消费总量约 70%。采掘、钢铁、建材水泥、电力等高耗能工业行业，2005 年能源消费量占了工业能源消费的 64.4%。因此，调整经济结构，提升工业生产技术和能源利用水平，是一个摆在我们面前的重大课题。在调整经济结构时，必须正确处理建设低碳城市和经济社会发展的关系，并牢记建设低碳城市不能超越我国的经济发展阶段。

其一，调整工业结构。调整工业结构的重点是重化工业结构。要大力推进清洁能源产业化，积极发展清洁及可再生能源，加大产业化力度。要积极发展低碳装备制造业，加快城市低碳装备制造业和节能汽车产业的发展步伐。值得一提的是，不能为了达到低碳的目标而刻意调低第二产业的比重。现阶段，我国建设低碳城市不可能完全抛弃工业中的"高碳"成分，而是要在低碳化过程中推进其优化和发展。

其二，大力发展高新技术产业。高新技术产业是低耗能、低排放、低污染和市场前景光明的朝阳产业。大力发展高新技术产业，不仅可以促进可再生能源、替代性能源和节能环保等低碳产业发展，而且可以应用高新技术和先进技术改造传统产业。对于有可能形成国际竞争新优势的战略性新兴产业，如新能源、传感网与物联网关键技术、微电子和光电子、生命科学以及空间、海洋和地球科学等产业，不仅要加强政策引导，甚至需要国家直接投入。发展战略性新兴产业，是抢占新一轮发展制高点的根本途径。

其三，加快发展现代服务业。现代服务业以其能耗低、污染小而受到各国的青睐。统计显示，国家和地区的发达程度越高，其服务业在经济结构中的比重也就越大。我国要优先发展电子信息、金融、保险、旅游等低碳的服务业，同时，要拓展新的服务行业，发展那些既低碳又高回报的服务行业。

第三节 技术创新是低碳城市建设的关键

建设低碳城市，技术创新是关键要素。低碳技术既是城市摒弃高碳技术模式、实现经济跨越式发展的重要途径，也是未来提升城市核心竞争力的关键所在。2008 年 5 月，英国首相布朗指出，低碳技术是继蒸汽机、内燃机和微处理器之后的第四次技术革命，英国希望能够率先在碳捕集和封存技术上成为全球商业化规模示范的国家之一，也希望在近海风电装机容量方面占据世界领先地位。英国率先建立了小型示范基金，制定了《减碳技术战略》，支持建立第一个二氧化碳捕捉与封存技术的大规模示范项目。截至 2009 年 4 月，英国已经拨款 4 亿英镑用于研发低碳技术。丹麦政府和国民把技术创新作为丹麦发展的根本动力。为了保持在能源领域的竞争力，丹麦政府不断增加对能源研发的资助，相继公布了《丹麦能源研究、技术开发和展示战略》，制定了《能源科技研发和示范规划》，使能源科技成为丹麦政府近年来的重点公共研发投入领域。

作为发展中国家，我国经济由"高碳"向"低碳"转变的最大制约，是整体科技水平落后。我国获得低碳技术的途径有二：一是通过清洁发展机制（CDM）引进发达国家的成熟技术，但往往不能获得国外的核心技术，而且成本很高。我国需要 60 多种技术，包括能源生产、供给、使用的技术—未来的骨干技术来支撑节能减排，其中有 40 多种是我们目前不能掌握的核心技术。据估计，以 2006 年的 GDP 计算，我国由高碳经济向低碳经济转变，年需资金 250 亿美元。这是一个沉重的负担。二是自主研发，重点攻关中短期内可以获得较大效益的低碳技术，但研发能力有限，投入也不足。我国的科技研发支出占 GDP 的比重尚不足 1.5%，与世界领先国家 3% 的水平还有很大差距。

鉴于国内外的具体情况，我国必须尽快建立和完善低碳技术创新体系，探索一条既能满足城市发展需要，又不会对资源环境造成严重破坏的新型低碳城市道路。增加投入，加大研发力度，增强自主创新能力，保护知识产权，重点着眼于中长期战略技术的储备。整合市场现有的低碳技术，加速科技成果的转化和应用。制定我国城市低碳技术路线图，重点制定混合动力汽车与电动汽车开发、燃料电池汽车开发、高度道路交通系统开发、节能住宅办公楼开发、高性能电力储藏技术开发的路径。深化科技体制和教育体制改革，培养具有创新能力的人才，加强科研院所建设。加强国际间交流与合作，促进发达国家的技术转让。

第四节　投融资机制创新是低碳城市建设的物质支持

金融是现代经济的核心，也是社会机体运行的血液。因此，现代社会的各项活动基本上都离不开金融的支持，低碳城市的建设也不例外。长期以来，由于金融服务短期行为导致低碳经济产业链难以启动，高能耗产业占用了大量信贷资金，金融对高科技、低耗能经济支持不足，对低碳城市的金融支持力度更显薄弱。因此，要使低碳城市的建设获得雄厚的资金支持，必须创新投融资机制。目前，投融资机制的创新主要体现在碳金融活动上。所谓碳金融，是指与低碳经济相关的投融资活动，即服务于限制温室气体排放等技术和项目的直接投融资、碳权交易和银行贷款等金融活动，是近十年来国际金融领域出现的一项重要金融创新。当前，投融资机制的创新主要应从以下几个方面入手：

第一，不断加强金融创新，加大金融对低碳城市建设的直接支持力度。金融机构要支持低碳城市建设，就应当不断创新金融决策制度、碳金融产品和金融服务。金融决策制度的创新，包括建立支持碳金融的制度框架体系，完善支持碳金融的银行绩效评价体系；金融产品的创新，包括建立品种丰富、持续发展的金融产品研发体系等措施。我国商业银行所从事的碳金融业务处在起步阶段，业务内容还比较单一，明显落后于国际同行。但我国发展碳金融，有着广阔的前景，还需要更多碳金融产品以及各种碳金融衍生品的金融创新。典型的碳金融产品包括绿色信贷、低碳信用卡、碳排放信用、能效融资、清洁发展机制、低碳担保机制；碳金融衍生产品有碳期权和碳期货等。

金融机构还要大力开展低碳衍生金融服务。商业银行承担信贷资金配置的碳约束责任，保险公司承担规避和转移风险的责任，信托投资公司承担环境治理的信托责任，基金公司承担碳市场交易主体的责任。此外，还要提供与碳排放权交易相关的诸如碳信用的登记、托管、结算和清算等工作。

第二，进一步发挥金融的杠杆作用，指导资金流向低碳城市建设之中。金融可以实现社会资源的重新配置。通过金融政策的调整，可以引导资金的流向，达到国家宏观调控的目的。我国要逐步建立和完善绿色金融引导机制。绿色金融是指在投融资行为中注重对生态环境的保护及对环境污染的治理，注重环保产业的发展，通过其对社会资源的引导作用，促进经济的可持续发展与生态的协调发展。从低碳经济发展的趋势判断来看，绿色金融的发展潜力主要集中在低碳产业、低碳能源、低碳技术、碳金融交易四个方面。绿色金融首先要求金融业自身运营绿色。其实，最主要的是金融业作为现代市场经济运行的枢纽对各个产业及经济的绿色的带动和推动作用，最终形成低收入、低能耗、低污染、高增长、高效能的经济增长模式。

第三，积极参与国际碳排放权交易机制，设立国内碳交易市场。碳排放权交易机制以外部影响理论、产权理论和稀缺性理论为基础，在《京都议定书》中提出，并逐步应用于实践，是一种主要通过市场条件实现二氧化碳减排的有效手段。碳排放权交易是指一方向另一方购买合同以获得温室气体减排额或排放一定数量的温室气体的权利，买方以此实现其减缓气候变化的承诺或企业公民的目标。《京都议定书》建立了三种国际合作减排机制，其中，与我国关系最为密切的是清洁发展机制（CDM）。我国应当积极提高在国际碳交易市场中的话语权，否则，将被迫按照发达国家制定的"国际标准"进行碳测算、碳交易、缴纳碳关税，以高价向发达国家购买低碳技术和碳排放权。

为此，国内也应当设立碳交易市场。碳交易市场是碳金融活动的重要平台。发展碳金融，就要加快构建和完善我国的碳交易市场。在借鉴发达国家经验的基础上，建立适合我国国情的碳交易市场。一是要创建区域内的碳交易试验平台。准低碳城市要以碳交易试验平台运行经验为基础，争取省内的区域碳排放交易中心落户本市。二是要构建完善的碳交易信息平台，加快与国外先进交易体系的交流与合作，通过知识产权入股等形式引入先进的信息技术和管理经验。

第四，大力发展资本市场，拓宽融资渠道。由于低碳城市建设资金需求量较大，需要集合各方的力量。目前，我国的资本市场处于快速成长时期，其融资能力与增长潜力空间较大。因此，资本市场可以为低碳城市建设所用。金融机构可以通过发行碳金融债券、签订低碳回购协议、设立碳基金等方式来为低碳城市的建设募集资金。其中，在我国建立和运用CDM 基金迫在眉睫。我国是世界上减排项目储备最多、CDM 市场潜力最大的国家。根据 CDM 交易规则估算，在 2012 年之前我国的碳交易潜力达数十亿美元，约占全球市场份额的 50%。

我国应积极鼓励民间资本参与低碳城市的建设，向全社会资本放开节能项目投资，争取国际金融组织对低碳城市建设项目的优惠资金支持。不断探索和学习国外的新投资模式。例如，在丹麦推广风能的过程中，"私人投资与家庭合作投资"模式起到了非常重要的作用。由于风机合作社的股份大多被当地投资者持有，大大提高了公众对风能推广的认可度，也激发了居民的投资热情。

第五节　制度创新是低碳城市建设的有力保障

先进的制度能够为经济社会的发展保驾护航，并能促进经济社会的健康发展。保守的制度只会成为经济社会发展的桎梏。在低碳城市建设的进程中，由于欠缺有效的风险补偿、担保和税收减免等综合配套制度，往往导致转型企业自身的经营成本大幅上升，盈利能力下降，直接影响了技术创新的积极性。可见，传统的制度已经不能满足现实的需要，需要不断地进行制度创新。

一、通过财税金融制度的创新来支撑低碳城市的建设

1. 征税。通过征税实现碳减排是以外部影响理论和科斯定理为依据。碳税是实现碳减排的一种重要的经济手段。2009 年 6 月，美国众议院通过了《清洁能源安全法案》，该法案规定美国有权对包括我国在内的不实施碳减排限额国家的进口产品征收碳关税。欧盟从 2011 年开始，拟对未采取减排措施的盟外进口商品征收进口碳关税。鉴于此，我国应该征收国内碳税，使美国的碳关税失去合理性。当然，我国可以通过降低企业所得税和企业支付劳保的费率来抵销企业交纳碳关税的损失。英国政府在其"气候变化计划"中，提出气候变化税。其实质是一种"能源使用税"。

2. 财政补贴。丹麦在能源领域采取了一系列措施推动可再生能源进入市场，包括对"绿色"用电和近海风电的定价优惠，对生物质能发电采取财政补贴激励。我国也可以对低碳城市的建设项目发放财政补贴。但是，财政补贴应该作为政府政策推广的一种经济调节手段，在执行的过程中起到一种杠杆的作用。财政补贴只能作为一项短期政策，而不能作为一

种长期政策选择。补贴应该在特定群体的消费环节而不在流通环节体现，补贴的方向在高端而不在低端。财政补贴也不能作为干预市场价格的工具。

3. 税收优惠。为了吸引外国公司来华投建 CDM 项目，财政部、国家税务总局联合下发《关于我国清洁发展机制基金及清洁发展机制项目实施企业有关企业所得税政策问题的通知》，首次明确了我国关于开展 CDM 项目的若干所得税优惠政策。我国应当继续加大税收优惠的力度和范围，发挥税收的积极作用。

4. 利用价格杠杆。对于利用低碳技术取得的产品，国家设立一个保护价或优惠价。例如，在电价政策方面，采用固定的风电电价，以保证风能投资者的利益。如果利用风能发电，进入电网的价格是固定的优惠价格，在卖给消费者之前国家对所有的电能增加一个溢价，这样消费者买的电价都是统一的。

二、建立适合我国低碳城市建设的政策法律体系

2007 年出台的英国建筑能源法规要求制定出非常强制性的日程表，要求英国 2013 年以后所有公共支出的项目、住房必须达到零能耗，任何私人的建筑都必须在 2020 年后达到零能耗。2008 年 11 月，英国议会通过了《气候变化法案》。我国也应当借鉴外国的先进立法经验，制定低碳城市建设的政策法律体系。2009 年 4 月，布朗政府宣布将"碳预算"纳入政府预算框架，英国也因此成为世界上第一个公布"碳预算"的国家。

第一，制定低碳产品法，引导与规范低碳产品的开发与认证，主要包括低碳产品认证主体、认证对象和认证过程的具体步骤以及低碳产品享受的优惠政策；修订政府采购法，政府采购向新兴的低碳产品倾斜；通过立法规范外国对我国 CDM 项目的投资和建设。

第二，建立绿色证书交易制度；建立国家和地区碳排放数据库，量化指导碳减排工作；建立科学的低碳城市评价指标；建立《节能减排项目投向准入细则》等一整套管理制度。

第三，规划低碳城市战略。2009 年，英国密集出台了一系列战略规划，包括《低碳产业战略远景》、发展"清洁煤炭"计划、《英国低碳转型》国家战略方案、《英国可再生能源战略》、《英国低碳工业战略》、《低碳交通战略》、《英国低碳转型计划——国家气候能源战略》、能源规划草

案等。我国应当认真规划低碳城市战略，对我国低碳城市的建设做出一个总体设想。

附录一主要参考文献

[1] 陈柳钦. 英国的低碳经济与可持续发展 [J]. 改革与开放，2010（5）.

[2] 董小君. 低碳经济的丹麦模式及其启示 [J]. 国家行政学院学报，2010（3）.

[3] 付允，汪云林，李丁. 低碳城市的发展路径研究 [J]. 科学对社会的影响，2008（2）.

[4] 贺强，李婷. 低碳经济发展需金融支持与创新 [J]. 中国金融家，2010（7）.

[5] 林衍. 中国低碳城市发展：未上马，已脱缰 [N]. 中国青年报，2010－12－01.

[6] 罗乐娟. 后危机时代的低碳城市发展之路 [J]. 江西社会科学，2010（5）.

[7] 孟祥林. 城市化进程的经济学分析 [M]. 成都：西南财经大学出版社，2008.

[8] 王可达. 建设低碳城市路径研究 [J]. 开放导报，2010（2）.

[9] 肖明胜. 引导低碳经济发展的机制研究 [J]. 财政研究，2010（5）.

[10] 杨烨，李军义. 多个省市强力限产冲刺降耗目标 [N]. 经济参考报，2010－09－09.

附录二　论金融机构在低碳经济
发展中的社会责任

2010 年 5 月 28 日，中国人民银行和银监会联合发布的《关于进一步做好支持节能减排和淘汰落后产能金融服务工作的意见》重申了金融机构的低碳环保责任。早在 2007 年 9 月，胡锦涛主席在亚太经合组织（APEC）第 15 次会议上明确主张"发展低碳经济"（胡锦涛，2007），自此之后，"低碳经济"一词成为各界讨论的热点。人们一直以为，金融机构是低耗能、低污染、低排放的企业，因而，与碳排放等环境污染问题关系不大。事实上，金融机构比一般企业更应重视低碳环保问题，承担更多的社会责任。早在 2007 年，在胡锦涛提出发展低碳经济的前后，有关部门就密集发布了要求金融机构承担低碳环保责任的意见。7 月，前国家环保总局、中国人民银行和银监会联合发布了《关于落实环保政策法规防范信贷风险的意见》；11 月和 12 月，银监会先后发布了《节能减排授信工作指导意见》和《关于加强银行业金融机构社会责任的意见》。

第一节　金融机构在低碳经济发展中应当
承担相应的社会责任

金融是经济发展的血液，金融机构应当充分利用金融这个杠杆，在金融资源的优化配置上起导向性作用。对于那些高耗能、高污染、高排放的项目和企业，金融机构不应当提供贷款，至少应对其有更严格的要求。因为对于一般企业来说，社会责任可能仅仅需要在自己的业务范围内贴上低碳环保标签即可，但金融机构掌握着利益传导机制，其行为具有杠杆效应，因此，其责任不仅仅是让自己的经营与运行更加低碳环保，还应承担起通过杠杆和利益传导机制来更广泛地影响其他行为体的责任。这样，在低碳经济的发展过程中，金融机构不仅要承担直接的社会责任，使自己的业务运行尽量低碳环保，而且，更多的是要承担间接的社会责任，要确保与自己有业务往来的项目和企业也低碳环保，否则不应发放贷款或者应当提前收回贷款。

　　美国、欧盟、日本等国早已意识到低碳经济对于未来发展的重要意义。2003 年，英国政府的能源白皮书就提出了"低碳经济"的概念。他们认为，金融机构是推动低碳经济发展的重要动力。它们可以合理配置信贷资源，充分发挥金融的功能作用，确保实现节能减排和淘汰落后产能的目标。世界自然基金会英国分会执行主任罗伯特·内皮尔（Robert Napier）指出："金融机构有责任在考虑项目贷款时，参照相应的社会和环境标准，并确保这些标准在审批贷款的过程中得以履行"（世界野生动物基金，2005）。因此，欧美的金融机构非常重视低碳环保，积极履行社会责任。

　　为了进一步规范金融机构低碳环保的责任，国际社会在《京都议定书》等国际条约、联合国全球契约、联合国跨国公司行为守则、OECD（经合组织）跨国公司行为准则、SA8000 和 ISO26000 社会责任标准、可持续发展报告指南等的基础上，制定了一些专门针对金融机构的低碳环保标准，包括伦敦原则（London Principles）、南非金融部门宪章（The South African Financial Sector Charter）、联合国环境计划署金融行动（UNEP FI）、关于金融机构和可持续性的科勒维科俄宣言（Collevecchio Declaration）和赤道原则（Equator Principles），其中赤道原则影响最大。赤道原则是由世界主要金融机构根据国际金融公司和世界银行的政策和指南建立的，旨在判断、评估和管理项目融资中的环境风险的一个金融行业基准。它于 2003 年 6 月正式实施。实行赤道原则后，银行保证只为那些符合条件的项目发放贷款，即项目发起人能使银行确信他们有能力和有意愿遵守银行的社会与环境政策和程序。为此，银行要根据环境或社会风险的高低把项目分类，不同类型和位于不同国家的项目对社会和环境评估报告（SEA）和行动方案（AP）的要求不同。赤道原则在国际金融发展史上具有里程碑的意义，它为项目融资的环境和社会绩效设立了事实上的全球标准，是国际上第一个专门针对金融机构的企业社会责任基准，已发展成为全球低碳环保的国际惯例（张长龙，2006）。

　　在欧美实践中，金融机构由于没有尽到低碳环保责任而受到损害的案例比比皆是。比较典型的有萨哈林 2 号油气开发项目（the Sakhalin II oil and gas project）（Platform，2004）和 BTC（Baku – Tbilisi – Ceyhan，

巴库 - 第比利斯 - 杰伊汉）输油管道项目（Platform et al.，2005）等。萨哈林 2 号油气项目对环境影响很大，遭到了非政府组织和原住民的反对。俄罗斯的环保组织向俄罗斯的法院提起诉讼，萨哈林岛的原住民举行了两次抗议活动，并得到了国际支持者的声援。2006 年 9 月，俄罗斯有关法院判决撤销了该项目的建设许可证，已经完成 80% 工作量的萨哈林 2 号项目于 2007 年 1 月停止建设（陈胜等，2009）。BTC 输油管道项目被世界野生动物基金（WWF）、地球之友（FoE）等非政府组织指出有多处违反了低碳环保的要求，包括主要协议在环境评估之前就已签署，合同无视管道经过国的环境法律，等等。迫于多方压力，贷款银团后来聘请了独立的环境顾问进行评估，并请了另一个环境顾问，代表它们对该项目进行监督。

长期以来，我国金融机构对低碳环保责任不太重视，从而遭遇尴尬。2001 年，国际金融公司与南京市商业银行进行参股谈判时，第一项议题就是环保问题，国际金融公司要求南京市商业银行按照国际惯例出具《环保承诺函》，建立环境管理系统。这使中国的银行家大感意外（吕莹等，2002）。在海外拓展业务时，我国的银行常常因为社会责任问题频频遭受利益相关者的批评，2010 年 5 月 21 日，银行监察组织（Bank Track）、国际河流组织（International Rivers）和图尔卡纳湖之友（Lake Turkana）等三家组织共同向中国工商银行董事长寄了一封信，抗议中国工商银行为埃塞俄比亚的吉贝三级大坝项目提供约 4 亿美元的贷款，因为这一项目将给当地生态环境造成巨大影响（章轲，2010）。

可见，金融机构自身的特点决定了它必须在低碳经济发展承担低碳环保责任。从国际层面来看，无数国际标准的制定和融资实践的检验说明金融机构也必须承担低碳环保责任；从国内层面来看，从解决实际问题、与国际接轨、实现银行业的可持续发展的角度出发，金融机构也应当承担低碳环保责任。

第二节　发展低碳金融与进行尽职调查是金融机构在低碳经济发展中的主要社会责任

金融机构在低碳经济发展中的社会责任主要包括两个方面：一是直接的，二是间接的。直接责任大致可分为两种：一种是一般责任，另一种是特殊责任。一般责任主要是指任何企业都能承担的责任，主要包括在日常的业务运行过程中节约能源，减少碳排放等，而特殊责任是指金融机构所特有的责任。目前金融机构最重要的特殊责任是发展低碳金融。

低碳金融是指与低碳经济相关的投融资活动，即服务于限制温室气体排放等技术和项目的直接投融资、碳权交易和银行贷款等金融活动。为了实现经济与环境的和谐发展，金融机构必须树立低碳金融意识。面对低碳经济时代的要求，我们必须尽快构建与低碳经济发展相适应的碳金融制度，打造包括银行贷款、直接投融资、碳指标交易、碳期权期货等一系列金融工具组合而成的碳金融体系。发展低碳直接融资机制，建立碳证券市场，建立碳排放权交易市场；发展低碳间接融资机制，探讨低碳技术质押贷款的可行性与操作实务，建立为低碳经济服务的绿色信贷体系；发展特殊融资机制，利用 CDM 融资，利用能源合同管理融资，探索发行低碳彩票、低碳产业投资基金和其他碳金融产品，规范发展政府投融资平台。低碳经济的发展或将成为全球经济可持续发展轨道的重要支撑，也将为金融体系提供全新的发展空间。

自从低碳经济提出以来，很多金融机构开始涉足低碳技术开发研究，由此产生了"绿色贷款"和"社会责任基金"等新的概念。一些金融机构开始明确提出节能减排的企业责任，同时积极参与到绿色环保项目的贷款和投资当中，取得了一定的社会和经济效益。另外，与排放权交易相关的金融创新也取得了较大的进展。然而，我国低碳金融的发展仍处于相对初级阶段，有许多方面值得进一步完善。例如，金融机构对低碳金融的认知程度有待提高，低碳金融的社会效益与金融机构的利润追求存在矛盾，并且相关中介市场发育不完善，政策法律存在风险，等等。

金融机构在低碳经济发展中的社会责任主要是间接责任。也就是说，金融机构在发放贷款时，要尽到应有的注意（due diligence）义务，即尽职调查义务，包括信息收集和信息报告义务。根据这一要求，如果金融机构明知该项目或企业在低碳环保方面有瑕疵而依然发放贷款，或者由于金融机构没有尽职调查就发放贷款而导致项目或企业后来发生重大环境事故，金融机构及其高管人员和董事可能要承担法律责任，包括刑事法律责任。

金融机构在签订贷款协议前，必须对该项目或企业的低碳环保问题进行尽职调查，以便对项目进行科学地分类。调查时，金融机构必须亲力亲为，不能过分相信借款人提供的单方面的环境评估报告。非政府组织就曾经建议金融机构应当自行对萨哈林 2 号项目进行尽职调查，而不是依赖项目发起人或其他金融机构的调查结果。如果环境评估不合格应当一票否决，不能为了眼前的经济利益而忽视了自己的社会责任。

金融机构收集有关执行或违反环境法律及其他规定和要求的信息是对项目建设和运营实施持续性监管的一部分。因此，金融机构需要慎重对待贷款协议和文件的监督管理以防范这些风险。贷款人一旦要求了解污染或其他污染活动的信息，它就有可能明确地提出问题：如果自己批准这个行为，会不会承担法律责任，即使它可能不会发生实质性相反的变化或实质性相反的影响。

金融机构应有的注意义务还表现在对贷款协议的审查上。贷款协议为金融机构提供了一个要求借款人在整个项目周期解决低碳环保问题的正式机会。在低碳经济语境下，贷款协议必须有所调整，增加低碳环保的内容。

先决条件条款。先决条件是借款人根据贷款协议提出提款或者其他信用工具生效之前所需要满足的前提条件。这种先决条件可大致分为三类。第一类是首次提款时的先决条件，包括环保许可、报告、消除隐患和保证守约，其中报告部分包括《环境影响评估报告》《环境管理方案》《环境行动方案》等。第二类是所有提款的先决条件。此类先决条件可能要根据项目的敏感性做出判断。第三类是完成的先决条件。独立的环境顾问将提供一个报告确认完工测试已经评估并遵守项目的所有环保要求。

环境代理人（Environmental Agent）条款。环境代理人是从项目借款人和其他参与人那里接收有关低碳环保信息并将监督项目的建设和运营的人。环境代理人的行为代表所有贷款人。实践中，金融机构往往充当环境代理人的角色。

陈述与保证条款。在陈述与保证条款中应增加如下内容：没有已决的、未决的或者可能发生的与项目有关的环境诉讼，而且该诉讼已经或者很有可能对项目的执行和运营产生重大的负面影响；在建设和运营的所有阶段，该项目一直遵守并将继续遵守所有可适用的环境要求，而且已经取得并遵守所有必要的环境许可和条件；借款人已经向贷款人提供了所有关于环境问题的相关报告和信息；借款人已经聘请了一个独立的环境顾问以便向贷款人提供关于《环境管理方案》和《环境行动方案》执行方面的相关监测报告。

特别保证条款。除了在贷款协议中承诺遵守所有法律这样的一般保证条款外，还应该拟订关于环保的特别保证条款，包括积极保证和消极保证条款。

违约事件条款。贷款协议既要包括一个未履行文件中保证的一般的违约事件，还要包括未履行环境事务承诺的特别的违约事件，环境事务包括环境管理方案、环境法律、环境诉求和环境责任。

《关于进一步做好支持节能减排和淘汰落后产能金融服务工作的意见》指出，对不符合节能减排和要求淘汰的落后产能的违规在建项目，不得提供任何形式的新增授信支持；对违规已经建成的项目，不得新增任何流动资金贷款，已经发放的贷款，要采取妥善措施保全银行债权安全。银行要对提前暴露出来的信贷风险严格分类，该降为不良贷款的要及时坚决调整到位并相应提足拨备，大力加强核销和处置工作。对于违规发放的贷款，要按照"谁审批、谁负责"的原则，依法追究相关机构和人员的责任，并视情节给予相应处罚。积极拓宽清洁发展机制项目融资渠道，支持发展循环经济和森林碳汇经济。在有条件的地区，探索试行排放权交易，发展多元化的碳排放配额交易市场。《关于落实环保政策法规防范信贷风险的意见》《节能减排授信工作指导意见》《关于加强银行业金融机构社会责任的意见》也清楚地表明，金融机构低碳环保责任的主要内容就是发展低碳金融以及审查项目时尽到应有的注意义务。

第三节 营造良好的金融生态环境是金融机构在低碳经济发展中践行社会责任的保障

要确保金融机构在低碳经济发展中切实履行社会责任，除了需要金融机构勇于承担社会责任，树立银行业可持续发展的理念之外，最重要的是要改善金融生态环境。2004年12月，中国人民银行周小川行长在"经济学50人论坛"上做了"完善法律制度，改进金融生态"的学术报告，首次提出了金融生态的概念（周小川，2004）。金融生态是指各种金融组织为了生存和发展，与其生存环境之间及内部金融组织相互之间在长期的密切联系和相互作用过程中，通过分工、合作所形成的具有一定结构特征，执行一定功能作用的动态平衡系统（徐诺金，2005）。金融生态环境是金融生态不可或缺的一个方面。它有广义和狭义之分。从广义上讲，是指与金融业生存、发展具有互动关系的社会、自然因素的总和，包括政治、经济、文化、地理、人口等一切与金融业相互影响、相互作用的方面，是金融业生存、发展的基础。从狭义上讲，是指微观层面的金融环境，包括法律、社会信用体系、会计与审计准则、中介服务体系、企业改革的进展及银企关系等方面的内容。金融生态环境还可分为内部环境和外部环境。

内部来说，其一，金融机构要增设相应的组织机构，如企业社会责任部或者环境发展部或者低碳金融（研发）部，专门负责融资中的环境风险评估、防范和信贷管理以及低碳金融产品的开发和推广。此外，还可考虑设立履规顾问/检查员（CAO）办公室，专门受理和解决申诉和投诉，或者此职能由上述机构承担，不专门设此部门。《关于进一步做好支持节能减排和淘汰落后产能金融服务工作的意见》就鼓励银行业金融机构设置专门岗位和安排专职人员，加强对节能减排和淘汰落后产能行业发展趋势和信贷项目管理的深层研究。其二，招聘熟知低碳环保的专职人员和外部专家，培训负责信贷、法务、项目融资等事务的员工，也可以培训客户。其三，把低碳环保的理念和法律内化为银行的信贷政策，特别是要专门制定对项目环保风险评级的操作指南。例如，汇丰银行分别于2004年和2005年推出了《林地及林产品贷款条例》和《水利工程贷款条例》（世界野生动物基金，2005）。我国许多的金融机构都有类似的政策和指南，然而，在巨大的经济利益面前，有些银行在执行时大打折扣，表面完备的政策和指南可能只是一纸空文。

外部来说，主要是平整游戏场地，统一国际标准、国内标准和行业标准，避免金融机构在低碳环保方面开展不正当竞争。

其一，尽量接受国际通行标准。对于一些国际条约，我国要有选择地加入；对于一些国际准则，特别是那些已经发展成为国际惯例的准则更是要接受。有些人总是把国际标准等同于欧美标准，始终把自己置身于国际标准之外。在经济和金融全球化的今天，这种"掩耳盗铃"的做法遗害无穷。殊不知，规则的制定者必将是规则的受益者。一味回避的结果可能是被动地适用别人制定的规则。2007年10月11日，招商银行正式宣布加入联合国环境规划署金融行动（UNEP FI）（毛晓梅等，2007）。2008年10月31日，兴业银行也宣布接受赤道原则。兴业银行接受赤道原则之后，业务量猛增，从主动接受国际标准中尝到了甜头（兴业银行董事长，2009）。

其二，健全与完善国内法制。近年来，我国出台了多部环保法律，企业社会责任的立法也有所突破。2002年1月7日，中国证监会、国家经贸委发布的《上市公司治理准则》首次明确提出了利益相关者的概念，并要求上市公司必须重视企业的社会责任（程惠建，2005）。2005年修订的

《公司法》第5条要求公司承担社会责任。然而，我国有关低碳环保的法律亟待完善。首先，在立法结构方面，需要形成一个较为合理的法律体系。具体来说，把可持续发展从战略高度上升到基本国策的高度并且明确写进国家宪法，在宪法之下，再制定可持续发展法，为基本法律，然后，才是一些专门法律如《环境保护法》《环境影响评价法》，等等，最后才是法规和规章。在立法中，要特别注意把金融问题与环境问题有机结合起来。其次，在程序方面，修订《环境保护行政许可听证暂行办法》，提高听证规则的可操作性；赋予普通民众环保诉讼权；改革集体诉讼等特定的司法程序，改进举证责任倒置等证据规则来保障公众权利的实现；把环保事故诉讼纳入国家检察机关的公益公诉范畴；等等。最后，在实体方面，增设贷款人应有的注意义务。如果没有尽到这一义务，贷款人及其直接负责的主管人员和其他直接责任人员就要承担相应的法律责任包括刑事法律责任。此外，还要专门制定银行或金融机构社会责任的特别法，并提高法律位阶。目前，规范金融机构低碳环保责任的文件主要是国务院有关部门的意见，按照银监会官方网站的分类，此类意见只是规范性文件，还不是部门规章，法律效力非常有限。

其三，制定行业标准。在立法条件不成熟的情况之下，制定行业标准、实行行业自律也不失是一种不错的选择。2005年底，我国首部社会责任型企业基准问世（中国银行业协会，2009），标志着我国的企业社会责任有了一个较为明确的操作标准。2009年1月，中国银行业协会公布了《中国银行业金融机构社会责任指引》，为银行业金融机构承担社会责任提供了一个行动指南和准则。然而，该指引已经出台1年半，其执行情况不尽如人意。因此，行业标准的关键是要执行到位。

此外，要充分重视非政府组织的监督作用。作为金融生态外部环境的一部分，非政府组织的作用不可低估。它们可以运用自己强大的社会影响力、公信力，影响融资活动，纠正银行的不当行为。在这样的利益制衡机制下，银行逐步建立起符合社会要求的责任理念和道德准则，银行行为和社会利益趋于一致。西方国家的这种利益制衡机制比较健全，它们的银行长期面临来自环保组织的压力。有一些非政府组织甚至专门盯住银行业务活动。例如，银行监察组织（Bankwatch）就专门跟踪私营银行的运营和对社会及环境的影响，银行监视组织专门监视中欧和东欧地区的公款。非政府组织的积极参与可以使银行逐步认识到如果不处理项目融资引发的环境问题就有可能威胁它们的业务。雨林行动网（RAN）抗议花旗银行向破坏热带雨林的活动提供资金（Paul West，2004）；萨哈林2号油气开发项目和BTC输油管道项目都有非政府组织提出公益诉讼，而且项目因此被终止；中国工商银行在埃塞俄比亚的项目遭到3个非政府组织的反对。这些活生生的事实充分表明非政府组织对银行的巨大影响力。中国不可低估非政府组织的作用，并可适当放宽环保非政府组织设立的限制条件，允许更多的环保非政府国际组织在中国开展活动。

附录二 主要参考文献

［1］陈胜，冯守尊.赤道原则：商业银行项目融资的行业基准——来自萨哈林2号油气项目终止的启示［J］.中国发展观察，2009（6）.

［2］程惠建.中国首部社会责任型企业基准问世［N］.国际金融报，2005－12－02（3）.

［3］胡锦涛.在亚太经合组织第十五次领导人非正式会议上的讲话［EB/OL］.http：//www. gov. cn/ldhd/2007－09/08/content_742977. htm，2007－09－08/2010－07－25.

［4］吕莹，裴海生.IFC进军南京市商业银行［J］.现代商业银行，2002（2）.

［5］毛晓梅，王文帅.招行加入联合国环境规划署金融行动［EB/OL］.http：//news. xinhuanet. com/newscenter/2007－10/11/content_6865999. htm，2007－10－11/2010－05－21.

［6］世界野生动物基金.WWF呼吁金融机构关注环境问题［EB/OL］.http：//www. wwfchina. org/wwfpress/presscenter/pressdetail. shtm？id=108，2005－05－31/2010－08－04.

［7］兴业银行董事长：赤道原则对银行社会双促进［N］.中国经济周刊，2009－08－17（6）.

［8］徐诺金.论我国的金融生态问题［J］.金融研究，2005（2）.

［9］张长龙.金融机构的企业社会责任基准：赤道原则［J］.国际金融研究，2006（6）.

［10］章轲.工行非洲水利贷款被指破坏生态［EB/OL］.http：//www. ditan360. com/html/ziben/tjr/28345. html，2010－06－30/2010－08－06.

［11］中国银行业协会.中国银行业金融机构社会责任指引［EB/OL］.http：//www. china－cba. net/bencandy. php？fid=44&id=1097，2009－01－

12/2010 – 03 – 06.

［12］周小川. 完善法律制度，改进金融生态［N］. 金融时报，2004 – 12 – 07（4）.

［13］Paul West. Banking on the environment：a model campaign against financing eco-destruction［R］. RAN，April 2004.

［14］Platform，Analysis of the Sakhalin Ⅱ Oil and Gas Project's Compliance with theEquator Principles［EB/OL］. http：//assets. panda. org/downloads/analysisequatorp2004. pdf，2004 – 12 – 23/2010 – 02 – 21.

［15］Platform et al，Evaluation of Compliance of the Baku – Tbilisi – Ceyhan（BTC）pipeline with the Equator Principles［EB/OL］. http：//www. carbonweb. org/documents/Equator_Principles. pdf，2005 – 12 – 27/2010 – 02 – 12.

附录三　基于财政分权视角的
低碳城市建设研究

第一节　引　　言

　　城市作为人类生产和生活的中心，是经济社会发展的核心体，在为经济发展作出贡献的同时，也是能源消耗与碳排放、高污染、高能耗的主要来源。根据相关统计数据，截至 2011 年，中国共有地级市 282 个，县级市 374 个，县 1642 个。2010 年底我国城镇化水平已达到 47%，到 2015 年中国城镇化水平预计将达到 52% 左右，正处于城镇化加速进行的过程中，预计到 2050 年会提高到 75%（中国市长协会，国际欧亚科学院中国科学中心，2011）。2011 年我国消耗煤炭约 32 亿吨，未来的 20 年，如果我国的国内生产总值再翻两番，将消耗 100 亿吨煤炭量（温志军，2012）。城市能源消耗快速增加，建筑和交通是城市能源消耗增长的重要领域。2011年，全国城镇节能建筑占既有建筑面积的比例仅为 24.6%。① 由于当前城镇人均能耗约为农村的 3 倍多，每年从农村转移到城市的近千万流动人口导致能源消耗总量持续增加、污染加重，城市的环境问题引起人们的重视。由于交通配套建设滞后于机动车保有量增长，尾气排放标准各地不一致，执行不严格等原因，机动车污染排放成为大城市空气质量的第一杀手。截至 2012 年 6 月底，全国机动车总保有量达 2.33 亿辆，较 2011 年底增长 3.67%，汽车保有量为 1.14 亿辆，增长 7.66%②，城市空气质量的

---

　　① 中华人民共和国住房和城乡建设部办公厅关于印发《2011 年全国住房城乡建设领域节能减排专项监督检查建筑节能检查情况通报》的通知。

　　② http://auto.qq.com/a/20120717/000353.htm 相关新闻。

提升面临较大压力。城市将成为节能减排的重点和核心区域，应以城市为单元实施低碳发展理念。因此，转变传统城市发展方式，走低碳城市发展之路既是体现负责任大国对全球问题的担当，也是以此为契机抓住未来社会发展的金钥匙。实现低碳城市建设目标具有重要的理论和现实意义。

第二节 文 献 综 述

有关低碳城市建设问题，中外学者进行了广泛探讨。格雷泽和卡恩（Glaeser and Kahn，2008）指出，城市规模与碳排放量是正相关的，即城市规模扩大导致人均碳排放量升高；而土地开发密度是负相关的，即城市布局越密集碳排放量的人均水平越低。格劳福和弗润赤（Grawford and French，2008）研究了英国城市布局规划与低碳建设之间的关系，认为最有效的发展策略就是因地制宜，有的放矢。国内学者辛章平等（2008）说明了低碳城市建设的必由之路是低碳能源开发、清洁生产方式、资源循环利用以及可持续发展。李向阳、李瑞晴（2010）指出，发展低碳城市应该紧紧围绕着"能源发展的低碳化、经济发展的低碳化、社会发展的低碳化和技术发展的低碳化"四个方面。曹坤源、周葆生（2011）以合肥市为分析对象，从"构建低碳交通、提倡绿色建筑、发展低碳工业"三个方面探讨了合肥市低碳城市建设的对策选择。

通过对上述文献的梳理可知，长期以来，人们一直把建设低碳城市作为政府不可推卸的责任。然而，大多数与此相关的政策建议，要么只是直接提出问题的严峻性和采取行动的必要性；要么对低碳城市建设的技术方法设计赋予较多的笔墨；要么只讲责任和义务而不顾能力和激励；要么把能力和激励问题视作理所当然的前提，忽视了多级次政府下财政分权对于实现低碳城市建设目标的作用，忽视了激励机制的重要性。这样的讨论由于在逻辑上是不完整的，在政策上缺乏建设性，在措施上缺乏针对性。

从经济学的角度来看，由于对"低碳城市"的消费具有非竞争性和非排他性，一个人从良好的低碳城市中获得满足并不影响其他人的感受，因此"低碳城市"可以看作是一种典型的公共品（Samuelson，1954）。正是因为这种公共性，建设低碳城市被视为政府的基本职能之一。然而，现实中面临的一个需要解决的问题是，由于许多国家都存在着不同层级的政府（点式经济体除外），低碳城市建设责任在中央政府和地方政府之间如何适当划分？中央和地方各级政府在低碳城市建设中各自扮演何种角色？政府面临的不同激励与约束机制如何影响低碳城市建设？这些都是低碳城市建设中重大而基本的问题，不得到良好的解决，低碳城市建设难以有效进行。因此，只谈论技术层面的问题对于低碳城市加快建设的意义不大。

上述问题正是财政分权理论的研究视域。因此，本章以财政分权为视角，通过理论分析和实证检验，说明分权对于低碳城市建设的重要性，并深入分析了政治激励与财政激励对低碳城市建设的巨大影响，并给出了低碳城市建设的具体建议。

第三节　财政分权与低碳城市建设：理论分析

根据欧茨（Oates，1972）的观点，财政分权理论是关于公共部门职能和财政工具在不同层级政府间合理分配的理论。换言之，哪些职能适合中央政府行使，而哪些职能应交由地方一级政府，以及相应的财政收入的分配。因此，从建设低碳城市的目标出发，财政分权理论要解决的核心问题是：一国的低碳城市建设是应该集权还是应该分权，即是应由中央政府统一管理全国各地的低碳城市建设事务（设立全统一的标准），地方政府只是负责执行中央下达的命令；还是应由地方政府根据其辖区具体情况自主管理本地区的低碳城市建设事务（各地区设立自己的地方标准），中央政府只负责对全国性的环境事务进行管理。

一、财政分权与低碳城市建设的基本理论

模型假定如下：①某一社会只需要两种物品 X 与 Y，X 代表私人品，Y 是以低碳城市为代表的公共品；②两种生产要素：劳动（L）与资本（K）；③国民收入（I）用于生产两种物品，即 X 与 Y；④固定价格，书中所涉及私人品、公共品、劳动、资本等的价格均为固定不变的，P_X 代表 X 的价格，P_Y 代表 Y 的价格；⑤给定社会福利函数为：$W = W_0 + \alpha \ln X + \beta \ln Y$，且 $\alpha > \beta > 0$，$\alpha + \beta = 1$；⑥政府组织分为中央与地方两级，各级政府实行平衡预算，即 $Y = T$，T 代表政府全部税收；⑦该社会有 H 个成员，$MRS_{X,Y}^h$ 表示 H 中第 h 个成员关于 X 与 Y 的边际消费替代率。

根据上述假设，在社会资源既定条件下，我们的目标是：

$$\max(W_0 + \alpha \ln X + \beta \ln Y)，s.t. P_x X + P_y Y = I$$

从而求出最优私人品需求函数为：

$$X^*(P_x，P_y，I) = \frac{\alpha I}{P_x}$$

最优低碳建设支出函数为：

$$Y^*(P_x，P_y，I) = \frac{\beta I}{P_y}$$

（一）完全信息假设

在完全信息的假定下，经济活动是确定的，中央政府与地方政府完全了解社会成员对低碳城市的需要，关于全体社会成员有关低碳城市的所有偏好信息都能充分及时的反映给各级政府，中央政府不存在错误理解。两者都可以按照标准的一阶条件来提供 Y^*：

$$\sum_{h=1}^{H} MRS_{X,Y}^h = MRT_{X,Y}$$

因而由中央政府还是地方政府负责低碳城市建设事务是无差异的，两者都可以提供最优低碳建设支出，中央政府提供低碳建设支出就能满足所有社会成员的需要，不需要财政分权。

（二）不完全信息假定

在不完全信息假定下[①]，中央政府无法确知全部社会成员有关低碳城市的公共偏好和相关信息，相比之下由于地方政府更接近本辖区的居民，信息传导更顺畅，误差更小，更了解居民的偏好信息；而中央政府实际所了解的居民偏好信息受多种因素影响，边际消费替代率是一个随机变量：

$$MRS'^h_{X,Y} = MRS^h_{X,Y} + \varepsilon$$

当 $\varepsilon = 0$ 时，亦即信息完全条件，与完全信息假设时的结果相同；当 $\varepsilon \neq 0$ 时，信息的搜集分析传导过程中会失真，导致中央政府提供低碳建设支出的过程中可能发生偏差，支出总量要么过量，要么不足。仅有部分社会成员的需要得到了满足，还有其他社会成员的需要未能被满足，因此社会福利水平不是最优的。

[①]　中央与地方进行财政分权的理由不单单是信息不对称，规模经济与外部性等均是重要原因。限于篇幅，本章只以信息不对称为例加以说明。

相反，如果由中央政府与地方政府分别根据自身的特点、所掌握的信息与公民需要来分工提供低碳建设支出，令中央提供一部分，地方提供另一部分，可以使所有社会成员的偏好得到满足，此时的社会福利水平最大（马万里，2012）。

但是，仅凭财政分权体制本身而缺乏其他机制设计的话，低碳城市建设中财政分权的优势根本无法发挥。正像李维克等（Litvak et al.，1998）所指出的，"就促进效率、公平抑或是宏观经济稳定而言，分权体制无所谓好坏，分权的影响到底如何要取决于具体的制度设置。"因此，我们还需要考虑财政分权背后的一些影响低碳控制的重要因素。

二、不同激励机制的影响

针对政治激励机制和财政激励机制的不同设计，具体分析民主的决策程序及税制结构的差异对低碳城市建设的具体影响。

（一）政治激励

在一个非民主的政体内，由于官员的产生不是经由公共选择程序，而是通过上级领导的任命或许可，这样，下属官员为了谋求连任或升官，就会只考虑上级领导的政治偏好，而忽视地方选民的公共需要。因此，在"对上负责"的体制中，政治激励会导致政府支出结构的巨大差异。

假定，一级政府除负责控制碳排放事务外，还负责供给基础设施，则该政府的全部支出包括控制碳排放支出和基础设施支出。

$$G = \theta Y + (1 - \theta)K, \theta \in [0, 1]$$

当 $\theta = 0$ 时，表示全部政府支出用于建设基础设施，当 $\theta = 1$ 时，表示全部政府支出用来控制碳排放。如果中央政府领导人偏好经济增长的话，则下级政府就会对基础设施支出与低碳城市建设支出的比例上予以权衡。由于低碳城市建设周期长，投入大，见效慢，短期内难以提升地方政府的经济增长率，体现在 GDP 增长率达不到预定目标，那么地方政府就会选择增加基础设施建设支出，而降低低碳城市建设支出的权重。在当前中国政府特别是地方政府以 GDP 增长率为政绩考核目标的背景下，低碳城市建设想要争取更多财政投入是很困难的。

相反，在民主政体下，政府官员"对下负责"，如果民众更加关心与自己密切相关的气候变化和生态环境，则民众的需要会通过公共选择程序传达给政府，政府会增加更多的低碳城市建设支出。可见，政治激励的差异会导致政府公共支出结构的不同。

（二）财政激励

根据环境库兹涅茨曲线（Environmental Kuznet Curve，EKC），随着人均收入水平的不断提高，环境污染会呈现先升后降的趋势，即所谓倒"U"型的 EKC（蔡昉，2008）。因此，根据 EKC 我们可以推出一个重要的政策含义就是，随着人均收入水平的提高，政府主要的财政收入如果来源于人们的收入或者财产，在"成本—收益"对称的要求下，政府要以社会公众的需要为工作重心，满足因收入提高而引致的对环境质量更高的公共要求。所以，为使得财政收入最大化，政府必须控制污染，满足人们对清洁环境的需要。因而税制结构的差异会影响到政府节能减排的努力程度。

如果政府税收收入由流转税和收入（财产税）构成。

$$T = \sigma \cdot \tau_V \cdot V(e, I) + (1 - \sigma) \cdot \tau_P \cdot P(e, I), \ \sigma \in [0, 1]$$

其中，τ_v 表示流转税率，τ_p 表示收入（财产）税率；e 表示政府进行碳排放控制的努力；$V(e, I)$ 表示流转税税基，代表一定水平的生产活动，$V'_e(e, I) < 0$，且 $V''_e(e, I) < 0$；$P(e, I)$ 表示收入（财产）税税基，在某一临界点之前，$P'_e(e, I) > 0$，而在某一临界点之后，$P'_e(e, I) < 0$。其原因在于，当政府进行碳排放控制的努力最初增加时，碳排放会减少，不动产价值上升，收入（财产）税税基会扩大，收入（财产）税收收入增加；当对碳排放控制的努力超过临界点以后，碳规制过高会导致要素外流，生产萎缩，对不动产的需求下降，因而收入（财产）税税基会下降，收入（财产）税收收入会下降。I 表示人均收入（财产）水平，σ 与 $(1-\sigma)$ 分别看作是流转税和收入（财产）税占总收入来源的权重，若 $\sigma = 0$，则政府只征收入（财产）税，$\sigma = 1$，则政府只征收流转税。

一国税制如果以流转税作为主体税种，财政收入中来源于财产的比例很小，政府就缺乏内在动力控制碳排放，碳排放规制标准的降低会大大刺激商业税基的扩大，从而增加政府财政收入。出于政府自利和官员自身利益的考虑，各级政府通过招商引资、加大基础设施建设、给予优惠政策等手段来促进经济增长，最终增加财政收入。然而，如果环评流于形式，部分省市引进一些高耗能高污染项目的情况难以避免，成为发达国家高污染落后产业转移的目的地，虽然短期内能够增加 GDP 和财政收入，但却以牺牲环境为代价，使得低碳城市建设任重道更远。

通过上述分析，我们可以得到如下模型：

（1）最优碳排放控制支出为：

$$Y^* = Y_C^* + Y_L^*$$

其中，Y_C^* 表示中央政府负责的碳排放支出；Y_L^* 表示地方政府负责的碳排放支出。

（2）平衡预算原则下的碳排放控制支出 Y 与税收 T 的关系为：

$$\theta Y + (1-\theta)K - \sigma \cdot \tau_V \cdot V(e, I) - (1-\sigma) \cdot \tau_P \cdot P(e, I) = 0, \quad \theta, \sigma \in [0, 1]$$

三、小结

从上述的分析可以看出，财政分权的设计可以有效促进低碳城市建设。低碳城市建设应该是中央和各地方政府分工协作：中央政府承担全国性管理责任，中央财政安排资金支持节能减排技术的研发活动，以及对地方政府提供必要的指导；地方政府对其辖区范围内的低碳城市建设事务具体予以执行。政治激励会改变政府财政支出结构，从而影响低碳城市建设的进程和质量；当政府官员偏好经济增长时，会增加对基建的财政投入，忽视低碳城市建设。财政激励扭曲会导致污染加重，使得低碳城市建设面临更大的压力和挑战。收入激励扭曲会促使地方政府引进高污染、高耗能产业，进而加大了污染程度，经济增长以牺牲环境为代价。

第四节　财政分权与低碳城市建设中的问题

我国现阶段正处于城市化的快速增长时期，中国的城市化遭遇了世界上城市化前期和后期产生的所有问题和弊端。在国家提出低碳城市建设目标之后，各地在实施过程中存在一定的问题。

一、低碳城市建设存在的问题

低碳城市建设是低碳发展的必由之路，是生态文明建设的重要任务，对于促进资源利用、环境改善具有重要作用，但是自 2008 年启动低碳城市建设项目试点以来，在推进中存在两个急需解决的问题。

（一）缺少统一规划，尚未明确低碳城市建设的职责分工

目前为止，政府尚未出台低碳城市建设的中长期战略规划，设定低碳城市建设的未来发展目标。这就不利于地方政府和各个城市制定各自的低碳城市建设规划和实施相应的项目制定与管理。

如表1，虽然个别城市制定了自己的低碳规划，但是由于情况各异，难以形成统一协调的低碳城市建设布局。由于中国尚处于低碳经济发展的初期，相关理论与政策措施也带有过渡性质，低碳城市更是新鲜事物，加之长期以来一直关注经济发展，这也在一定程度上导致了从中央到地方各级政府对低碳城市发展职能分工上存在滞后现象，从而使得低碳城市建设的完成情况和责任无法考核。

表1　　　　　　　　　　中国部分城市的低碳城市建设实践

城市名称	目标设定	具体规划、措施	所处阶段
上海	低碳社区、低碳商业区、低碳产业区（戴亦欣，2009）	重点发展新能源、氢能电网、环保建筑、燃料电池公交；世博会节能建筑、临海新城的太阳能光伏发电示范项目、崇明生态岛的碳中和规划区域（戴亦欣，2009）	实施建设，部分建设完成
保定	低碳城市	实施"中国电谷"和"太阳能之城"计划，促进太阳能光伏设备生产企业的发展，进行太阳能照明工程（戴亦欣，2009）	实施建设，部分建设完成
珠海	低碳经济区	以引进技术发展低碳建筑作为低碳城市建设的突破口，同时推进"绿色社区"建设，普及低碳生活理念，实施"山体复绿"工程增加碳汇	实施建设
贵阳	生态城市战略规划	建设城市低碳交通系统、绿色建筑体系，利用财政补贴推广居住建筑中节能灯使用，引导公众接受低碳生活方式与消费方式，LED节能照明试点项目	规划编制完成
重庆	以产业结构转型为重点	降低高能耗产业比重，形成现代服务业和先进制造业为主的产业结构，逐步形成低碳产业群	规划编制中

资料来源：笔者根据相关资料整理所得。

（二）各级政府财政投入水平有待进一步提高

与主要发达国家相比较，2010 年中国单位 GDP 能耗是 0.814 吨标准煤/万元，是世界平均水平的 2.2 倍[①]。2010 年中国碳排放总量超过美国，居世界第一位，达 31.2 亿吨，是英国、澳大利亚的近 15 倍，是韩国的近 20 倍[②]。特别是 2009 年，中国政府宣布温室气体排放的控制目标，单位 GDP 的 CO_2 排放到 2020 年要比 2005 年下降 40% 至 45%[③]。因此，要控制城市碳排放需要较大的经济投入。然而，与迫切的碳排放压力和政府领导人的承诺相悖的是，政府财政投入严重不足，从而导致城市控制碳排放进程缓慢。如表 2 所列数据显示，2010 年以来中央对地方节能减排专项转移支付虽然每年有所增加，但其占节能环保支出比重一直维持在 53% 左右，占专项转移支付的比重平均为 5.15%。政府财政投入比重过低是低碳城市建设缓慢的重要原因之一。可以预见，未来低碳城市建设所需资金与现实财政投入制约的矛盾会长期存在。

表 2　　　　　　　　中央财政节能减排专项转移支付情况

年度	中央专项节能减排支付[①]（亿元）	占中央对地方节能环保专项转移支付比重（%）	占中央对地方专项转移支付比重（%）
2010 年	730.22	53.16	5.17
2011 年	829.82	53.58	5.02
2012 年[②]	917.32	53.78	5.28

注：①此处中央专项节能减排支付包括能源节约利用、污染防治和污染减排三项；②2012 年数据为预算数。

资料来源：财政部网站。

二、原因分析

（一）中央过度集权导致地方缺乏自主性

我国的低碳城市建设存在中央过度集权的问题，中央政府处于绝对主

---

① 中国单位 GDP 能耗是世界平均水平 2.2 倍. http://finance.eastday.com/economic/m1/20111228/u1a6281757.html.

② 国际碳监测行动网站。转引自刘茂平. 低碳经济发展的财政政策研究［J］. 广东技术师范学院学报（社会科学），2011（4）：51.

③ 新华网（www.xinhuanet.com）相关内容报导。

导地位，地方政府处于从属地位，发挥作用较少。地方政府在环保工作中没有发挥应有的作用，这从最近由环境保护部和社科院联合发布的《2007年全国公众环境意识调查报告》中可以看出来。该报告显示，"我国公众中59.9%的人对中央政府的环保工作表示满意或很满意，58.5%的人对国家环保政策、法规表示比较满意或很满意，而与之形成鲜明对比的是，60.6%的人对本地政府的环保工作表示不大满意或很不满意"（崔征，2008）。在公众心目中，中央政府在环保工作中具有主导地位，做了大量工作，而对地方政府的参与意识和实际工作不满意。

（二）财政支出结构偏差导致低碳城市建设投入不足

在"对上负责"的政治制度安排下，"以GDP挂帅的政绩考核"的晋升激励机制导致地方政府注重经济增长，在一定程度上把经济增长变为地方政府首要的甚至是唯一的职能。尽管目前的环保问题日益严重，地方政府投资搞建设的热情依然不减。据报道，广东湛江700亿钢铁项目获发改委批准后，湛江市市长激动得亲吻核准文件，官员相互握拳、叫好、拥抱、欢笑①。由此可见地方政府对搞建设促增长的热情。

如表3所示，在以"经济建设为中心"的发展背景下，中国资本形成率不断提高，不仅远高于东亚韩国、泰国等发展中国家，也高于"金砖四国"中其他三国的水平。长期以来，在GDP政绩考核下，地方政府把大量财力投向看得见、摸得着、见效快、增长效应明显的基本建设投资，导致在高速公路、铁路、通信和大型水利工程相对饱和的情况下继续加大投资，而实施环保、节能减排等方面的投入较少，导致财政支出结构偏向，低碳城市建设的财政投入不足。

表3　　　　　　　　　　　　　资本形成率的国际比较　　　　　　　　　单位：%

国家	1978～1988 年	1989～1999 年	2000～2008 年
中国	36.00	38.73	40.89
泰国	28.64	36.18	26.75
韩国	30.82	35.36	29.89
日本	30.18	29.36	23.75

---

①　广东湛江 700 亿钢铁项目获批　市长亲吻核准文件［EB/OL］.（2012 - 05 - 29）. http：// news. sohu. com/20120529/n344291758. shtml。

续表

国家	1978~1988 年	1989~1999 年	2000~2008 年
俄罗斯	—	26.27	21.56
印度	21.45	23.73	31.22
巴西	20.82	19.45	17.22

资料来源：世界银行 WDI 数据库；转引自李永友. 失衡的增长结构与财政制度安排 [J]. 经济理论与经济管理，2010（9）：42.

（三）财政激励扭曲下的污染加重

首先，地方财政收支严重不匹配，致使实施环保、节能减排的财政投入不足。如图 1，自 1994 年分税制改革以来，地方政府财政收支匹配压力越来越大，所承担的支出责任日益上升。

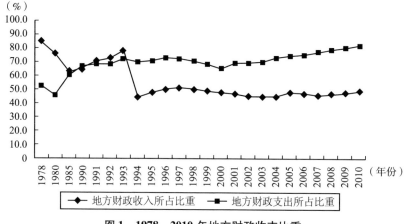

图 1　1978~2010 年地方财政收支比重

以 2010 年为例，地方财政支出占全国财政支出的比重是 82.2%，而财政收入所占比重仅为 48.9%，"财权上收、事权下放"的现行格局导致地方政府的支出压力越来越大。

其次，地方税体系日益萎缩，缺乏主体税种，致使控制碳排放的财政激励不足。分税制改革 18 年来，地方税体系并没有根据地方政府的职权范围有所扩大，反而缩小，一些地方税种被取消，如农业税、固定资产投资方向调节税等；共享税比重过大，地方共享税收入占全部地方税收入的比重由 1994 年的 55% 增加到 2010 年的约 78%，而完全归地方政府所有的税收收入比重仅占到 22%①。

在巨大的财政压力下，通过招商引资发展经济来增加财政收入，就成为地方政府的选择，而财产税（房地产税）地方主体税种的缺失，迫使地方官员将增加收入的重心倾向于生产流通领域。按照经济学"谁出钱谁受益"的原则，这种收入结构意味着，政府必会将服务企业作为工作重心，控制碳排放量的努力则相对较低。因此，在现行体制下，低碳城市建设问题不但不能有效地加以解决，还有恶化的可能。

第五节　结论与政策建议

本章通过理论与实证分析表明，财政分权有利于促进低碳城市建设，然而，不同的政治与财政激励机制会导致地方政府预算支出结构的偏差与碳排放等污染的加重。因此，为保证低碳城市建设有效进行，至少需要从以下几个方面完善现行体制。

一、在中央政府统一规划的前提下，加强低碳城市建设的地方分权

地方政府更了解自己辖区内居民的偏好分布和污染实际状况，更应该承担地区性节能减排的责任。各地区的低碳城市建设目标各异，对环境质量的要求不同，再加上各地经济发展、技术应用和环保压力等各异，制定统一的低碳城市标准造成的收益和成本在地区间也存在较大差异。具体而言，中央政府及其各个部委负责低碳城市建设的具体战略规划与宏观政策制定；省、自治区、直辖市一级政府具体负责与低碳城市建设有关的节能和新能源开发，以及起草、制定详细法规和实施方案；市县一级政府负责制定具体实施细则，执行规划，并对经济主体的节能减排情况进行检查评估，提出改进建议；街道乡镇一级政府负责监督企业节能减排和上报企业的能源使用计划和节能措施，使地方各级政府真正成为低碳城市建设的主角，形成以中央布局、地方主导的各级政府协调互动的低碳城市建设

----

① 根据国家统计局网站中央和地方财政主要收入项目（2010 年）数据计算。

模式。

二、改革 GDP 增长激励，优化各级政府财政支出结构

首先，改革 GDP 增长激励机制。要加快低碳城市建设速度，控制城市环境污染，必须改革地方官员的政治激励机制，考核指标由 GDP 转变为绿色 GDP，强调可持续的经济增长，将低碳城市建设完成情况纳入各级地方领导干部的政绩考核指标体系。

其次，优化财政支出结构，确保低碳城市建设的资金投入。在现行的预算科目设置中，只有环境保护一个与低碳城市建设相关的预算科目，过于笼统，具体指出类别、项目不甚明了。未来应考虑在政府预算科目设置上优先考虑促进低碳城市建设，把促进低碳城市建设的政府财政支出纳入预算支出范畴，并开设低碳城市建设支出预算科目。预算调整可以从以下两个方面着手：经常性预算中增设低碳城市建设支出科目，保障低碳城市建设中的财政预算内资金；资本预算中，逐步提高低碳城市建设类投资占预算内投资的比重。

三、理顺中央地方收入分配关系，矫正财政激励的扭曲

由于低碳城市建设具有公共品的特征，具有较强的外部性，私人投资的热情不高，必须依靠政府特别是地方政府的财政支持。首先，可规定土地出让收益、新增税收收入等一定比例用于低碳城市建设；要以各地财政状况为基础，明确和强化地方政府投入责任，制定合理的地方配套投入比例，不能完全由地方承担；对于上级政府委托的有关低碳城市建设的事项必须要配以相应资金。其次，地方政府根据经济发展情况可以考虑设立专项基金，专款专用于城市低碳化建设项目。最后，长期来看要给予地方政府相应的财权（征税权、税收分享权或地方债发行权等），特别要完善地方税体系，使收入（财产）税取代流转税成为地方税系主体税种，矫正财政激励的扭曲，刺激地方政府节能减排的积极性。

四、平衡地区差异，加强中央财政转移支付力度

由于各种原因，中国区域经济发展差距较大，东部地区经济实力要好

于中西部地区，因此节能减排、促进低碳城市发展和资源保护的任务分布极不平衡，相同的低碳城市建设目标在不同区域实施就存在效果的差异。相对而言，东部地区地方政府财力充足，完全可以依靠自身财力完成低碳城市建设目标，甚至可以通过横向转移支付支援中西部地区。中部地区经济相对落后，财力比较短缺，而单位能耗和污染物排放高，需要中央财政的转移支付支持。西部地区由于资源开发压力大，财力也比较紧张，需要中央政府加大转移支付力度。中央财政要采用科学规范的分配制度，避免随意性和人为影响，并合理确定地方城市低碳建设的专项配套资金比例，以免加重地方财政负担。

五、畅通社会公众的公共选择渠道，强化舆论监督

首先，在民主的政府中，充分发挥社会公众参政议政的积极性，赋予公众更多的表达意见、建议的自主权，建立渠道畅通的传导机制，通过制度安排确保公众的选择转化为社会的选择。同时赋予公众表决权，主要是通过各级代表来行使，决定领导干部和官员的任免奖惩，促使政府官员对公众负责，优先考虑公众的需要。

其次，加强舆论监督，目前很多涉及环境保护、资源利用方面的典型案例都是通过微博、论坛等方式曝光，网络舆情成为公众行使监督职责的前沿阵地。政府相关部门应该重视新媒体的重要性，在节能减排、低碳城市建设方面发挥社会公众的监督作用，同时对于违法违规行为加重处罚，从快从严追究相关当事人和主要领导的责任，起到威慑作用。

附录三主要参考文献

[1] 蔡昉，都阳，王美艳. 经济发展方式转变与节能减排内在动力 [J]. 经济研究，2008（6）.

[2] 曹坤源，周葆生. 低碳城市发展的现状和对策研究——以合肥市为例 [J]. 安徽农业大学学报（社会科学版），2011（4）.

[3] 崔征. 环保：从意识到行动——《2007 年全国公众环境意识调查报告》在京发布 [J]. WTO 经济导刊，2008（6）.

[4] 戴亦欣. 低碳城市发展的概念沿革与测度初探 [J]. 现代城市研究，2009（11）.

[5] 傅勇. 分权治理与地方政府合意性：新政治经济学能告诉我们什么？[J]. 经济社会体制比较，2010（4）.

[6] 李向阳，李瑞晴. 低碳城市的缘起与发展路向 [J]. 山东工商学院学报，2010（4）.

[7] 马万里. 李齐云. 公共品多元供给视角下的财政分权：一个新的分析框架 [J]. 当代财经，2012（6）.

[8] 温志军. 如何解决我国低碳发展的新能源问题 [J]. 山西财经大学学报，2012（4）.

[9] 辛章平，张银太. 低碳经济与低碳城市 [J]. 城市发展研究，2008（4）.

[10] 中国市长协会，国际欧亚科学院中国科学中心. 中国城市发展报告（2010）[M]. 北京：中国城市出版社，2011.

[11] Glaeser, Edward L., and Matthew E. Kahn. The greenness of cities：Carbon dioxide emissions and urban development [R]. NBER Working Papers, National Bureau of Economic Research, Inc. 2008, 14238.

[12] Grawford J., French W. A Low-carbon Future：Spatial Planning's Role in Enhancing Technological Innovation in the Built Environment [J]. Energy Policy, 2008（12）：4575 – 4579.

[13] Oates, Wallace E., Fiscal Federalism [M]. New York：Harcourt Brace Jovanovich, 1972.

[14] Samuelson, Paul A., The Pure Theory of Public Expenditure [J]. Review of Economics and Statistics, 1954（4）：387 – 389.

附录四 环境规制、民间投资与区域经济增长

第一节 引 言

近年来，中国粗放型的经济增长方式使得资源与环境之间的矛盾日趋尖锐，资源短缺、环境恶化成为制约经济发展的瓶颈，环保问题再次进入公众视野，西方国家工业化进程中出现的种种问题开始在我国上演。无独有偶，我国的经济增长进入了"新常态"，经济增速放缓，下行压力巨大。原有的增长动力逐渐消失，新的增长点的形成需要一定的时间，处于经济增速换挡期、结构调整阵痛期、前期刺激政策消化期的"三期叠加"阶段（郎丽华等，2014）。中国经济的高增长是以高能耗和高排放为代价的，传统的发展方式难以为继，对中国经济发展可持续性的研究不能再忽略能源和环境要素，如何以最小的环境代价换取最大限度地经济增长成为各方共同关注的焦点（陈诗一。2009）。

投资历来被视为拉动经济增长的重要因素，尤其是上一轮经济危机中，国家释放四万亿元来刺激经济。随着经济的逐渐复苏，政府投资再度处于舆论的风口浪尖，投资效率低下、重复投资、挤占民间投资等弊病逐渐凸显。民间投资在促进经济增长、解决就业、刺激消费、增加出口等方面有其独特优势。同时，民间投资也有一定的盲目性，其本身就具有投资时滞，并且极易受到信息不对称的影响，导致资本流向投资回报率较低的产业，加剧了产能过剩。环境规制对民间投资具有风向标作用，它可以引导民间投资流向合理的领域，避免投资的重复性和低效率，促进经济增长的同时，大幅度的降低环境污染、提高环境质量和环境承载力。

合理的环境规制强度能够在保证经济增长的前提下最大限度地减少对

环境的污染。短期来看，基于微观层面的环境规制增加了企业的生产成本，不可避免地降低了企业的竞争力，进而对经济绩效的提升产生了一定的束缚。但从长期来看，环境规制具有"倒逼机制"（赵霄伟，2014），迫使企业使用清洁能源，进行绿色技术创新，优化资源配置。我国环境规制与第二产业之间存在倒"U"型关系（夏春婉等，2011），确定合理的环境规制强度、采用灵活的环境规制方式以实现最大限度地促进经济增长显得尤为重要。

经济增长需要民间投资，民间投资需要环境规制。经济增长和环境保护处于一种博弈状态，此消彼长。我国是否存在这样一种环境规制体系，使得经济增长和环境保护达到某种动态平衡，进而实现正和博弈。制定合理的环境规制强度，正确引导民间资本流动，对于促进产业结构升级、经济可持续发展具有较强的理论和现实意义。

第二节　文　献　综　述

经济的增长离不开民间投资的支持，民间投资作用的发挥需要环境规制进行引导。关于民间投资与经济增长的研究大部分集中在两者的相互促进或者双向因果关系等几个方面。可汗（Khan，1990）等利用24个发展中国家的横截面数据，通过分离公共部门和私人部门的投资影响，发现相比政府投资，在长期中民间投资对经济增长具有更大的直接影响，政府应该为民间资本营造一个稳定的宏观经济环境。纳兹米（Nazmi，1997）等比较了墨西哥市1950～1990年政府和民间投资支出对经济增长的影响，政府投资对经济增长的影响与民间资本支出的影响有统计学上的差异，政府投资支出对产出增长有正向和显著的影响，但是这种影响是以牺牲民间投资为代价的。特科（Tecco，2008）对水行业的研究表明，私人投资在新的基础设施的建设以及现有服务的结构调整中起着至关重要的作用，以此来促进经济增长。麦里克（Mallick，2013）从省际层面出发，利用印度15个省1993～1994年和2004～2005年的数据，通过高斯混合模型（GMM）发现民间投资在增加就业以及进出口方面具有显著性作用。罗洎等（2013）采用时变参数向量自回归模型，得出民间投资对经济增长具有较强的促进作用，但经济增长对民间投资影响甚微。钞小静等（2008）采用中国1978～2005年相关数据，表明政府投资对经济的拉动作用是暂时的，在长期内民间投资更能够促进经济增长。刘希章等（2015）分区域研究了我国民间投资与经济增长的关系，发现民间投资对经济增长的效应存在区域差异性，西部地区虽然投资总量最少，但是促进经济增长的弹性最大，东部次之，中部最小。

越来越多的研究表明，制度因素对经济增长的作用不容忽视，这一点在我国尤为明显。随着经济全球化进程的进一步推进，影响经济增长的政策、制度性因素的重要性也逐渐显现出来，这其中就包含环境规制。环境规制通过强制企业应用清洁能源和采购治污设备等方式来达到环保标准，这对于生产成本居高不下的企业无异于雪上加霜，生产力受到了一定程度的束缚。在当前产业结构升级的背景下，一部分落后企业被淘汰成为必然，但也会在一定程度上会迫使企业进行技术革新。

关于环境规制与经济增长的关系，目前学术界主要有以下三种观点：一是以"波特假说"为代表的积极论。王兵等（2008）对 17 个 APEC 国家的研究表明，考虑环境管制因素后，全要素生产率进一步提高，经济增长的源泉来源于技术进步。张成等（2011）利用 1998～2007 年中国 30 个省份的工业部门的数据，发现较高强度的环境规制会提高企业的生产技术进步，进而促进经济增长。原毅军等（2015）也得出类似结论，通过测度工业行业的绿色全要素生产率，从生产率的视角出发，发现环境规制显著地促进了绿色全要素生产率的增长。二是以"成本说"为代表的消极论。高乐普（Gollop，1983）等研究了美国二氧化硫排放政策对电力行业生产率的影响，发现环境规制使得企业的生产成本上升，全要素生产率的增长率下降。巴贝拉（Barbera，1990）等通过对五个污染行业的研究发现，环境规制对全要素增长的净影响是相当小的，这在一定程度上是由于环境规制增加了企业的成本所致。王群伟等（2011）研究了二氧化碳的规制成本问题，发现严格规制情况下的成本要大于一般规制情况，并且二氧化碳强度过高会导致额外的规制成本。三是不确定论。还有一些学者，如李胜兰等（2014）、宋马林等（2013）、谢涓等（2012）提出环境规制对经济增长的作用会因国家、地区、市场等因素的不同而变化，即综合影响是不确定的。

通过文献梳理可以发现，目前大部分研究集中在环境规制对经济增长或者民间投资对经济增长的影响，研究内容和方法比较单一，鲜有文献将三者放在同一纬度进行研究。并且由于研究方法、数据选取等方面的差异，学术界尚未形成一致的看法。本章试图在前人的研究成果上做如下贡献：一是从环境规制的视角检验民间投资对经济增长的作用。二是根据东、中、西部各自的区域特征，对民间投资和环境规制影响经济增长的差异性进行剖析，以期为我国的环境保护事业和经济增长有所贡献。

第三节 理 论 模 型

目前学术界关于经济增长问题的研究可以大致分为两类：一类以凯恩斯的"有效需求"为理论依据，考虑经济增长一般模式；另一类考虑了制度因素，将其引入来研究经济增长问题。哈罗德—多马增长模型是第一类的典型代表，它假定社会只有一种产品，只能被用作消费品或者投资品。后一类以匈牙利经济学家科尔奈增为主，他提出非瓦尔拉斯均衡论，考虑特定的经济制度下经济运行状况，而很少涉及价值判断（朱嘉明，1987）。

本章的模型参考了刘希章（2015）和钞小静（2008），从需求角度分析经济增长，在此基础上考虑了制度因素，将环境规制纳入其中。

在一个四部门经济模型中，本章进行如下假设：一是，总需求由消费（C）、投资（I）、政府支出（G）、净出口（NX）四个部分组成；二是，消费被看成是收入的函数，并且 $C = C_0 + \beta Y$，其中 C_0 为自发消费，β 为边际消费倾向（$0 < \beta < 1$）；三是，生产资料被完全利用，即没有多余的生产能力；四是，政府支出为外生变量，不将其作为主要影响因素考虑。

根据国民收入核算方程：

$$Y = C + I + G + NX \tag{1}$$

则经济增长和各要素之间的关系可表示为：

$$Y = f(C, \ I, \ NX, \ A) \tag{2}$$

其中，Y 为总产出，C 为消费，I 为投资，NX 为净出口，A 为其他影响经济增长的变量。由于本章重点研究民间投资的影响，并且结合我国为世界上最大的发展中国家这个基本国情，故而将投资区分为民间投资 I_1 和非民间投资 I_2，且有：

$$I = I_1 + I_2 \tag{3}$$

从长期来看，民间投资会根据产出的变化而进行相应的调整，可将其分为自发投资（I_3）和引致投资（I_4）两部分，并且有：

$$I_1 = I_3 + I_4 = I_3 + m \times dY \tag{4}$$

从而有：

$$Y = C_0 + \beta Y + I_3 + m \times dY + I_2 + G + NX \tag{5}$$

可见，在长期中，经济增长与边际消费倾向 β 和民间投资系数 m 之间有着密切的关系，民间投资在市场经济的运行中所发挥的作用正在逐步增大，它在扩大总需求的同时也扩大了生产的可能性边界（钞小静，2008），促进了经济的增长。

将 I_2 纳入 A 中，令 $A_1 + A + I_2$，则式（2）变为：

$$Y = f(C, I_1, NX, A_1) \tag{6}$$

根据熊艳（2011）的研究，环境规制与经济增长之间呈现 U 形关系，环境规制强度将对经济增长产生正向或者负向影响。基于此，本章将环境规制纳入上述模型中，以更加全面地反映经济增长。以 E 表示环境规制，则式（6）变为：

$$Y = f(C, I_1, NX, ER, A_1) \tag{7}$$

对式（7）取全微分得：

$$dY = \frac{\partial Y}{\partial C}dC + \frac{\partial Y}{\partial I_1}dI_1 + \frac{\partial Y}{\partial NX}dNX + \frac{\partial Y}{\partial ER}dER + \frac{\partial Y}{\partial A_1}dA \tag{8}$$

对式（8）两边同时除以 Y 得：

$$\frac{dY}{Y} = \frac{C}{Y}\frac{\partial Y}{\partial C}\frac{dC}{C} + \frac{I_1}{Y}\frac{\partial}{\partial I_1}\frac{dY}{I_1} + \frac{NX}{Y}\frac{\partial Y}{\partial NX}\frac{dNX}{NX} + \frac{A}{Y}\frac{\partial Y}{\partial A}\frac{dA}{A} \tag{9}$$

对式（9）进行积分，并整理得：

$$\ln Y = \alpha + \beta_1 \ln C + \beta_2 \ln I_1 + \beta_3 \ln ER + \beta_4 \ln NX + \varepsilon \tag{10}$$

其中，β_1、β_2、β_3、β_4 分别为相应的弹性，表示变量每变化 1%，Y 将变动相应的百分比，ε 为随机扰动项，表示除了上述变量之外的其他因素对经济的影响。

第四节　实证研究

一、模型构建

参照民间投资和环境规制影响经济增长的理论及文献，并且结合上节的理论分析，本章设定如下计量模型：

模型一：

$$\ln PGDP_{it} = a_0 + a_1 \ln C_{it} + a_2 \ln I_{it} + a_3 \ln NX_{it} + a_4 \ln Contr_{it} + \varepsilon_{it} \tag{11}$$

考虑到环境规制对经济增长的影响，建立如下拓展模型：

模型二：

$$\ln PGDP_{it} = a_0 + a_1 \ln C_{it} + a_2 \ln I_{it} + a_3 \ln NX_{it}$$
$$+ a_4 \ln ER_{it} + a_5 \ln Contr_{it} + \varepsilon_{it} \tag{12}$$

二、变量选取

被解释变量。人均 GDP（PGDP），部分学者以 GDP 作为衡量地区经济增长的指标，考虑到我国人口分布不均匀，GDP 总量并不能够完全反映一个地区的经济增长状况和人们的生活质量，因此本章以人均 GDP 来表示经济增长。

解释变量。环境规制（ER），作为本章的核心解释变量，梳理文献不难发现，目前学术界关于环境规制的刻画并未形成统一意见，归结起来主要有：构建环境规制强度指数（熊艳，2011）；污染物排放量（傅京燕等，2010）；工业废弃物达标排放率（张中元等，2012）；工业污染治理投资与工业增加值的比值（张成等，2011）；废水和废气治理设施运行费用（赵红，2007）。以上五类指标各有千秋，基于数据的可得性和本章的实际，选取工业污染治理投资与工业增加值的比值作为环境规制变量；民间投资（I），我国的投资一般指的是固定资产投资，张秀利等（2014）以个体和私营经济的固定资产投资表示民间投资，陈时兴（2012）用内资与国有经济投资的差额衡量民间投资，余靖雯等（2013）用全社会固定资产投资减去国有经济投资、外商投资、港澳台投资作为民间投资。本章借鉴陈时兴（2012）的观点，采用内资和国有经济投资的差额衡量民间投资；消费（C），以社会零售品消费总额来表示；出口（NX），以经营单位所在地进出口总额表示。

控制变量。通过借鉴前人研究成果，选取以下控制变量：技术进步（T），以往文献大多以专利申请或者授权数量来衡量技术进步，为度量技术进步对经济增长的影响，本章以技术市场成交额表示；人力资本（L），以人均受教育年限表示。

三、数据来源

本章选取中国 30 个省市（除西藏外）2006～2013 年构成的面板数据

进行估计。其中，环境规制数据来源于《中国环境年鉴》，民间投资数据来源于《中国固定资产投资统计年鉴》，其他数据均来源于《中国统计年鉴》。为消除价格因素的影响，用各省份的地区生产总值指数对 GDP 和出口进行调整；用居民消费价格指数对消费进行调整；用固定资产价格指数对民间投资进行调整。对所有变量均采取自然对数处理。

四、主要变量统计描述

主要变量的统计性描述如表 1 所示。

表 1 主要变量统计描述

变量	名称	均值	标准差	最小值	最大值
lnpgdp	人均 GDP	10.23915	0.5691768	8.656955	11.51398
lner	环境规制	−3.502235	0.4914231	−4.655524	−2.107429
lni	民间投资	8.206028	1.009724	5.316305	10.35192
lnt	技术进步	3.511538	1.701289	−0.6348783	7.955678
lnl	人力资本	2.144208	0.1081101	1.88616	2.487237
lnxf	消费	8.11813	1.012955	5.207298	10.14462
lnck	出口	17.12545	1.647394	13.28241	20.81089

第五节 计量结果分析

一、全国样本回归结果

通过豪斯曼检验可知，p 值为 0.0000，显著拒绝随机效应原假设，因此应该选用固定效应模型，固定效应模型回归结果如表 2 所示。

表 2 全国样本回归结果

变量	（模型一） lnpgdp	（模型二） lnpgdp
lner		-0.0450 *** (-3.45)
lni	0.206 *** (7.11)	0.224 *** (7.80)
lnt	0.0279 ** (3.24)	0.0269 ** (3.20)
lnl	0.253 (1.88)	0.282 * (2.15)
lnxf	0.452 *** (9.51)	0.443 *** (9.54)
lnck	0.0753 *** (4.35)	0.0732 *** (4.34)
_cons	2.944 *** (11.68)	2.691 *** (10.50)
R^2	0.9813	0.9823
F	182.52	192.31
p	0.0000	0.0000
N	240	240

注：***、** 和 * 分别表示回归结果在 1%、5% 和 10% 的置信水平上显著。

由上述固定效应（模型一）的回归结果可以得知，民间投资（i）对经济增长的影响为正并且非常显著，民间投资提高 1%，经济增长提高 0.206%，表明中国经济过去几十年的高速增长离不开民间投资的支持。人力资本对经济增长的影响并不显著。但技术进步、消费和出口对经济增长均具有显著的正向作用，与经济学理论相符，充分表明提高技术进步、增加消费和出口可以在一定程度上促进经济增长。

近年来，随着人们环保意识的强化，我国各地区均采取了不同程度的环境规制措施，为了更加全面的考察经济增长，将环境规制变量加入上述（模型一）中，利用（模型二）进行分析。不难发现，环境规制（er）对经济增长具有显著的负向影响，主要原因是环境规制增加了企业的生产成本。初始环境规制强度较小时，对企业经营生产的影响甚微，由于环境的负外部性，企业会选择增加环境污染的方式来获取利润。随着环境规制强度的逐渐加强，企业被迫选择清洁能源和采购治污设备，使得生产成本大幅度上升，产品的竞争力下降，利润减少，此时，企业更没有足够的动力进行技术创新。虽然"波特假说"具有其存在的合理性，但对于创新能力不足的中国，环境规制很难通过促使企业进行技术创新而节约成本。因此，"波特假说"在现阶段并不一定成立。

二、东、中、西部地区回归结果

东、中、西部各地区的回归结果如表 3 所示。

表 3　　　　　　　　　　　　分地区回归结果

变量	东部地区		中部地区		西部地区	
	模型一	模型二	模型一	模型二	模型一	模型二
lner		0.00932 (0.62)		−0.0856 ** (−3.06)		−0.0768 *** (−4.07)
lni	0.242 *** (8.32)	0.239 *** (8.04)	0.0597 (1.00)	0.0943 (1.67)	0.0107 (0.18)	0.0346 (0.63)
lnt	0.0263 * (2.16)	0.0270 * (2.20)	−0.0212 (−1.04)	0.0194 (0.84)	0.0333 ** (3.19)	0.0238 * (2.44)
lnl	0.525 ** (3.13)	0.535 ** (3.16)	0.286 (1.18)	0.235 (1.04)	−0.123 (−0.63)	0.000540 (0.00)
lnxf	0.331 *** (7.16)	0.332 *** (7.14)	0.726 *** (6.95)	0.657 *** (6.60)	0.897 *** (8.97)	0.906 *** (9.98)
lnck	0.0541 (1.89)	0.0537 (1.87)	0.0778 * (2.53)	0.0860 ** (3.00)	0.0138 (0.58)	0.000926 (0.04)
_cons	3.459 *** (8.03)	3.500 *** (7.99)	1.645 *** (3.67)	1.445 ** (3.43)	3.144 *** (9.85)	2.611 *** (8.22)
F	225.27	221.26	64.87	72.25	105.25	129.09
p	0.0000	0.0000	0.0000	0.0000	0.0000	0.0000
N	88		64		88	

注：*** 、** 和 * 分别表示回归结果在 1% 、5% 和 10% 的置信水平上显著。

通过对我国东、中、西部地区的样本回归结果进行分析可以发现，对东部地区来说，环境规制对经济增长的影响并不显著，东部地区无论在经济状况还是技术进步方面都要高于其他地区，同时环境规制强度也要高于其他地区，企业的生产经营活动受到多方因素的影响，环境因素并不是主要因素。民间投资对经济增长的影响为正并且非常显著，民间投资增加1%，对经济增长的影响在0.24%左右，东部地区民营经济比较发达，自然对经济增长的影响比较大，与实际情况相符。技术进步、人力资本、消费均对经济增长具有显著的正向影响。由此可见，我国正逐步由过去的投资拉动经济增长转变为多种因素共同发挥作用，促进经济增长，这与我国经济新常态的要求是相吻合的。

对于中部地区和西部地区，环境规制对经济增长具有显著性的影响，且影响为负，环境规制强度提高1%，经济增长分别减少0.0856%和0.0768%。中部和西部地区受地缘和历史等因素的影响，经济发展相对于东部地区来说差距较大，企业迫于生产压力，进行生产时以经济效益为主，很少考虑环境因素，环境规制强度较弱时对企业的影响并不是很大。随着环境规制强度的提高，传统生产方式的弊病逐渐凸显，企业只能被动接受生产成本的提高，毫无疑问会对经济增长产生负向影响。除此之外，民间投资对经济增长的影响并不显著，主要是因为中部和西部地区民间投资缺乏动力，投资者缺乏信心，对未来的投资前景很不乐观，尤其是在经济下行压力较大的背景下，出于风险规避的考虑，投资者在进行投资时异常慎重。值得欣慰的是，中部和西部地区的消费对经济增长具有显著的正向影响，表明中部和西部地区的消费群体正在逐渐兴起，并且需求旺盛，这种良性循环才是经济增长的正道。

通过对我国东部、中部和西部各地区的计量结果进行分析可以发现，环境规制对中部和西部地区的影响较大，并且均高于全国平均水平，对东部地区影响较弱。我国各地区经济发展不平衡，工业化进程也具有差异性，东部地区工业化进程要明显快于中西部地区，企业无论在资金还是技术方面均具有优势，并且受政策性因素的影响较大，促使企业进行绿色生产或者直接将污染程度较高的企业迁至中西部地区。中西部地区出于经济发展的角度进行招商引资，对污染企业采取睁一只眼闭一只眼的态度。近些年来，国家不断加强环境规制强度，在一定程度上对企业的生产经营活动造成了巨大影响。民间投资对东部地区的影响较大，对中西部地区影响较小。由于东部地区营造了一个适合民间投资的氛围，民间投资活跃，民间资本充分的参与到市场经济当中,为经济发展贡献自己的力量。而中西部地区虽然不乏好的投资项目,但是交通不便、文化差异、气候条件等因素始终制约着投资者,投资者缺乏足够的信心进行投资。西部地区的消费对经济增长的促进作用最大,其次是中部,东部最小,这是我国产业结构升级、经济结构趋于合理的一个真实写照。国家一改过去投资独大的常态,转而将拉动经济增长的动力放在消费上。中西部地区具有充分大的消费潜力,只要合理利用,加以开发,将来一定会释放出巨大的活力,成为拉动经济增长的主要动力。

第六节 结 论

与以往文献单独分析投资或者环境规制对经济增长的影响不同,本章侧重于分析三者之间的关系。利用中国 30 个省市(西藏除外)的面板数据实证检验了民间投资与环境规制能否促进经济增长。实证研究结果表明:民间投资对经济增长的影响具有明显的区域差异性,东部地区的民间投资对于拉动经济增长发挥了重要作用,而中西部地区民间投资无论在数量上还是质量上都有待提高。随着国家对环境规制强度的不断提高,对东部地区的影响甚微,更有甚者直接将污染企业迁至中西部地区,而广大的中西部地区对此却很难适应,它们无法摆脱传统生产方式的束缚,缺乏技术创新的实力和动力,面对生产成本的上升无计可施。可喜之处在于,中西部地区新的消费群体正在逐渐形成,并且表现出了巨大潜力。基于此,我们提出以下政策建议:

第一,为中西部地区民间投资营造良好的投资氛围。中西部地区民间投资虽然在规模上不及东部地区,但是发展迅猛,潜力巨大。要彻底转变民营企业处于劣势地位的传统错误观念,充分认识民间资本在拉动经济、解决就业方面的巨大作用,给予足够的政策支持,加大投资力度。全面推行混合所有制,取消对民间资本的限制,逐步让其参与到电力、银行、铁路等以往不能参与的行业当中。全面推行 PPP,在事关国计民生的重大项目建设过程中,PPP 模式有其不可替代的独特优势,民间资本与政府资本合作是未来的发展趋势。PPP 融资模式可以充分激发民间资本投资的积极性和创造性,带动民间资本不断投向实体项目建设,激发民间投资活力。

第二,因地制宜,确定合理的环境规制强度水平。鉴于目前我国经济增长和环境之间的现状，政府应该适当提高环境规制强度，提高企业的污染物排放标准，同时加大对环境违法事件的惩处力度，从而激发企业进行技术创新，进而补偿因环境规制而带来的利润损失，实现环境改善和经济增长的"双赢"。东部地区应该充分利用自己的资金和技术优势，广泛应用清洁能源，减少污染企业的数量，大力发展高新技术产业，尽快使其成为经济发展的主动力。中西部地区应该充分利用自己的资源和劳动力优势，积极发展旅游业、文化产业以及购物、餐饮、娱乐等服务业，进一步优化产业结构，加快工业化进程，引进东部地区的资金，学习东部地区的经验，力求以科技手段促进经济发展与环境改善。

第三，发展消费经济，扩大消费需求。消费对经济增长的带动作用不容小觑，面对不断增长的国内消费需求，却没有足够的有效供给，导致消费外流现象严重。企业应该加强研究和开发投入，生产适销对路的产品，增强产品的多样性和新颖性，满足国内需求。随着"十三五"生态文明建设的提出，未来一个时期内对环境问题的要求会更加严格，消费者对健康的关注日益强烈，为此要大力发展绿色消费和低碳消费，引导消费模式走向正轨。

附录四 主要参考文献

[1] 钞小静，任保平. 经济转型、民间投资成长与政府投资转向——投资推动中国经济高速增长的实证分析 [J]. 经济科学，2008（2）.

[2] 陈诗一. 能源消耗、二氧化碳排放与中国工业的可持续发展 [J]. 经济研究，2009（4）.

[3] 陈时兴. 政府投资对民间投资挤入与挤出效应的实证研究——基于1980－2010年的中国数据 [J]. 中国软科学，2012（10）.

[4] 傅京燕，李丽莎. 环境规制、要素禀赋与产业国际竞争力的实证研究——基于中国制造业的面板数据 [J]. 管理世界，2010（10）.

[5] 郎丽华，周明生. 经济增速换档期的体制改革与发展转型——第八届中国经济增长与周期论坛综述 [J]. 经济研究，2014（10）.

[6] 李胜兰，申晨，林沛娜. 环境规制与地区经济增长效应分析——基于中国省际面板数据的实证检验 [J]. 财经论丛，2014（6）.

[7] 刘希章，李富有，南士敬. 民间投资运行特征及经济增长效应分

析——基于区域差异视角［J］．经济与管理研究，2015（7）．

　　［8］罗泊，王莹．民间投资、技术创新与经济增长［J］．中南财经政法大学学报，2013（4）．

　　［9］宋马林，王舒鸿．环境规制、技术进步与经济增长［J］．经济研究，2013（3）．

　　［10］王兵，吴延瑞，颜鹏飞．环境管制与全要素生产率增长：APEC的实证研究［J］．经济研究，2008（5）．

　　［11］王群伟，周德群，周鹏．区域二氧化碳排放绩效及减排潜力研究——以我国主要工业省区为例［J］．科学学研究，2011（6）．

　　［12］夏春婉，林勇．我国工业化进程中实现经济、环境双赢的环境规制力度的测定［J］．生态经济，2011（11）．

　　［13］谢涓，李玉双，韩峰．环境规制与经济增长：基于中国省际面板联立方程的分析［J］．经济经纬，2012（5）．

　　［14］熊艳．基于省际数据的环境规制与经济增长关系［J］．中国人口·资源与环境，2011（5）．

　　［15］余靖雯，郑少武，龚六堂．政府生产性支出、国企改制与民间投资——来自省际面板数据的实证分析［J］．金融研究，2013（11）．

　　［16］原毅军，谢荣辉．FDI、环境规制与中国工业绿色全要素生产率增长——基于Luenberger指数的实证研究［J］．国际贸易问题，2015（8）．

　　［17］张成，陆旸，郭路，于同申．环境规制强度和生产技术进步［J］．经济研究，2011（2）．

　　［18］张秀利，祝志勇．城镇化对政府投资与民间投资的差异性影响［J］．中国人口·资源与环境，2014（2）．

　　［19］张中元，赵国庆．FDI、环境规制与技术进步——基于中国省级数据的实证分析［J］．数量经济技术经济研究，2012（4）．

　　［20］赵红．环境规制对中国产业技术创新的影响［J］．经济管理，2007（21）．

　　［21］赵霄伟．环境规制、环境规制竞争与地区工业经济增长——基于空间Durbin面板模型的实证研究［J］．国际贸易问题，2014（7）．

　　［22］朱嘉明．评科尔奈的非瓦尔拉均衡论［J］．经济研究，1987（10）．

　　［23］Barbera A. J. ，Mcconnell V. D. The impact of environmental regulations on industry productivity：Direct and indirect effects［J］．Journal of Environmental Economics & Management, 1990, 18 (1): 50 –65.

[24] Gollop F. M. , Roberts M. J. Environmental Regulations and Productivity Growth: The Case of Fossil – Fueled Electric Power Generation [J]. Journal of Political Economy, 1983, 91 (4): 654 –74.

[25] Khan M. S. , Reinhart C. M. Private Investment and Economic Growth in Developing Countries [J]. World Development, 1990, 18 (1): 19 –27.

[26] Mallick J. Private investment in India: regional patterns and determinants [J]. Annals of Regional Science, 2013, 51 (2): 515 –536.

[27] Nazmi N. , Miguel D. Ramirez. Public and Private Investment and Economic Growth in Mexico [J]. Contemporary Economic Policy, 1997, 15 (1): 65 –75.

[28] Tecco N. Financially sustainable investments in developing countries water sectors: what conditions could promote private sector involvement? [J]. International Environmental Agreements Politics Law & Economics, 2008, 8 (2): 129 –142.

后　　记

　　本书是国家社会科学基金重大项目"我国自然资源资本化及对应市场建设研究"和国家社会科学基金项目"低碳城市建设投融资机制研究"的阶段性成果，自项目立项后，在研究过程中陆陆续续形成了一些文稿，但一直没有机会整理加工，致使本书出版一再推迟。好在最近有了一些时间，能够静下心来完成撰写工作。

　　本书由张海峰、张伟为主撰写。参与研究的人员还包括张长龙、马池顺、金玉国、李晶、沈童、李磊磊、李凡、马万里等。需要说明的是，在本书撰写和出版过程中，先后得到了潘家华、马骏、葛察忠等国内著名专家的指导。山东教育招生考试院、济南大学的有关领导等也提供了大力支持。中国财经出版传媒集团副总经理吕萍为本书的顺利出版做了大量的工作。廖显春教授、陈学中教授、卢清水副教授参与了对书稿修改的讨论，为书稿质量的提高做出了贡献。对上述人士提供的帮助，我们在此表示感谢！

张海峰

2020 年 8 月